ゆまに書房
書誌書目シリーズ⑩

フランク・ホーレー旧蔵「宝玲文庫」資料集成

第4巻

［編著・解題］横山　學

凡例

一、本書は、「宝玲文庫」に関するフランク・ホーレー旧蔵資料を影印復刻したものであります。原資料の大半は編著者が保持しています。

二、第一回配本（全四巻）には、日本政府から蔵書が「敵国財産」に指定・没収されることを予期したホーレーが、昭和十六年（一九四一）に急いで作成した蔵書目録と、戦後になってＧＨＱから返還された際に書類に添付されていた目録、慶應義塾図書館の返還目録、さらに、返還本の確認作業に用いたホーレー自身のノート類を収録しました。

三、各資料の「書入れ」「記号」「削除」「加筆」等は、大部分がホーレー自身の手によるもので、整理の段階で加えられています。「資料23」の本文（手書）は、ホーレーの筆跡です。

四、復刻にあたっては「原資料に対して無修正」を原則として、書き込み等もそのままとしました。但し、実際のインク・鉛筆色が赤・青・黒などとなっていますが、製版の都合で判別が難しいかもしれません。ノート類の無記述頁は割愛しました。

五、欧文（横書き）の資料はページ順に従い、右開きとして製本しました。

六、原資料の寸法は様々ですが、Ａ５判に収めるために縮尺率を調整しました。

七、底本の記録状態や経年劣化等により、読み難い箇所がありますが、御了解をお願い致します。

八、各資料には便宜的に番号を付しました。（　）内は「原資料の形態と表紙の記述・資料の冒頭の記述」です。

九、各資料の解題・解説は、第五巻に掲載します。

十、第一回配本（全四巻）の内容は以下の通りです。

第一巻　資料01（ノート・辞源）
資料02（ノート・標注令義解）
資料03（ノート・金剛譁之助）
資料04（ノート・十一月五日）
資料05（ノート・欧文　帰国後）
資料06（貼付ノート・宗因）
資料07（貼付ノート・六部成語）
資料08（貼付ノート・雲遊帖）

第二巻　資料09（貼付ノート・Acker,W.）
資料10（貼付ノート・Ashbee: Library Catalogue）
資料11（貼付ノート・Transaction of the Asiatic Society of Japan）
資料12（目録・List of 364 missing or imperfect books）

第三巻　資料13（書類添付・File No.05264 Enclosure No.4 [Separate book No.1]）
資料14（慶應義塾用箋・十六世紀地図）
資料15（手書目録・アイヌ語を通じて観たるアイヌの族性他）
資料16（タイプ目録・アイヌ語を通じて観たるアイヌの族性他）

第四巻　資料17（目録・嵯峨志　嵯峨自治会）
資料18（目録・愛書趣味）
資料19（書類添付・File No.05264 Enclosure No.5 [Separate book No.2]）
資料20（慶應義塾用箋・Japan and China）
資料21（タイプ目録・A LIST OF BOOKS TO BE RETURNED BY KEIO UNIVERSITY）
資料22（タイプ目録・Merryweather, F.S.Biliomania）
資料23（HW自筆手書目録・Poppe,N.N.）

以上

第四巻　目　次

資料17（目録・嵯峨志　嵯峨自治会）

1

嵯峨志　嵯峨自治會　一

淺野莊と淺野氏　淺野男爵顕彰會　一

聊齋志異菁華　高瀬武次郎　一

櫻　三好学　富山房　一

住吉大社御文庫貴重圖書目録　御文庫講　一

眞宗聖典　浩々洞　無我山房　一

明文学史（國学小叢書）　一

中國語与中國文（百科小叢書）　一

日本文化圖録　エール大学会　一

日本文術学者年表　赤堀又次郎　一

俗語辞海　集文館　一

2

明清蹕林輯傳　汪闓編　中華圖書館協會　一
普通術語辭彙　德谷豊之助　敬文社　一
難訓辭典　啓成社　一
日光東照宮寫眞帖、別格官幣社東照宮社務所　一
書物展望　第一巻　岩本和三郎　書物展望社　一
仝　第二巻上　總目次　〜　仝　一
典籍叢談　新村出　岡書院　一
考古游記　濱田青陵　刀江書院　一
雜誌索引　四
日光案内　二荒山神社社務所　一
徒然草　（岩波文庫）　一

邦楽舞踊辞典　一
解剖学名彙　鈴木文太郎　一
日本読史年表　大森金五郎　一
古書読法略例　孫徳謙　一
日本魚類図鑑　田中茂穂　一
文献索引　アチックミューゼアム　昭十二年　二
日本文学史　芝野六助訳補　一
日本文学史表覧　沼澤龍雄　二
朝比奈泰彦及協著報文集　植物学生薬学五郎　一
日本経済典籍考　瀧本誠一　一
明治大正詩書綜覧　山宮允　啓成社　二

4

雨月物語詳解　坪内孝　一

選擇古書解題　水谷弓彦　泉川書店　一

航空用語辞典　高柳均　一

皇室敬語便覧　日日新聞社　一

日本生物学の歴史　上野益三　弘文堂　一

言語の構造　弘文堂　一

えすぱにや　ぽるつがる記　木下杢太郎　一

翻譯論　野上豊一郎　一

能　研究と発見　野上豊一郎　岩波書店　一

金春十七部集　野々村戒三　春陽堂　一

狂言全集　幸田成行　博文館　三

5

耶蘇会士日本通信　村上直次郎　聚芳閣　二

陸前濱乃法印神楽　本田安次　一

光悦　光悦会　芸艸堂　一

光悦談叢　仝　一

阿弥陀経　一

國学者著述一覧　関書院　一

西鶴織留新註　松浦一六　一

江戸文学研究　藤井乙男　一

Waiyo-E Naishi　大鳳閣　一

謡曲界　一

作詩法講話　森槐南　一

6

酒器を語る　寺務金風

錦繍の形と楷　其竹書

儒教學典　服部宇之吉

演劇外題要覽　日本放送協會

國文學史　佐藤良一

シーボルトの最後日本紀行　小澤敏夫譯註

シーボルト研究　日獨文化協會編　岩波書店

明治維新神佛分離史料

謡曲拾葉抄　上下

日支交通史　上下　木宮泰彦

日本盲人史　中山太郎

一一二五一一一一一一一

7

能楽随想　観世左近　一
延喜式神祇巻　一
日本の歴史　秋山謙蔵　一
日本文化史研究　内藤湖南　一
十六世紀日欧交通史の研究　岡本良知　一
日英交通史の研究　武藤長蔵　一
日支交通の研究　中近世篇　藤田元春　一
日支交渉史話　秋山謙蔵　一
支那書画人名辞書　大西林五郎　松山堂書店　四
嵯峨訪古志　四
渡辺華山　森銑三　一

8

渡辺華山先生百年記念展覧会出陳目録

渡辺華山　太田穣太郎

蘭学と翻書の栞

シーボルト関係書簡集

チェンバレン先生追悼記念録

狂言評註

能苑日渉

大阪府郷土資料陳列目録

日本雑纂考

文献志林

支那学入門書略解

明治の漢字　佐藤朝太郎　一
渡辺華山　藤森成吉　一
竹取物語講義　一
シャボテンと多肉植物の栽培智識　一
日佛文化　工、正　二
篆刻字林　一
狂言目録　一
渡辺華山と冷泉為恭　一
華山全集　工、正　二
渡辺華山碧瑠璃園作　一
渡辺華山言行録　一

渡辺華山　笹川臨風

能楽盛衰記　附図

古史弁　第三冊

伊能忠敬　忠敬会

圖書館総目録　東京書籍商組合員

儒教概論　北村沢吉

古書讀校法　陳鍾凡

神楽研究　西角井正慶

南畫手集

江戸の面影

五山文學小史　上村観光

11

五山詩僧傳　民友社
源氏物語書史　武笠正樵
播磨風土記新考　井上通泰
芥子園山水畫譜
古畫備考
文房至寶
硯墨新語
民藝とは何か
日暹交通史考　三木榮
舊書丹　識書
古今俳句一千吟　宮森麻太郎

一　一　一　一　四　一　一　一　一　一　一

12

目録学研究	汪辟疆	一
紙魚供養		一
成簣堂閑記		一
典籍の研究		一
筆禍史		一
江戸書籍商史		一
書誌学論考		一
日本貝類図譜	平瀬信太郎	一
書目挙要		一
古文旧書攷		五
索引式的禁書総録		二

13

源氏物語研究書目要覧　藤田徳太郎　一
好書雑載　一
書物三見　一
校讎学史　一
古今典籍聚散考　一
誹諧書籍目録　井上書店　一
異阪市　上村大郎　一
江戸時代書誌学者自筆本展覧会目録　一
國文學史十講　芳賀矢一　一
日本古書通信　昭九、十、十二、十三　四
本邦活版開拓者の苦心　一

竹田翁尺牘

西蔵伝通佛教歴史 上 河口慧海

謡曲文庫 別巻 第一

舞影一斑

錦画参考鑑

浄土宗聖典

[illegible]学論

萬葉名歌選

東西の画聖等

品川遊廓史考

支那の歴史と文化

— — — — — — — — — — —

15

竹取物語新釈　一
十六夜日記　一
牛込幸術読本　一
厠考　一
ほゝつき　一
續歴代風俗写真大観　一
漢字起源の研究　一
武家時代の研究　一
美術字典　一
日欧交通起源考　一
日本文化史図録　一

國語と日本精神
東洋文庫十五年史
眞行草辞典
雨月物語
足利十五代史
日本外交六十年史
息
日本及日本人
昭和十、十一年東洋史研究文献類目
橘守部大人自筆遺稿展観入札目録
業務工程報告書

17

本草及漢法醫に関する文献

製脳須知		台湾総督府専売局	明卅八	一
支那中世医学史		カニヤ書店	昭七	一
成形図説	鹿児島藩版	至文社	昭七－九	四
日本植物総覧	牧野富太郎 根本莞爾	春陽堂	昭十	一
日本植物総覧補遺	根本莞爾	春陽堂	昭十二	一
本草学論攷	白井光太郎	春陽堂	昭八－九	三
大和本草	白井光太郎	仝	昭七－十二	二
薬用植物和漢名対照便覧		仝	昭八	一
救荒治民補遺（官板）			天保九七	二
日本薬園史の研究	上田三平		昭五	一

重修植物名実図考　小野職愨重修　明治十六　八
くすのき　三浦謙平　明治廿八　一
本草書目　写本元部　帝国図書館本　一
三法方典　一、二、三巻　橋本鄭男吉　四
村野蔵書目録（本草図保）　村野時哉　昭十一　一
本草成立の経過　北平今関研究室　昭五　一
本草辞典　松村任三　敬業社　明廿五　一
原色菊花図譜　丹羽鼎三　三省堂　昭七　一
日本博物学年表　白井光太郎　明四十一　一
本朝医家著述目録　桜原七之助　浅倉屋　昭十　一
東修堂蔵書目録　本草帝国図書館本　一

19

錦窠翁耋筵誌　明十五　一
伊藤圭介先生の傳・梅村甚太郎　昭二　一
蘐薩堂小傳　高梨光司　大十五　一
本草辞典　清水藤太郎　春陽堂　昭十　一
存誠薬室本邦医書目　帝国図書館本　一
古今中華医書便覧　薬師寺大鵬九萬樹
皇漢医籍叢攷　田口明良
元治 [illegible] 御書籍目録医家類　渥美志島
（以上三点）一帙　三
本草綱目纂疏　曽槃（士考輯）、寛政十　二
漢方医学餘談　中山忠道（中山研究所出版部）　昭五再　一
薬品名彙　伊藤謙（A Medical Vocabulary in Latain, English and Japanese with Appendices）明七　一
櫻に関する図書解題略（南葵文庫講演会参考図書目録）、大九　一

植物学語鈔　松村任三　明十九　一
日本米食史　岡崎桂一郎　糧友会　昭五五　一
薬物学　石原弘　博文館　明四〇　一
救荒便覧　遠藤泰通　有隣堂　明十九　一
古典草木雑考　岡不崩　大岡山書店　昭一〇　一
和漢医籍小観　佐藤恒二　医海時報社　大二　一
救荒誌　福島好　明廿六　一
皇漢医籍書目　杏雨書屋　武田長兵衛　昭七　一
日本医学歴史資料目録　昭十六　一
本草綱彙補遺　黒田楽善　厚生閣　昭十三　一
本草通串証図巻二　一

21

救荒活民補遺書　宋董煟　写　二
薬性本艸約言　薛己（和刻）　二
仝　仝　二
錦嚢鋼萱筵誌　三
大和本草　貝原益軒　宝永十一　一〇
羣芳暦草木目録　海屋輯録　一
医心方（仁和寺本模刻本）　萩野仲三郎刊行　昭十　五
大同類聚方　写　二三
雷公炮炙薬性解　李中梓　四
和漢薬考　小泉栄次郎　朝香屋書店　明卅六　一
植物自然分科一覧表　三好学　明廿五　一

植壽書屋圖書目録 早川晋郎 昭二 二

仝 仝 昭二 一

日本科学の先覚宇田川榕菴 吉川芳秋 昭七 一

農業参考書解題 大橋佐平 博文館 一

廣群芳譜 清聖祖勅撰 商務印書館 民廿四 一

救民天徳地福傳 元禄十七 一

校本草衍義 寇宗奭編 一 一

植物名彙 松村任三 丸善株式会社 大四・五 二

植物和漢名辞林 杉本唯一 立川書店 昭四 一

和漢洋文献類聚 石橋四郎 西文社 昭五 一

生菜園譜 伊吹高峻 甲寅社出版部 再昭九 一

おおらむしの研究	工藤元平	成美堂書店	大六	一
日本食物史	桜井秀・足立勇	雄山閣	昭九	一
近世日本食物史	笹川臨風・足立勇	仝	昭十	一
田中芳男君七六展覧会記念誌	大日本山林会編纂		大二	一
蘭学大家三瀬諸淵先生	不御閣		昭四	一
日本医学史	富士川游	裳華房	明卅七	一
本草書目の考察	中尾万三	京都薬学専門学校薬窓会	昭三	一
中国医学書目	満州医科大学中国医学研究室		昭六	一
歴代医学書目提要	丁福保		宣統一	一
中国医学大辞典	謝観	商務印書館	中口廿三	一
植物名実図攷子卿	呉其濬	仝	民口廿二	二

植物学大辞典		商務院書館	民廿七	一
動物学大辞典			民廿四	一
中国薬学大辞典		世界書局	民廿六	二
本草約言	薛己		万暦三	四
萬葉草木考	岡不崩	建設社	昭七	四
本邦在日本本草学の沿革及本草家の伝記	白井光太郎		昭五	一
日本園芸史、園芸古書解題・甘藷園芸発達史	白井光太郎 大井士康			一
萬葉染色考	上村六郎 辰巳利文	古今書院	昭五	一
本草学論攷 第四冊	白井光太郎	春陽堂書店	昭十一	一
萬葉植物考	豊田八十代	古今書院	昭六	一
樹種名方言集	安田辰次郎	農林省山林局	昭七	一

25

本草衣鑑（古典全集本）　昭和九　二

医心方（古典全集本）　昭和十　七

薬名　—　一

人蔘史　Ⅱ、Ⅲ、Ⅴ、Ⅵ　朝鮮総督府専売局　昭十　四

食物本草約言　古呉薛己編輯　五

植物名実図考　小野職愨重修（欠本アリ）　三二

蘖蔭堂誌　慶田静六　慶田採雲堂　明卅四　一

　沖縄に関する文献

南島論叢　沖縄日報社　昭十二　一

琉球染色に就きて（啓明会創立十年記念講演集）　昭三　一

琉球史料叢書　Ⅰ、Ⅱ、Ⅳ、Ⅴ　伊波普猷　外　昭十五　名取書店　四

琉球人の見た古事記と万葉　奥里将建　青山書店　大十五　一
奄美大島と大西郷　昇曙夢　春陽堂　昭二　一
琉球人参府之節勤方書留　天保三　一
琉球之五偉人　伊波普猷　真境名安興　小沢書店　大五　一
海南小記　柳田國男　大岡山書店　大十四　一
琉球人方御取持御差物諸帳　天保三　一

朝鮮に関する文献

朝鮮人名辞書及索引　朝鮮総督府中枢院　昭十二再　二
朝鮮寺刹史料　朝鮮総督府内務部地方局　明四四　二
書物同好会会報　自第一号至第十号　京城書物同好会　昭十四—十五　一
朝鮮研究文献誌（明治年間）　櫻井義之　昭十六　一

27

朝鮮図書解題　朝鮮総督府編纂　朝鮮通信社発行　昭七　一
朝鮮の姓　朝鮮総督府　昭九　一
青邱説叢　第一－第三　田川孝三・今西龍　一
三國史記　古典刊行会　昭六　九
羅馬字索引朝鮮地名字彙　小藤文次郎・金沢庄三郎　明廿六　一
楽浪彩篋塚　朝鮮古蹟研究会　昭九　一
大正六年度古蹟調査報告　朝鮮総督府　一
大正九年度　仝　仝　第一冊　一
大正十一年度　仝　仝　第一・二冊　一
楽浪　東京帝国大学文学部　刀江書院　一

紙及製紙に関する文献

紙業界五十年	廣田徳太郎	博進社	昭十二	一
知っておかねばならぬ印刷と紙の話	廣良偉吾太	崇文堂	昭十	一
博文館五十年史	坪谷善四郎	博文館	昭十二	一
土佐紙業組合製紙試験場				一
本願寺三十六人家集料紙模製		春夏秋冬		四
紙業新聞　朝鮮号		紙業新聞社	昭七	一
印刷局沿革録		印刷局		一
印度紙業攷		写		一
伊野読本	田村進二郎	高知県吾川郡伊野尋常高等小学校	昭十	二
三椏栽培録	藤正古	静岡県庵原郡役所	明廿一	一

楮及楮紙考（増訂版）　成田潔英　昭十六　一

沿革大要　土佐紙株式会社　大十一　一

仝　仝　仝　一

高知製紙録異　関彪　片岡保田郎共編　昭六　一

雁皮疑録　関彪　丸善株式会社　昭十五　一

千代田製紙株式会社定款　一

日本紙業史　京都篇　京都紙商組合事務所　昭十五　一

二見昇君の略傳　附元神戸製紙所の起源及沿革　関彪　昭二　一

臺灣通草　台湾総督府民政部殖産局　明四十　一

美術印刷用紙見本鑑　象太合名会社　高木商店　一

改集　越前産紙見本集　仝　一

定款及諸規程　日本紙製帽芯料工業組合　昭十　一
日本製麻史　高谷光雄　明四十　一
廃物利用　近藤賢三　経済雑誌社　明二十　一
高知県産業案内（昭和拾年版）　一
王子製紙株式会社案内　大五　一
和紙研究　八、九　二
書目、書誌、印刷に関する文献
尊経閣文庫国書分類目録　昭十四　一
日本印刷大観　東京印刷同業組合　昭十三　一
春日板彫造攷　大屋徳城　便利堂　昭十五　一
近世印刷文化史考　島屋政一　大阪出版社　昭十三　一

資料 17（目録・嵯峨志　嵯峨自治会）

群書索引　物集高見　廣文庫刊行会　昭三　三
汲古閣珍蔵秘本書目　呉県黄氏士礼居蔵版　嘉慶　一
中國参考書目解題　燕京大学　一九三六　一
邦文日本古陶磁関係論文要目　小山富士夫　雄山閣　昭十　一
紅葉山文庫と書物奉行　森潤三郎　昭和書房　昭八　二
日本古印刷文化史　木宮泰彦　富山房　昭七　一
高野板之研究（高野山誌第一編）　森江書店　昭七　一
高野山見存蔵経目録（仝第二編）　仝　昭六　一
古版地誌解題　和田萬吉　大岡山書店　昭八　一
日本文学書誌　石山徹郎　大倉廣文堂　昭八　一
神道書籍目録　加藤玄智　明治聖徳記念会　昭十三　一

四庫全書總目及未收書目引得　燕京大学　一九三三　二

佚存書目　昭八再　一

書目集覧（寛文元禄書籍目録 享保宝暦明和書籍目録）東林書房　昭六　二

濯足庵蔵書六十一種　金沢庄三郎　金沢博士還暦祝賀会　昭八　一

叢書子目索引　一

群書一覧　尾崎雅嘉 入田整三編　同續 西村兼文編 入田整三校訂　昭六、大十五　二

文献特刊　国立北平故宮博物館十週年紀念　民廿四　一

図書季刊　Vol. I, II, III.　国立北京図書館　三

北京図書館月刊　一

清代図書館発展史　譚卓垣　民廿四　一

漢書芸文志講疏　民廿四　一

一　足利学校年譜　須永弘　足利学校遺蹟図書館　昭十三

一　足利学校貴重特別書目解題　仝

一　足利学校貴重書目録　仝

一　足利学校珍書目録　仝

一　足利学校蔵本書目　長澤規矩也

一　足利学校釈奠講演筆記　明20—明26　大一—昭十二

一　足利文化史年表　須永弘　足利文献協会　昭十六

一　叢書全集目　并五輯　明治大正至昭和四十年東京書籍商組合　昭五

一　本邦書誌の書誌　天野敬太郎　間宮商店　昭八

一　図書学概論　田中敬　冨山房　大十三

一　世界印刷通史　中山久四郎　三秀舎　昭五

世界印刷文化史年表　庄司淺水　ブックドム社　昭十一　一
古事記諸本解題　日本中社協竜社編　昭五　一
日本叢書年表　岡書房　重水延秀　昭五　一
四庫全書纂修考　郭伯恭　商務印書館　民廿六　一
中國歷代藝文志　上海大光書局　民廿五　一
京都図書館和漢圖書分類目録　大十一　一
雲泉花山誌　巻六十四　秋浦三郎兵衛　雲泉莊　昭八　三
蓼倉文庫蔵書目録　賀茂御祖神社　西東書房　大二　一
浣雲亭蔵書目　乙　一
皕亭文庫目録　一
成簣堂善本書目　民友社　昭七　一

成簣堂古文書目録　蘇峯先生文章報国五十年祝賀会　昭十一　一

成簣堂善本書影七拾種　民友社　昭七　一

岡村桂園所蔵書目録　寶松堂　昭十二　一

栗田文庫善本書目　栗田元次　中文館　昭十二　一

真福寺本善本目録　同続輯　昭十一十一　二

満蒙経済文献目録　第一部　京都帝国大学経済学部研究室　昭七　一

古文旧書攷　附訪餘録　五

東洋文庫展覧書目　東洋文庫　大十三　一

関東現存宋元版書目　長沢規矩也　日本書誌学会刊　昭十三　一

笹野文庫駿河史料目録並展覧書目　大十二―十三　二

天理教書目誌　天理図書館　天理教道友社　昭五　一

國史論文要目　大塚史学会高師部会　刀江書院　昭十四　一

佛教関係雑誌論文分類目録　龍谷大学図書館　昭六　一

史学雑誌総索引　自第一編至第五十編　史学会　冨山房　昭五　一

國學院雑誌総目録　1894—1934　神崎四郎　一

蔵書票の話　斎藤昌三　展望社刊行　昭五　一

善本影譜　日本書誌学会　昭七—十　一〇

南葵文庫創立記念会陳列目録　大正　一

平湖楼丁に関する古書展覧会目録　留行会社　大十四　一

四庫全書総目　上海大通書局　六

日本印刷需要家年鑑　印刷雑誌研究所　昭十二　一

典籍説稿　山田孝雄　西東書房　昭九　一

37

金澤文庫考　金沢文庫　明四十四　一

佛書解題　大村西崖　中野義照　[illegible]蔵書院　大十一　二

書物語辞典　古典社　昭十一　一

國立北平図書館々刊　VIII—VIIII

○引得

藝文志二十種綜合引得　國民政府内政部　民國廿一　一

太平御覧引得　燕京大学　民國二十　一

白虎通引得　一九三一　一

説苑引得　一九三一　一

歴代同姓名録引得　一九三一　一

蔵書紀事詩引得　一九三七　一

考古質疑引得	一九三一	一
宋詩紀事著者引得	一九三四	一
佛藏子目引得	一九三三	三
道藏子目引得	一九三五	一
毛詩引得	一九三四	一
水經注引得	一九三四	二
新唐書宰相世系表引得	一九三四	一
太平廣記篇目及引書引得	一九三四	一
容齋隨筆五集綜合引得	一九三四	一
日本期刊卅八種中東方學論文篇目附引得	一九三三	一
清代書畫家字號引得	一九三四	一

文選註引書引得	一九三五	一
四十七種宋代傳記綜合引得	一九三九	一
三國志及裴註綜合引得	一九三八	一
食貨志十五種綜合引得	一九三八	一
崔東壁遺書引得	一九三七	一
元詩紀事著者引得	一九三四	一
刊誤引得	一九三四	一
明代勅撰書攷附引得	一九三二	一
諸史然疑校訂附引得	一九三二	一
唐詩紀事著者引得	一九三四	一
蘇氏演義引得	一九三三	一

全上古三代秦漢三國六朝文作者引得　一九三三　一

禮記注疏引書引得　一九三七　一

春秋經傳注疏引得　一九三七　一

古今人物別名索引　陳德芸　民口廿五　一

杜詩索引　飯島忠夫　福田福郎　昭十　一

41

日本佛教史之研究　辻善之助

金石名辞解　渡辺萬太郎

傳説 ― 大十五―昭二　関衛

大日本絵画史 ―

満洲通録　今西春秋 譯

日本佛教史の研究 續篇　辻善之助

満洲学報 第一―第五　満洲学会

明史纂修考　李晋華

中國明器　沈維鈞、鄭德坤

重刊 燕几圖 蝶几譜 匡几圖附

[illegible]◎ 外國人名地名表

慶長以来國學者史傳　逸見仲三郎　一
讃岐國名勝圖會　一
満洲語俗語讀本　渡辺薫太郎　一
輟耕録　八
九日新誌　第一輯　一
唐律疏議（官板）　五
韋蘇州集（官板）　四
唐世説新語（官板）　三
唐鑑（官板）　五
駱駝考　一
智嚢（官板）　四

43

石経考（写校）　一
和論語　―　覚文丸　一〇
遼史源流考與遼史初校　馮家昇　一
日本親族法　谷口知平　一
嘉靖禦倭江浙主客軍考　黎光明　一
宮崎先生法制史論集　中田薫　一
日本古代史法典　小中村清矩　一
古典の批判的処置に関する研究　池田亀鑑　一
清官式石橋做法　王璧文　一
敦煌画の研究　図像編　松本栄一　一
唐代長安與西域文明　向達　一

西藏品圖錄　美術學校校友会　一
増註 源氏物語湖月抄　上巻　二
平安朝時代の草仮名の研究　尾上八郎　一
増訂 日本文法史　福井久蔵　一
日本語の根本的研究　北里闌　一
上代の國語國文学　橘純一　一
石雅　章鴻釗　一
漢音呉音の研究　大島正健　一
枕草子評釋　上巻　金子元臣　一
中文参考書指南　何多源　一
新撰 日本小説年表　朝倉無声選　一

話言葉の研究と実際	神保格	一
西南文運史論	武藤長平	一
文法論と國語学	三矢重松	二
古語の新研究（尊稱編）	佐藤仁之助	一
語源類解	松村任三	一
口語法 日本現代語法	松浦珪三	一
國語尊重の根本義	山田孝雄	一
源氏物語の音楽	山田孝雄	一
高等口語法講義	木枝増一	一
唐令拾遺	仁井田陞	二
今昔物語集の新研究	坂井衡平	一

蝸牛考　柳田國男　一

國語と國民性
日本漢文學史　芳賀矢一　一

國語學史　吉澤義則　一

國語時相の研究　新井無二郎　一

國語の愛護　五十嵐力　一

標準漢文法　松下大三郎　一

元始日本語　中村烏堂　一

日本漢字學史　岡井愼吾　一

文語口語対照　現代日本語文法　松浦珪三　一

日本音声學　佐久間鼎　一

日本大文典　落合直文　一

資料 17（目録・嵯峨志　嵯峨自治会）

47

改撰標準日本文法		松下大三郎	一
荘内語及語釋		三矢重松	一
萬葉集講義	巻第二	山田孝雄	一
仝	巻第三	仝	一
古寫本抱朴子	論仙第二対俗第三 複製本		一
現代國語思潮	續篇	日下部重太郎	一
元寇の研究		竹内栄喜	一
元寇の新研究		池内宏	一
室町時代物語集	第一－第四		四
室町時代の言語研究		湯澤幸吉郎	一
國語學叢話		上田万年	一
碑碣法帖談		樋口勇夫	一

國語の新研究　三矢重松　一
日本語と蒙古語　大藪鉦太郎　一
標準古風土記（出雲）　栗田寛　一
仝（常陸）　仝　一
清代学者生卒及著述表（一）　蕭一山　一
日本法制史書目解題　下　池辺義象　一
口語法別記　國語調査委員会　一
日本霊異記　板橋倫行　一
校訂延喜式　上下及索引　三
近畿能楽記　野々村戒三　一
梵文学資料書　高楠順次郎　一
國際音標 國語正音字典　一

資料 17（目録・嵯峨志　嵯峨自治会）

49

かざし抄	富士谷成章	一
方言改良論	青田節	一
國語音声学講話	佐久間鼎	一
北海道地名解	磯部精一	一
標註令義解校本　乾		一
校註世阿彌十六部集	野々村戒三	一
ウェブストル氏スペルリング　かなつき	中村愿	一
國語史　一、二、三、六、九、十二	安藤正次外	六
江戸言葉の研究	山田正紀	一
隠語構成の様式并其語集	樋口栄	一
國語観	岡本千万太郎	一
漢文音読論	岡田正三	一

天草本伊曽保物語　新村出　一
能楽史料　第一輯　小林静雄　一
女真語の新研究　渡辺薫太郎　一
女真語来文通解　一
日本画家辞典　人名部、落款部　二
増補 日本書画骨董大辞典　一
増訂再版 日本仏家人名辞書　一
神道辞典　山川鵜市　一
校訂古語拾遺新註　池辺真榛　一
古語拾遺講義　穂蔵男編　栗田寛　一
増訂 稲荷神社志料　一
あゆひ抄　改訂版　富士谷成章　一

日本語讀本　布哇教育会　中等科用　三
仝　五
仝　米國加州教育局検定　一六
仝　松宮彌平　四
國語の研究　金沢庄三郎　一
日本古代語音組織考（解説）　北里闌　一
説文日刊　七
肥前國 豊後國 風土記考證　後藤茂四郎　一
影印御府本 蒙古襲来繪詞（解説付）　二
類聚國史　百六十五、百七十一、百七十七、百七十九　四
年中行事　一
自顧愷之 至荊浩 支那山水画史（附図共）　伊勢專一郎　二

満文書籍聯合目録　李徳啓　一
殷墟出土白色土器の研究　一
西文東方学報論文挙要　一
五十音図の歴史　山田孝雄　一
能楽史料　第三編　第五編　二
上田秋成全集　一
本化聖典大辞林　上、中、下　三
古今工芸図彙　國府田抱造　三
日本文化史展覧会図録　紀元二千六百年記念　一
東京夢華録　一
宋刊龍龕手鑑　一
玉篇の研究　岡井慎吾　一

53

師石山房叢書		一
シーボルト先生其生涯及功業	呉秀三	一
密教大辞典　上、中、下		三
襟帯集		二
つれづれ草壽命院抄		二
節用集　上下		二
正倉院考古記	傅芸子	一
支那画学書解題	原田尾山	一
古本節用集の研究	上田万年 橋本進吉	一
続世説新語（官板）		五
校本八雲御抄とその研究	久曽神昇	一
児童語彙の研究	沢柳政太郎 田中末広　外	一

修訂官職要解		和田英松	一
枕草子評釋	下巻	金子元臣	一
弘文莊待賈古書目	第十五号		一
漢學者傳記集成		竹林貫一	一
漢呉音圖			六
箋注倭名類聚抄	上下	狩谷棭齋	二
音曲玉淵集		丸岡桂 校訂	一
頭註華傳書		仝	一
日本法制史書目解題	上	池辺義象	一
高知縣勸業月報	第十号、第十一号		一
関東往還記			一
巖松堂書目			一

55

分類農村語彙　柳田國男　一
古本之友　第一号　一
景宋本世説新語（解題共）　六
皇室御撰之研究　和田英松　一
珍書同好会本　四
本居宣長翁書簡集　奥山宇七　一
日本奴隷史　阿部弘蔵　一
禅竹集　吉田東伍　校註　一
薩隅日地理纂考　一
元禄古版画集英　下二　渋井清　二
善本影譜　甲戌　第一輯―第十輯　一〇
善本影譜　癸酉　仝　一〇

格致鏡原　八

永楽大典　巻三千五百八十四　巻三千五百八十五　尊　一

物産取調心得書　明治七年九月　京都府　一

南京遺芳　佐々木信綱　橋本進吉　（附巻共）　二

光緒龍林 増訓案　上中、下　三

館訂 新修有職故實　江馬務　一

室町時代小説集　平出鏗二郎　一

漢六朝の服飾　原田淑人　一

瓶史国字解　二

四庫全書総目及未収書目引得　一九三二年　二

農書要覧　勧農局　明治十一年　一

世界印刷通史　第二巻　中山久四郎　一

57

金澤文庫古文書　第一輯　一
古逸書録叢輯　一
國語学新講　東條操　一
國語学書目解題　一
俚諺大辞典　中野吉平　一
宝生院蔵倭名類聚鈔紙背文書　一
漢字の研究　寧遠常正　一
三宝絵詞　上　一
國學者傳記集成　第一、第二、続篇　三
萬葉集講義　巻第一　山田孝雄　一
水言鈔　一
假名遣の歴史　山田孝雄　一

58

日本文法てにをはの研究　廣池千九郎　一
淮海學音　二
字鏡度解說　昭和八年　三
日本服裝變遷史　鳥尾政一　一
南葵謠曲沿革史　上下　二
切支丹宗教文學　姉崎正治　一
佛書解說　ヲ四編　一
新撰姓氏錄考證索引　一
英和印刷書誌百科辭典　一
增註源氏物語湖月抄　中、下　二
建築設計參考圖集　三、七、八、九、十　五
國學者傳記集成名号總索引　一

資料 17（目録・嵯峨志　嵯峨自治会）

59

三宝絵詞　中		一
西域発見の繡画に見えたる服飾の研究	原田淑人	一
当局遺誡及解説		二
日本語源学	林甕臣	一
仙台方言音韻考	小倉進平	一
国民の日本史		一〇
歌舞品目　上巻		一
医心方　一―六	正宗敦夫（日本古典全集刊行会）	六
宝雲　第三四、三五		二
今昔物語　上	宇治大納言源隆国卿撰	一
謡曲文藻解　続篇		一
工芸　八、九、十、十一、十二、廿六		六

60

解題叢書　一
珍籍展覧会目録　一
謡曲通解　坤　四

資料18（目録・愛書趣味）

No. 459 ヘナミ
No. 522 ナミ

	書名		冊数	缺の本選
1	愛書趣味	一号ー二十六号	二十六冊 目録二枚	二十六冊 目録二枚
2	あたらしいをとかみさんたく	中島穂二	三冊	三冊
3	アリンス国辞彙 昭和四年	宮武外骨	一冊	一冊
4	アクセントと方言	服部四郎	一冊	一冊
5	愛白楼印譜	溝上與三郎	一冊	一冊

6 世阿彌舞踊譜本 藤原桂樹 一冊 一冊
7 足利学校沿革誌 大正六年 一冊 一冊
8 飛鳥時代寺院址の研究 石田茂作 二冊 二冊
9 美味求真 木下謙次郎 二冊 續編一冊
10 美味珍味 食辛抱 一冊 一冊
11 文房四譜 和紙研究会 昭和十六年 二冊一帙 二冊一帙

12	文求堂書目		昭和八年	一冊	一冊
13	新文典別記（口語編）	橋本進吉	昭和十三年	一冊	一冊
14	佛教辭典（梵漢對訳）	荻原雲来	昭和二年	一冊	一冊
15	文学に現はれたる我が国民思想の研究	津田左右吉	大正八年―十年	四冊	四冊
16	佛教大辭典	望月信亨		七冊	七冊

17 文章讀本　谷崎潤一郎　一冊　一冊

18 武家時代の研究　第三巻　大森金五郎　一冊　一冊

19 文章の理論（日本語の表現價値）
波多野完治　昭和十二年　一冊　一冊

20 文芸懇話会（五月号）　昭和十二年　一冊　一冊

21 動安居士文集 帝王韻紀附その解説
朝鮮古典刊行会　三冊一帙　三冊一帙

22 大日本佛教全書　一五一冊
附巻約十巻一箱
一ト箱
索引 一冊 又 附巻約十巻

23	土木工学用語集	柴田龍兒	一冊	一冊
24	大日光中禪寺寫眞帳	鈴木常觀	一冊	一冊
25	道家の思想と其の展開	津田左右吉	一冊	一冊
26	大同石佛寺	木下杢太郎	一冊	一冊
27	英和雙解隱語彙集	村松守義	一冊	一冊
	~~東京帝大学圖書館目錄初稿~~		~~十冊~~	~~十冊~~
28	袁中郎全集	上海世界書局 民國二十五年	一冊	一冊

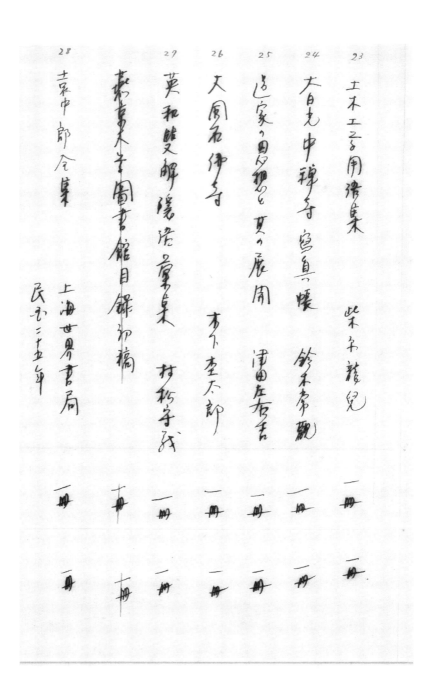

29 英和雙譯論語（全） レッグ博士 英訳 清水起正 編注 一冊 一冊

30 惠紀續と天皇（稿作研究） 長沼賢海 一冊 一冊

31 江戸年中行事 三田村鳶魚 一冊 一冊

32 白山獄凝煙 田中慶太郎 一冊 一冊

33 八丈島 薄惣一 一冊 一冊

34 白製衣織製造販賣組合規約書 一冊 一冊

35 八史経籍志 文政八年 十七冊二帙 十七冊二帙

36	校讎通義（百科小叢書）		一冊	一冊
37	平賀源内集（全）		一冊	一冊
38	悲恋の為恭	藤森成吉	一冊	一冊
39	日向文献史料	若山甲蔵	一冊一帙	一冊一帙
40	表具のしをり（新修版）	山本元	一冊	一冊
41	平田篤胤全集	平田学会編	十五冊	十五冊
42	広島県樹木一覧表		一冊	一冊
43	飛鸞雅考	武藤長平 大正四年	一冊	一冊

~~福島県出版誌及附録~~　~~十冊~~　~~附録缺~~

44 狩田博士記念展覧会陳列図書目録　一冊　一冊

45 福翁自伝　一冊　一冊

46 扶桑略記　文政三年　十五冊二帙　十五冊二帙

47 風雅論　大西克礼　一冊　一冊

48 古本屋　創刊號ー第十號　各月發行・終刊号　十二冊　十二冊

49 平家物語略解　山橋直言　昭和四年　一冊　一冊

50 碇経（張真人伝碇記・碇通人碇術出）　一冊　一冊

51	瓶史（昭和八年春夏秋冬）		二冊	二冊
52	享生物	享保三年	一冊	一冊
53	凹	久保登丸	一冊	一冊
54	本草便覧	光緒丁亥	二冊一帙	二冊一帙
55	本草和解	巻之四目録	一冊	一冊
56	方丈記評釈	内海弘蔵	一冊	一冊
57	本邦四書訓點並に注解の史的研究		一冊	一冊
58	法隆寺論攷	喜田貞吉還	一冊	一冊

59	本草和名	寛政丙辰校	二冊一帙	二冊一帙
60	本草和名	江戸和泉屋庄次郎發行	二冊一帙	二冊一帙
61	細井平洲の生涯	高瀬代次郎	一冊	一冊
62	北平歳時志	張江裁纂	二冊一帙	二冊一帙
63	訪餘録	田中慶太郎	一冊	一冊
64	本草衍義		一冊	一冊
65	本草備要	汪訒菴	四冊一帙	四冊一帙
66	大福光寺本方丈記	古典保存会編	一冊一帙	一冊一帙

67 ~~皕宋樓藏書志目録　光緒八年　二十二冊四帙　二十二冊四帙~~

68 ~~法隆寺金堂壁畫解說　一冊　一冊~~

69 本邦書誌学概要　植松安　一冊　一冊

70 平安朝文法史（全）　山田孝雄　一冊　一冊

71 一切経音義　山田孝雄編　七冊一帙　七冊一帙

72 一切経音義索引（全）　山田孝雄編　一冊　一冊

73 伊勢物語　屋代弘賢校刊　一冊　一冊

岩波書店　昭和六年

資料 18（目録・愛書趣味）

番号	書名	著者・刊年等		
74	井上頼圀翁小伝	大正十年	一冊	一冊
75	印文字	前田 俊	一冊	一冊
76	今鏡（畠山本）	和田英松校訂	二冊一帙函入	二冊一帙函入
77	異態習俗考	金城朝永	一冊	一冊
78	現代医学大辞典	第十四巻 小児科学篇	一冊	一冊
79	石川啄木全集	昭和六年	一冊	一冊
80	岩波文庫古今著聞集		一冊	一冊
81	偉人野口英世	池田宣政	一冊	一冊

82	異国草木會目録（全）		一冊	一冊
83	いかもの趣味	礒部鎮雄	四冊二帙	四冊二帙
84	韻鏡考	大矢透	一冊	一冊
85	校碑概説	服部情五郎	二冊	内冊ろ一冊 未還
86	一癖隨筆 第一集	宮武外骨	一冊	一冊
87	色葉字類抄及解説	育徳財團	三冊 函入	三冊 函入
88	雁皮栽培録		一冊一帙	一冊一帙
89	重校神農本草	光緒丙午	二冊	廿冊 一冊缺

90 畫灰書、畫水書　（寫本）一冊　無缺　一冊　無缺

91 現代挿花圖集　第二輯（昭和十一年）第三輯（昭和三年）　二冊　二冊

92 諺草　貝原好古　七冊　七冊

93 現代挿花圖集　昭和十二年　一冊　一冊

94 解題叢書（合）　國書刊行会　一冊　一冊

95 疑問假名遣　國語調査会　前・後　二冊　二冊

96 御物看聞日記複製頒布趣旨書　貴重圖書影本刊行会　一冊　一冊

97	儀礼図　官版 寛政十二年	八冊一帙	八冊一帙
98	群経概論（百科小叢書）	一冊	一冊
99	後漢書（和刻）	六十冊	五八、五九、二冊欠
100	五山の四大詩僧　今関天彭	一冊	一冊
101	香樹文庫入札目録	一冊	一冊
102	重要樹苗説明	一冊	一冊
	~~上代歌謡の研究　安田喜代門~~	~~二冊~~	~~二冊~~
103	実例令女習字帖　野村耕一	一冊	一冊

104	女子学習院五十年史		一冊	一冊
105	実験音声学上より見たるアクセントの研究		一冊	一冊
106	尋常小学読本 巻一	大正七年	一冊	一冊
107	成吉思汗は源義経也	小谷部全一郎	一冊	一冊
108	隋唐燕楽調研究	林謙三	一冊	一冊
109	実用文字のくづし方	大正十三年	一冊	一冊
110	豆州熱海誌	大田青丘	一冊	一冊
111	女子風俗化粧秘伝	佐山半七丸	三冊一帙	三冊一帙

112 圖訓異義 和漢辞典 昭和十七年 碧壷堂 堀口興一 一冊 一冊

113 土理 杉森先生例題 十七冊 十一冊

114 漢文の訓讀によりて伝へられたる語法 山田孝雄 一冊 一冊

115 賀茂真淵全集 十二冊 八・九・十一・十二 四冊缺

116 寛政版記録附信夫顕祖中讀 野上豊一郎 一冊 一冊

117 花伝書研訂叙 岩波書店 一冊 一冊

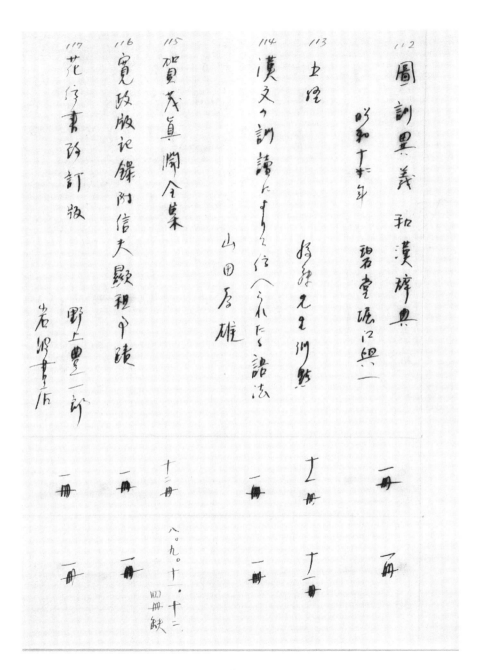

118 花傳書（全） 二部 明治三十一年 二冊二帙（二部） 二冊二帙（二部）

119 花傳書（室町古写本の出現写） 一冊一帙 一冊一帙

120 鎌倉室町時代の儒教 足利衍述 一冊 一冊

121 広東新語 木天閣版 八冊二帙 八冊二帙

122 漢魏叢書 上海涵芬樓影印 四十冊四帙 四十冊四帙

123 華山印譜 （宋宗実印使用のもの） 一冊一帙 一冊一帙

124 新釋觀音経講話 吉[illegible]東禅 一冊 一冊

125 かわきは物語　関靖　一冊　一冊

126 観古雑帖　一帖一帙　一帖一帙

127 かながきろんご　安田文庫編　一冊一帙函入　一冊一帙函入

128 関八州印象記　昭和十六年　一冊　一冊

129 金沢文庫所蔵浄土宗学上の未伝稀覯の鎌倉鈔本　一冊　一冊

130 化学工業全書（第十五冊）　大正五年　一冊　一冊

131 華山研究　土井礼　一冊　一冊

132 かな美人の粧　三好貫之助編　一冊　一冊

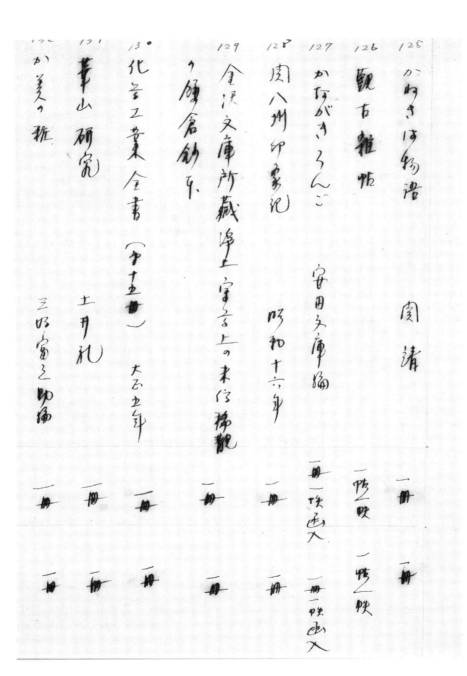

133	甘露堂文庫稀覯本攷覧（全）	名古屋書史会	昭和八年	一冊	一冊
134	化学工芸第九号		大正十四年	一冊一帙	一冊一帙
135	かなのしるべ	桑田明	上・下	二冊二帙	二冊二帙
136	難漢字詳解	高田忠周		三冊一帙	三冊一帙
137	かくし言葉の字引	宮本光玄		一冊	一冊
138	かまくら	大森金五郎		一冊	一冊
139	五段排列漢字典	ロゼンベルグ		一冊	一冊

140 金沢と六浦荘時代 平田恒吾 一冊 一冊

141 下之巻 上・下 元和三年 二冊 上欠

142 官刻沿革略史附目録 明治三十三年 一冊 一冊

143 切支丹宗門の迫害と潜伏 姉崎正治 一冊 一冊

144 近代文芸筆禍史 斎藤昌三 一冊 一冊

145 稀本零葉集 一冊一帙 一冊一帙

146 欽定續通志 六四冊 第一冊目・第六十冊目.

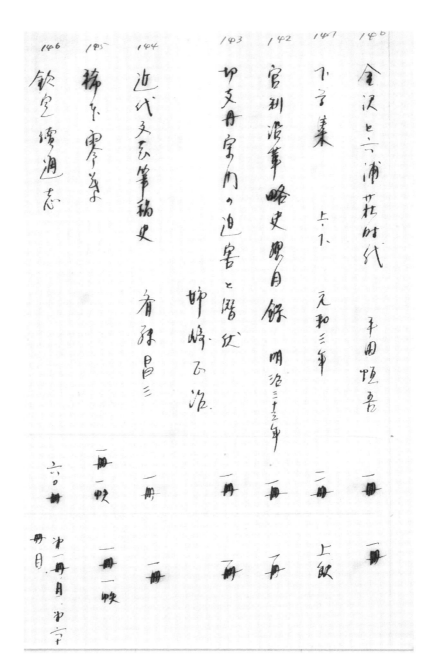

147	麒麟　昭和七年	一冊	一冊
148	琅宴別冊　文献蒐載　第十四―十六	三冊	三冊
149	貴重図書影本刊行会目録	一冊	一冊
150	貴重図書影本刊行会趣意書規定及　第四回配本目録	一冊	一冊
151	近代東洋音楽研究への[illegible]書　岸辺）成雄	一冊	一冊
152	近世畸人伝中遺物会目録	一冊	一冊
153	凶荒図録（完）　明治十八年	一冊	一冊

154
御土吉掛令歌目録　鹿児島県立図書館
昭和四年
一冊　一冊

155
京華春報　一号—一五号迄
明治二十二年
一冊　一冊

156
京都圖書館和漢圖書分類目録
六冊　二冊缺
現存本ノ9.
叢書・百家之部
法政經濟之部
社会產業之部
歴史地誌之部

157
救荒野菜図説（全）　嘉永四年
全一冊　一冊

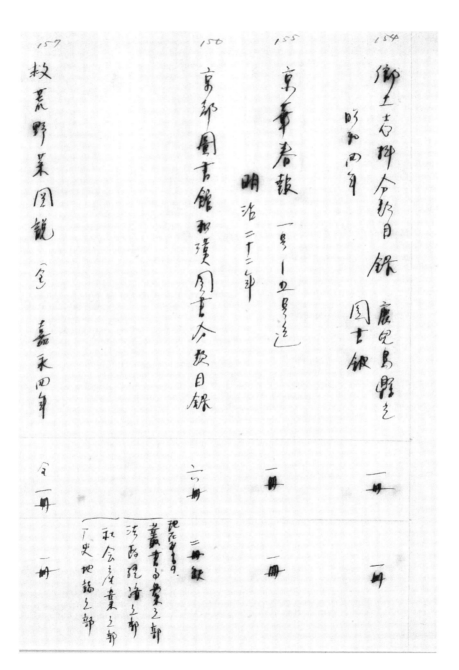

158	音象の研究と其の応用　猪谷暁平編述　啓明会	一冊	一冊
159	桐生織物史　昭和十五年	一冊	一冊
160	近代日本文学大系　一七、式亭三馬集	一冊	一冊
161	アイヌ語を通じて観たるアイヌの族性化　明治四十四年	一冊	一冊
162	~~秋野七草考~~	~~十冊一帙~~	~~七冊一帙~~
	美術研究　第三十八－第四十五（英文の説明書各冊ニ挿入）	八冊（二部要ところ）	八冊

163	文献志林（第一輯）	昭和四年	一冊	一冊
164	大明三蔵聖教目録	南條文雄	二冊	二冊
165	佛垂般涅槃略説教誡經（全一帖貴物）	足利初明刊	一帖一帙	一帖一帙
166	蕪村句集遺稿講義	高浜情塚	一冊	一冊
167	新作都々逸小唄		二冊（二部）	二冊（二部）
168	江戸時代語研究	第一巻第一号—第四号 第二巻第一号（二部）	六冊	第一巻一号、二号 第二巻一号 三冊 欠

英和雙解隠語彙集　村松守義　十冊

英草和解巻之四目録　一冊　十冊

169

宋書　劉刊本　一ー第十七巻　全揃　一九四冊

第五巻一、三ー八。十。　八冊

第六巻一ー五、七ー十二　十冊

第七巻一ー九、十二。　十冊

第九巻、第十巻、
第十三巻、第十四巻
第十六巻、第十七巻
一号ー十二号、　七二冊

總計　一〇一冊　欠

170 星園 第一〇二。第一〇四—一三〇 昭和十四年—十六年 二十八冊 二十八冊

171 方言と土俗（第一巻第一号—第二巻九号） 昭和五年—七年 二十一冊 二十一冊

172 芸林間歩 昭和十一年 一冊 一冊

173 群書類従 内外書籍株式会社 昭和四年—十二年 二十四冊（上製本革） 二十四冊（〃）

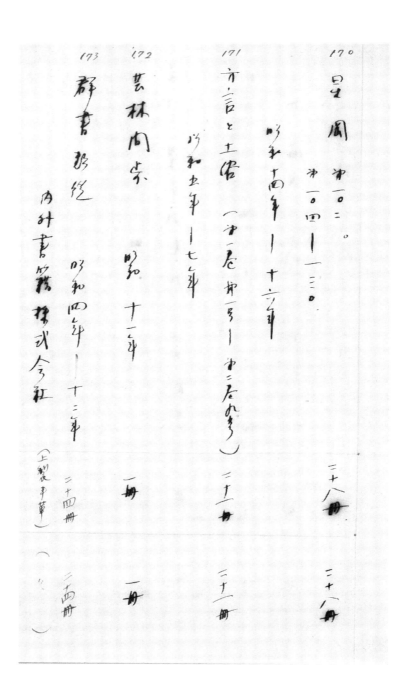

174 觀世 一巻ー九巻 百五冊

第二巻 十、十二缺
第五巻 二。四。六。九。十。十二。
第六巻 一。十一。
第七巻 五。
第八巻 一。二。七。八。
七。十一。
第九巻 一ー十二。
計二十九冊缺

175 漢籍解題 明治三十九年 桂湖邨 一冊

一冊

176 郷土趣味（第四巻四号は貸与せしむ） 廿八冊

四巻 五。十ー十二。
五巻 九ー十二
計八冊缺

177	欽定續通典		十二冊	十一。十二。缺
178	吉利支丹文学抄	村岡典嗣	一冊	一冊
179	頭書増補訓蒙圖彙大成（日本語版）		一冊	一冊
180	君台観左右帳記研究	松本宗衛	一冊	一冊
181	懐徳堂印存		二冊一帙	二冊一帙
182	国訳本草綱目	白井光太郎他	十五冊	第十冊目缺
183	国語と日本精神	保科孝一	一冊	一冊
184	国文註釈全書	室松岩雄 編	二十冊	二十冊

185 校讎学（百科小叢書） 民国二十四年 胡樸安他 一冊 一冊

186 古代漢文を基礎とする言語学の一研 浜名寛祐 昭和八年 一冊 一冊

187 五部心観（円城寺蔵版） 便利堂 一冊 一冊

188 国語の中に於ける漢語の研究 山田孝雄 一冊 一冊

189 古硯美の鑑賞 井上洞太 一冊 一冊

190 古文孝経 足利学校遺蹟図書館 一冊一帙 一冊一帙

191 皇室史の研究　黒板勝美　一冊　一冊

192 増補古方薬品考　天保十三年　内藤尚賢　五冊一帙　五冊一帙

193 光悦遺芳　京都便利堂　昭和十年　一冊一帙　一冊一帙

194 今昔物語集　芳賀矢一編　三冊　三冊

195 胡蝶　汲水庵浣山刻　大正十一年　一冊　一冊

196 皇室制度講話　酒巻芳男　一冊　一冊

197 宣文註釈全書　本居豊穎　一冊　一冊

198	古代研究	折口信夫	三冊	民俗学篇一冊缺
199	皇室関係大阪府郷土資料陳列目録		一冊	一冊
200	米沢藩学問所興譲館年表		一冊	一冊
201	皇室と基督教	曽我部四郎	一冊	一冊
202	皇室事典	井原頼明	一冊	一冊
203	古代日本精神文化の研究	大西貞治	一冊	一冊
204	口語法（全）	文部省 昭和十七年	一冊	一冊
205	国史大系（旧版）		十七冊	七。八。九。十。十二。十三。十四。六冊缺

206	国史大辞典	八代国治	六冊	三冊目（さ〜と）欠
207	古典保存会趣旨規約	昭和十三年	一冊	一冊
208	これ〱草	嘉永六年十一月	二冊一帙	二冊一帙
209	国語学書目解題	吉田澄夫	一冊	一冊
210	高野版展覧目録		一冊	一冊
211	国学院雑誌 一―四四巻		五百三十三冊	十三巻一号欠
212	コトバ 二月号	昭和十二年	一冊	一冊
213	国号「日本」音考	大西雅雄	一冊	一冊

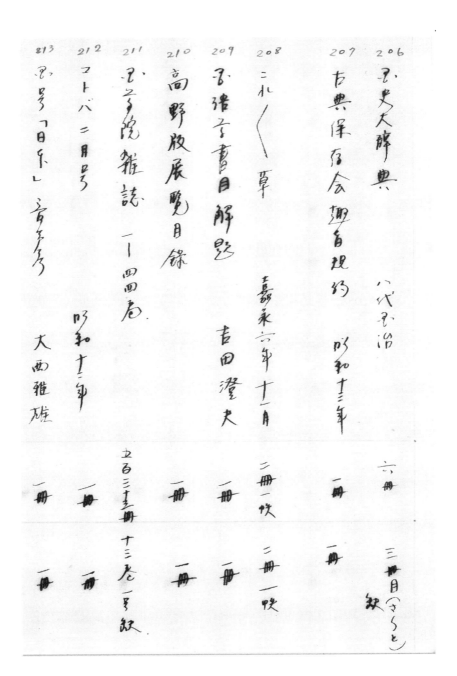

214	国体明徴上の一考察	松岡静雄	一冊	一冊
215	古鈔本伊勢物語	古典保存会	一冊一帙	一冊一帙
216	国語国文雑誌研究論文索引	京都国語国文学会	一冊	一冊
217	古代木綿手染織 絵絣展	昭和十一年	一冊	一冊
218	口遊	古典保存会	一冊一帙	一冊一帙
219	これくしよん	古染織はりまぜ帖	二冊（二部で）	二冊（二部で）
220	古事記裏書	古典保存会	一冊一帙	一冊一帙

221	古典研究 第一～第二巻 昭和十一年～十二年	雄山閣	四冊	四冊
222	古典研究別冊附録 昭和十一～十二年	雄山閣	五冊	五冊
223	弘道館記述義	栗田勤	一冊一帙	一冊一帙
224	交通文化 一～十二		十二冊	十二冊
225	穀菜辨覧 初篇	竹中卓郎	一冊	一冊
226	皇道より見たる書経	加藤虎之亮	一冊	一冊

227	国際茶会		一冊	
	われ祖国を求む 国体を知る大徳寺茶会		一冊	
	国際茶会年代		一束	
			一袋	一袋
228	国語の組織	大島正健	一冊	一冊
229	古書句読釈例	楊樹達	一冊	一冊
230	国史経籍志	野田庄右衛門梓行	五冊一帙	五冊一帙
231	国史経籍志	明 曼山館刊	五冊一帙	五冊一帙
232	国史の研究	黒板勝美	三冊	総説。各説下 二冊欠
233	古語拾遺	加藤玄智校訂	一冊	一冊

234	弘道館記	明治聖徳記念学会編	一冊	一冊
235	古代劇文学（日本文学大系）二十	能勢朝次	一冊	一冊
	~~敬語法の研究~~	~~山田孝雄~~	~~一冊~~	~~一冊~~
236	啓明会第九回講演集	大正十二年	一冊	一冊
237	語学法 上下	明治四十四年	二冊一帙	二冊一帙
238	啓明会第二十八回講演集		一冊	一冊
239	詔	田辺泰次	一冊一函	一冊一函
240	万葉集古義	精文館	十三冊（六ノ二部分	一、五、六、八 四冊欠

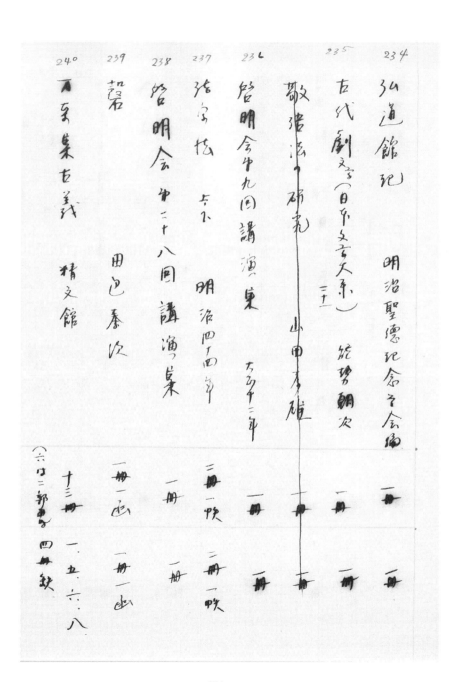

241	万葉集	折口信夫	三冊	三冊
242	万葉集辞典	折口信夫	一冊	一冊
243	万葉集講義 巻第一漢字索引	山田孝雄	一冊	一冊
244	万葉植物要覧	名古屋文学会	一冊	一冊
245	満洲史	大原利武 昭和八年	一冊	一冊
246	満清記事（全）		一冊 一帙	一冊 一帙
247	前田たまくらの草子	育徳財団	一冊	一冊

248	増鏡詳解	和田英松他編	一冊	一冊
249	馬氏文献通考		四十四冊	~~四十四冊~~ 四十。四十二冊缺
250	万叶集解説	貴重図書影本刊行会	二冊一帙	二冊一帙
251	松平楽翁公芸苑漫筆（五種）		一冊	一冊
252	まんじ	谷崎潤一郎	一冊	一冊
253	南の音語（全）	喜湖操村	一冊	一冊
254	明治以後日蓮主義著述目録		一冊	一冊
255	明治文学書目	村上浜吉	一冊	一冊
256	明治の文章・明治の文字	厚生閣	一冊	一冊

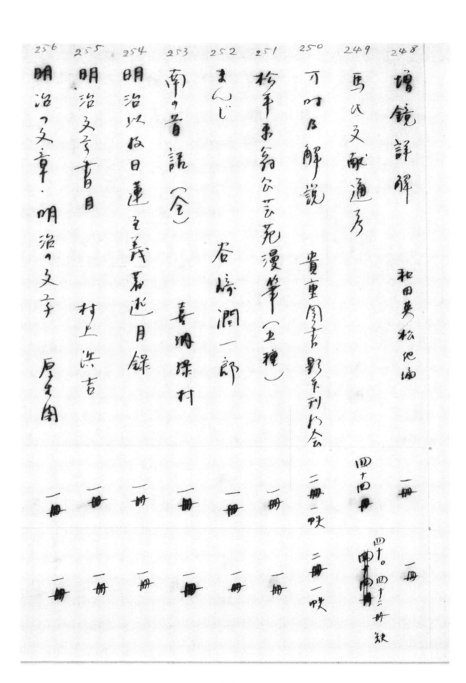

257	媽祖 雑誌 全揃 及 単行詩集 「媽祖」全揃 昭和九年・十年		全揃	全揃
258	明治天皇御傳	後藤光暉	一冊	一冊
254	物語支那史大系	早稲田大学出版部	十二冊	十二冊
260	桃太郎の誕生	柳田國男	一冊	一冊
261	民族と歴史	廿一巻—廿八巻	一揃	一揃
262	室町初期に於ける琉球史の一考察	岸田空碓	一冊	一冊

263	無盡才		一冊	一冊
264	明治天皇御集謹解	佐佐木信綱	一冊	一冊
265	民族　第一巻―第四巻	岡村新秋	四冊	四冊
	明治天皇御集謹解　大正十二年	佐佐木信綱	一冊	一冊
266	奈良朝文法史（全）	山田孝雄	一冊	一冊
267	續南方隨筆	南方熊楠	一冊	一冊
268	内外教育小史（全）	明治二十九年	一冊	一冊
269	南總里見八犬傳	塚本哲三	六冊	第一冊目缺

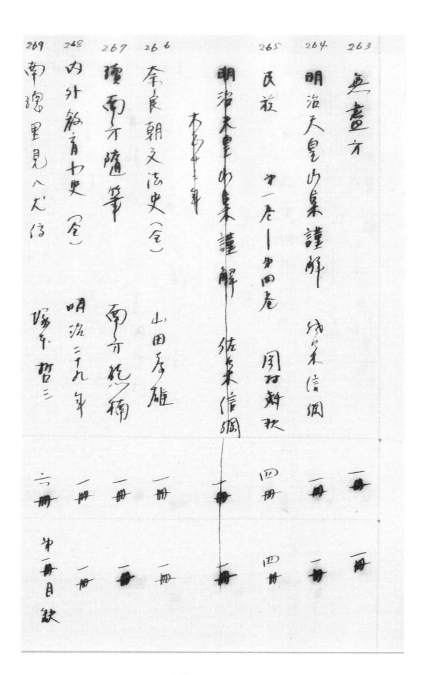

資料 18（目録・愛書趣味）

270	長崎方言に於ける外来語の研究 本山桂川 昭和六年		一冊	一冊
271	南洲号、雑誌日本及日本人八十九号 大正十五年一月一日号		一冊	一冊
272	日本刀、岩波新書	本間順治	一冊	一冊
273	日本猥談集	坂田修夫	一冊	一冊
274	日光東照宮寫眞	昭和十四年	一冊	一冊
275	日本的性格	長谷川如是閑	一冊	一冊
276	日本書論大観	杉崎坦	二冊	二冊
277	詳解日本外史	小宮水心註	二冊	附字句解釋 一冊缺

278	日葡交通第一輯	昭和四年	一冊	一冊
279	日韓両国語同系論	明治四十三年	二冊（三部ヅヽ）	二冊（三部ヅヽ）
280	日本帝国郵便規則及罰則	明治十一年	一冊	一冊
281	日本民族（第二巻第一、第二、第十二号）	昭和十一年	三冊	三冊
282	日本その日その日　上・下	昭和四年	二冊	二冊
283	日本産貝殻和名索引（横山氏日本産貝殻標本目録附録）		一冊	一冊
284	日本園芸雑誌（第四二及四三ノ一部）	昭和五年～六年	三冊	三冊
285	日本の国体と日蓮聖人	明治四十四年	一冊	一冊

286	日本法制史　三浦菊太郎	明治四十三年	十冊	十冊
287	日本語読本	昭和六年　布哇教育会	六冊	廿冊（廿一冊目欠）
288	日伊文化協定	昭和十四年	一冊	一冊
289	日本銅版畫志	西村貞	一冊	一冊
290	日本圖書目録	昭和二年　新村出序説	一冊 虫入	一冊 虫入
291	日本女礼式	明治二十五年	一冊	一冊
292	日本織業協会規約		一冊	一冊

293	日本儒学史	安井小太郎	一冊	一冊
294	日本盲人史	中山太郎	二冊	續一冊缺
295	日韓古代史資料	明治十五年	一冊	一冊
296	日本語文典	コイヤード・大塚高信訳	一冊	一冊
297	日本のナポリ長崎	予部月	一冊	一冊
298	日本及汎太平洋民族の研究	澁岡文吉	一冊	一冊
299	日本古語大辞典	松岡静雄	正續二冊	二冊
300	日本耶蘇会刊行書志解説	大正十五年	二冊	二冊

301 日本文字大辞典 寥村作 七冊 七冊

302 新渡戸博士追懐集 前田多門他 一冊 一冊

303 新渡戸博士文集 前田多門他 一冊 一冊

304 日本郵便切手史論 樋畑雪湖 一冊 一冊

305 日本書紀私見聞 貴重圖書複製会 一冊一帙 一冊一帙

306 日本郵便切手詳解 大栗峰吉 一冊 一冊

昭和七年

~~日本文法講義 山田孝雄 昭和十二年 一冊 一冊~~

307 日本文字の世界的位置 勝本清一郎 一冊 一冊

308	日本時代史	中村徳五郎　昭和九年	一冊	一冊
309	古写本日本書紀解題	大阪毎日新聞社	一冊一帙	一冊一帙
310	日本思想中世国民の精神生活	清原貞雄	一冊	一冊
311	日本ローマ字史	川副佳一郎	一冊	一冊
312	ニッポン	ブルーノ・タウト	一冊	一冊
313	日本風俗沿革図説（全）	江馬務編	五冊三帙	五冊三帙
314	日本性崇拝資料一覧（昭和二年・昭和七年）	日讀編	二冊	二冊
315	日本のをどり	久保田金僊	一冊	一冊
316	日本生殖器崇拝概論	沢田四郎	一冊	一冊
317	日本生殖器崇拝略説	山口米吉	一冊	一冊

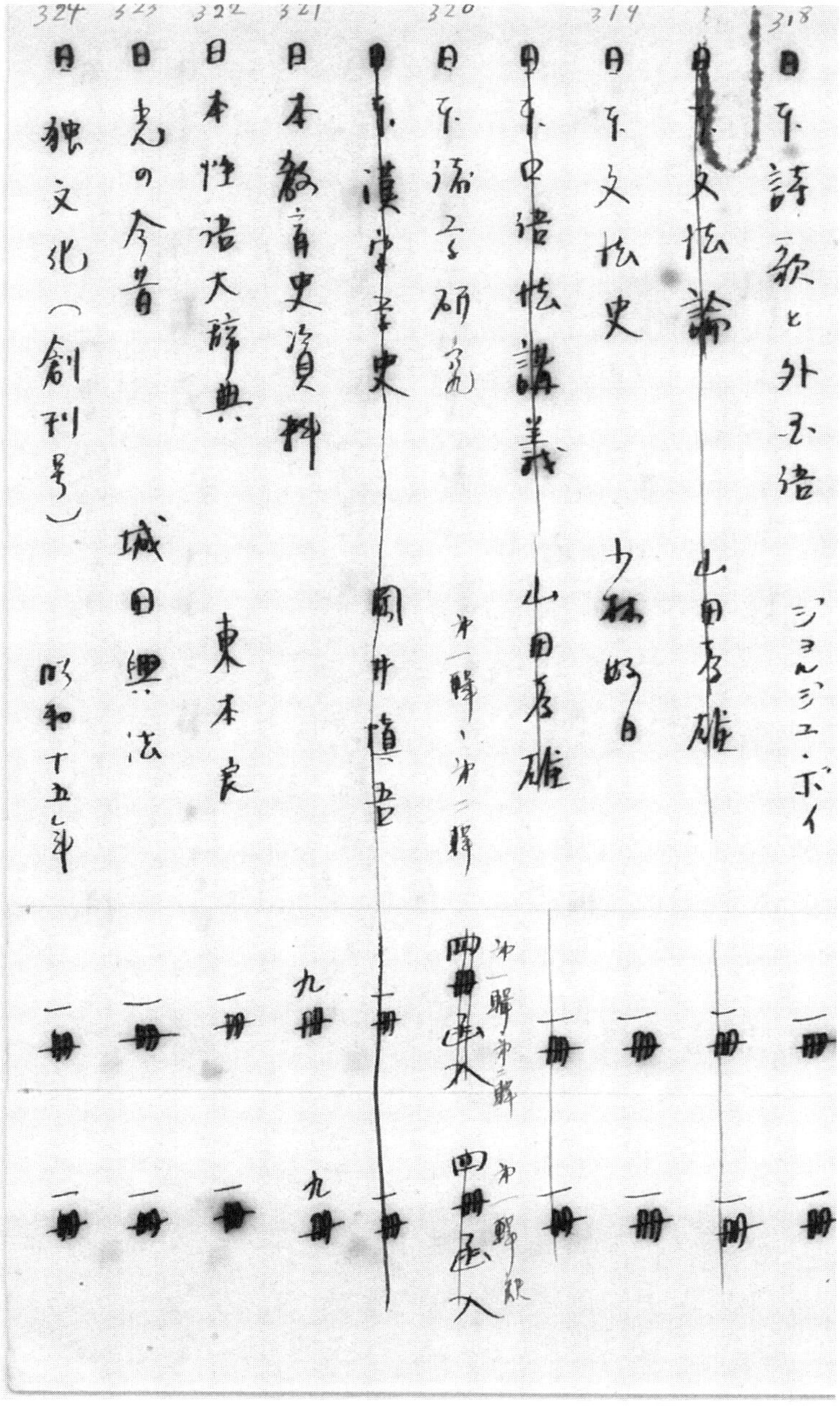

318	日本詩歌と外国語	ジョルジュ・ボイ	一冊	一冊
	日本文法論	山田孝雄	一冊	一冊
319	日本文法史	小林好日	一冊	一冊
	日本口語法講義	山田孝雄	一冊	一冊
320	日本諸学研究	第一輯、第二輯	四冊函入 第一輯第二輯	四冊函入 第一輯缺
	日本漢学史	岡井慎吾	一冊	一冊
321	日本教育史資料		九冊	九冊
322	日本性語大辞典	東本良	一冊	一冊
323	光の今昔	城田興法	一冊	一冊
324	日独文化（創刊号）	昭和十五年	一冊	一冊

No.	書名	著者・刊行者		
325	熱河省産両棲類爬虫類	第二次満蒙学術調査研究団	一冊	一冊
326	鼠はまだ生きてゐる	チエンバレン	一冊	一冊
327	年中行事	年中行事刊行会	一〜十二 十二冊	七・十 二冊缺
328	年中行事秘抄	（巻物）	一巻 及 解説 一冊	解説 一冊缺
329	能楽古今記	野々村戒三	一冊	一冊
	催馬楽編歌謡 一〜六 昭和十三年〜十四年			

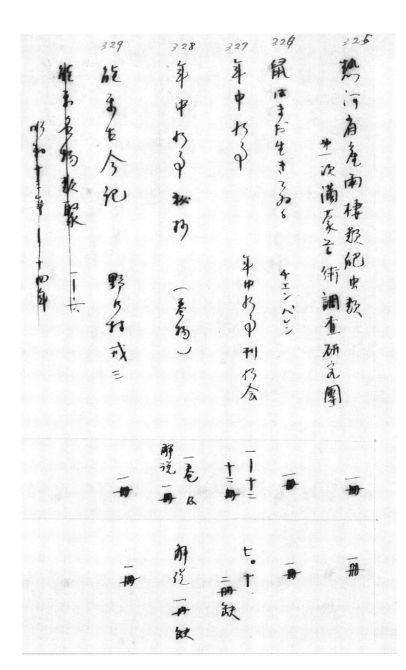

330	能の栞	大和田建樹	三冊	三冊
331	能楽全史（改訂版）	上・中・下	三冊	三冊
	能楽書譜	勝野嘉一郎		
333	能楽 第一巻—第十六巻（雑誌） 明治三十六年—大正七年		三十二冊	一巻、下 三、上 八、—十四 上・下 十六冊欠
334	能楽盛衰記	上・下 池内信嘉 大正十四年—十五年	及附図一冊	附図二冊
335	能楽画報	明治三十二年一月 〃 三十三年八月 〃 三十四年五月	三冊	三冊
336	能楽古面集	京都博物館編	一冊一帙	一冊一帙

337 農業全書　土屋喬雄校訂　昭和十三年　一冊　一冊

338 農村問題文献資料　日本評論社發行　一冊　一冊

339 野口英世　小泉丹　昭和十四年　一冊　一冊

340 古寫本日本書紀（秘籍大觀　日本書紀）　七巻物一帙　七巻物一帙

大阪毎日新聞社　大正十五年　八巻物一帙　八巻物一帙

341 沖縄志略字引　渡邊國登　夏人　明治十年　一冊一帙　一冊一帙

342 近江奈良朝の漢文学　石田幹之助　昭和四年　一冊　一冊

343 往來物展覽会出陳目録　一冊　一冊

344 欧米人の極東研究（全）　一冊　一冊

345	織田信長	鷲尾雨工	昭和十六年	一冊	一冊
346	林治宏平先生略伝	村松七郎編		一冊	一冊
347	大鏡評解（全）	佐藤球	昭和十四年	一冊	一冊
348	欧米の隅々	市河三喜・晴子	昭和八年	一冊	一冊
349	千葉氏蔵本大鏡	古典保存会		一冊一帙	一冊一帙
350	音楽雑誌	共益商社		一―十冊	十冊
351	落葉籠	富田俊		一冊	一冊
352	櫻誌	梅村甚太郎		一冊	一冊

353	大奥の女中	池田晃淵	明治三十四年	三冊	三冊
354	小原流盛花瓶華傑作選集		昭和十二年	一冊	一冊
355	小原流瓶華盛花傑作集 第二輯		昭和十二年	一冊	一冊
356	をりかみおいく	中島瑾二	昭和十三年	一冊	一冊
357	お札博士の観た東海道	F・スター	大正五年	一冊	一冊
358	大橋図書館第三拾一回年報		昭和十五年	一冊	一冊
359	音楽辞典	商務印書館		一冊	一冊
360	琉球人御暇之節覚			一帖一枚	一帖一枚

361 琉球　沖縄県教育会同人　大正十四年　二冊（三部一部（冊））　二冊（二部テ）

362 琉球処分　三冊　一冊（程綱）欠

琉球の研究（啓明会第十四回講演集）　一冊　一冊

363 リットン報告書　昭和七年　一冊　一冊

364 両周金文辞大系　郭沫若　二冊　三冊

365 隣忠秘抄続東史輯　沖四編　昭和十二年　一冊　一冊

366 連理秘抄　古典保存会　一冊一帙　一冊一帙

367 論語鈔　民友社　大正六年　六冊一帙　六冊一帙

368 論語（東方古典叢刊第六）　昭和八年　一冊　一冊

369 老子（東方古典叢刊第十）　昭和九年　一冊　一冊

370 ローマ字論語　学而篇及為政篇　宮崎静二　昭和八、十年　二冊　二冊

371 ローマ字の研究　田丸卓郎　大正十一年　一冊　一冊

372 琅玕記　新村出　昭和五年　一冊　一冊

373 西郷隆盛伝　佐々弘雄　昭和十一年　一冊　一冊

374 西郷隆盛 富田常雄 昭和十六年 一冊 一冊

375 西郷南洲先生伝 勝田孫彌 昭和二年 一冊 一冊

376 諸蕃必備 大綿巳卯 一冊 一冊

377 酒の文学 武井水哉 一冊 一冊

378 甲東談義 野上豊一郎発行 一冊 一冊

379 左伝の思想的研究 津田左右吉 昭和十年 一冊 一冊

380 薩道先生景仰録（吉利支丹研究史回顧） 新村出 昭和四年 一冊 一冊

381 山東玉篇　山東直砥　明治八年　六冊　六冊

382 山陽頼先生百年祭紀念号　佐久節　昭和九年　一冊　一冊

383 傘業随筆大観　小林久良治編　一冊　一冊

384 山水並野形圖
古信園丁書
人参往来栽培
茶栽秘摘（一名作従記）
一冊　昭和三年　山本浩然館　一冊　一冊

385 シーボルト資料展覧会出品目録　一冊　一冊

386 シーボルト先生渡来百年記念展覧会出品目録　大正十三年　一冊　一冊

387 尺八史考　栗原広太　大正七年　一冊　一冊

388 植物名実図考　小野職愨重修　四十八冊　六帙　十参帙（甲十三巻之十九 [illegible]）

389 古今名茶書目録　高三隆太郎　昭和五年　一冊　一冊

390 四季酒の肴　魚谷常吉　昭和十年　一冊　一冊

391 新蒐古書販売目録　昭和三年　一冊　一冊

392 昌平学寮学規ヶ條　一冊一帙　一冊一帙

393 守紙ノ覚め（全）　江戸金花堂発行　一冊桐箱入　一冊桐箱入

番号	書名	著者	出版	年	冊数	冊数
394	七種御物語	尾崎雅嘉		大正六年	一冊	一冊
395	食道楽 一〜五	村井寛		昭和三年	五冊	五冊
396	塩原ヶ奥	竹田可彦			一冊一帙	一冊一帙
397	支那香艶叢書	池田信雄	上海支那香艶叢書刊行会	大正十五年	六冊	六冊
398	支那社会の科学的研究	ウイットフォーゲル 平野義太郎訳			一冊	一冊
399	支那長世秘術	後藤朝太郎			一冊	一冊
400	支那法制史研究（全）	東川徳治	有斐閣	大正十三年	一冊	一冊

401 支那法制史 明治三十七年 浅井虎夫 博文館 一冊 一冊

402 支那の豫言 中野江漢 大正十四年 一冊 一冊

403 支那小説史 魯迅 増田渉訳 一冊 一冊

404 支那文字概論講話 塩谷温 大正十五年 一冊 一冊

405 支那法制史論叢 弘文堂 昭和十二年 桑原隲蔵 一冊 一冊

406 支那詩論史 鈴木虎雄 昭和十四年 一冊 一冊

407 支那の孝道　桑原隲蔵　昭和十年　一冊　一冊

408 最新支那語大辞典　石山福治　昭和十三年　一冊　一冊

409 支那織絨考　高木英彦　昭和十一年　一冊　一冊

410 支那思想と日本　津田左右吉　昭和十四年　一冊　一冊

411 支那語研究　第一号　中岩房次郎　一冊　一冊

412 支那の馬　中野江漢　大正十三年　一冊　一冊

413 支那文字概説　青木正児　昭和十三年　一冊　一冊

414 支那小説戯曲史概説　宮原民平　一冊　一冊

415 支那絵画史　内藤湖南　昭和十三年　一冊　一冊

416 支那風俗　井上紅梅　大正九年－十年　三冊　三冊

417 植物名彙　志田義秀　昭和四年　一冊　一冊

418 嶋の南洲先生　安藤佳翠　一冊　一冊

419 書誌学　木村一郎　昭和八年－九年　三冊　三冊

420 支那に於ける仏教と儒教道教　常盤大定　東洋文庫　一冊　一冊

421 上海自然科学研究所彙報（一－七）（一九二九－一九三七）　七冊　七冊

422 秋葉山道形傳来史 小室重弘 明治三十六年 一冊 一冊

423 續日本紀 菅野朝臣真道等奉 江戸 [illegible] 天保十四年 二十冊 二十冊

424 初期日独交通小史 丸山国雄 昭和六年 一冊 一冊

425 書苑 創刊号―二号 第二巻六号 [illegible] 三省堂 三冊 三冊

426 眞諭本日本書紀私見聞解説 一冊一帙 一冊一帙

427　春香傳　張赫宙　昭和十二年　一冊　一冊

428　昭和十年、十一年業務報告　岐阜県製紙工業試験場　二冊　二冊

429　書翰文講話及文範　芳賀矢一　昭和九年　一冊　一冊

430　書物の趣味　昭和二年ー七年　書物の趣味社　七冊　七冊

431　嶋　一誠社　昭和八年ー九年　二冊　二冊

432　社会教育　社会教育会　昭和十四年　一冊　一冊

433 a　聖徳太子御一代御絵巻序　御宗徳会　一巻函入　一巻函入

433
a 静岡市史編纂資料（廿六巻） 昭和四年 一冊 一冊

c 眞福寺本古事記 大正十三年・十四年 古典保存会 三冊一帙 三冊一帙

d 新文典 橋本進吉 一冊 一冊

e 続神品百碑（書道宝鑑） 渋川玄耳 一冊 一冊

f 神道叢説 山本信哉 一冊 一冊

g 神祇史綱要 宮地直一 一冊 一冊

h 新撰字鏡・字鏡攷異併索引 七冊一帙 七冊一帙

西東書房　昭和八年

i 神霊と霊火　大矢津麟　一冊　一冊

j 神札考　矢部善三　一冊　一冊

~~新作都々逸か唄　一冊　一冊~~

k 眞福寺古事記　上巻　古典保存会　一冊一帙　一冊一帙

l 四書集註（讀論語）　六帙　七冊一帙　七冊一帙

m スカーレット・レター　ナサニエル・ホーソン　神吾郎訳　一冊　一冊

n 水鏡及解説　貴重図書影本刊行会　四冊一帙　四冊一帙

434	椎園	安田文庫	四冊	四冊	
435	酔夢 第二巻	島添達夫 編	一冊	一冊	
436	生殖崇拝論	久保盛丸	一冊	一冊	
437	生殖器崇拝論集成	久保盛丸	一冊	一冊	
438	千字文及傑人遺墨集		一冊	一冊	
439	千頃堂書目		十六冊 二帙		下帙の「性」在之 上帙所收の七、八巻 一冊 缺
440	箋注倭名類聚抄	明治十六年	十冊二帙	十冊二帙	
441	戦争と二人の婦人	山本有三	一冊	一冊	

442	川柳語彙	宮武外骨	一冊	一冊
443	洗硯（第一期・全十輯之内）		七冊	七冊
444	草子彙	物集高見　大正五年	一冊	一冊
445	叢書目録拾遺	民国二十三年	四冊一帙	四冊一帙
446	廿蘇峰随筆愛書	五年	一冊	一冊
447	孫子の新研究	阿多俊介	一冊	一冊
448	宋遼畫彙	昭和五年	一冊	一冊
	漱石全			

449 太平御覧　上海商務印書館発行　一三六冊　十二帙　一三〇巻　一冊欠

450 太平広記　北京　文友堂　六十冊　六帙　六十冊　六帙

451 太平記物語　鷲尾雨工　一冊　一冊

452 大唐西域記に記せる東南印度諸国の研究　高桑駒吉　大正十五年　附録地図　一冊　附録地図欠

453 竹取物語　久松潜一　至文堂　昭和十三年　一冊　一冊

454 竹取物語　島津久基　岩波文庫　一冊　一冊

番号	書名			
455	竹取物語俚言解（上下全） 明治十七年 佐々木信綱	一冊	一冊
456	篆刻新解 柳瀬日年 昭和七年	一冊	一冊
457	高砂 光悦本写	一冊	一冊
458	理学博士桑木彧雄講演「東西科学の	一冊	一冊
~~459~~	攝取と其の展開」 昭和十五年		
460	竹の家字彙	五冊一帙	五冊一帙
461	高木利太遺書古活字版展観目録 川瀬一馬 高木義一	一冊	一冊

462 珍籍展覧会目録附録　丸善　昭和七年　一冊　一冊

463 潮音　第八巻第一号—第十二号　大正十一年　十二冊　十二冊

464 豆州航海路全図　明治二十七年　一枚　一枚

465 徒然草解釈（全）　塚本哲三　大正十四年　及　昭和五年　二冊（二部下）　二冊（二部上）

466 天爾乎波の原理的研究　新井無二郎　一冊　一冊

467 天一閣蔵書考　陳登原　民国二十一年　一冊一帙　一冊一帙

468 典籍散語　新村出　昭和九年　一冊　一冊

469 天徳地福信　二冊　上ろみより

470 塔影　第十七巻第一号、及第二号　二冊　二冊

471 陶庵素描　安藤徳器　一冊　一冊

472 東医宝鑑　享保九年　二十五冊桐木箱入　第十一冊　桐箱　缺

473 當流間仕舞付　五冊一帙　五冊一帙

474 朝鮮の習俗　朝鮮總督府　一冊　一冊

475 中国雕板源流考（文学小叢書）　上海商務印書館　一冊　一冊

476 中世丁香傳播考（「史学」第十六巻一号）　岡本良知　昭和十二年　一冊　一冊

477 中部カロリン島嶼案内　田中鎮彦　一冊　一冊

478 中央大学国学圖書館　民国十七年―二十六年　十冊　十冊

479 中世に於ける精神生活　平泉澄　至文堂　一冊　一冊

480	檣山翁印譜			一冊一帙	一冊一帙
481	檣山印譜			一冊	一冊
482	直齋書録解題書名索引	東洋史研究会		一冊	一冊
483	西蔵語文典綱要	明石恵達著	昭和十二年	一冊	一冊
484	張州府志（上下帙）	花見朔巳）		七冊二帙	七冊二帙
485	知友印稿	民友社	昭和六年	一冊	一冊
486	諸識名印集			一冊	一冊
487	千代田城大奥（朝野叢書）		明治二五年	二冊	二冊

488 當世書生氣質 坪内逍遙 大正十五年 一冊 一冊

489 東洋音楽研究 第一巻第一号―第三号 昭和十二年 一冊 一冊

490 東洋学芸雑誌 第四十三巻―第四十六巻 昭和元年―四年 四十四冊 四十四冊

491 土佐製紙工業組合定款 一冊 一冊

492 土州商会大意併約件 一冊一帙 一冊一帙

493 圖書館学季刊 南京書店 民国十五年―二十五年 十冊 七・八巻欠

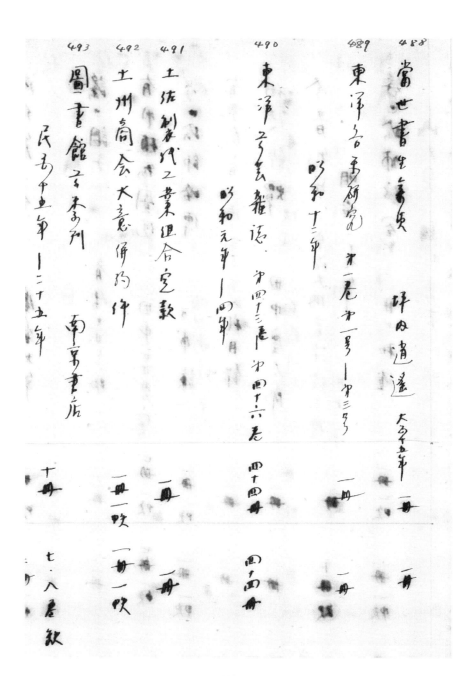

484 圖書館辞典（昭和対訳） 間宮不二雄 一冊 一冊

495 日本古刹書史 明治四十二年 圖書刊行会 一冊 一冊

496 富岡文庫御蔵書入札目録 二冊 三冊

497 敦煌雑鈔 民國二十六年 一冊 一冊

498 東洋文化 東洋文化学会編 三冊 三冊

499 東洋歴史参考圖譜解説 西田幹之助 大正十四年－昭和六年 第一輯－第十二輯 十二冊 十二冊

500 東洋思想の研究　小柳司気太　二冊　二冊

501 東洋美術史の研究　沢村専太郎　一冊　一冊

502 東西交渉史の研究　藤田豊八　二冊　冊　南海篇一冊組

503 東洋文化史研究　内藤虎次郎　一冊　一冊

504 東亜語源志　新村出　昭和五年　一冊　一冊

505 唐宋法律文書の研究　仁井田陞　一冊　一冊

506 堤中納言物語　藤村作 他　至文堂　一冊　一冊

507 遊仙窟（全）　慶安五年　一冊一帙　一冊一帙

508	謡の調子	斎藤善之助	一冊	一冊
509	有用植物図説	田中芳男撰	七冊一帙	七冊一帙
510	浮世絵師略伝	河浦謙一	一冊一帙	一冊一帙
511	有不為斎文庫蔵書入札目録		一冊	一冊
512	袖陵餘蟫	田中慶太郎	一冊	一冊
513	今昔物語 明治二十九年	宇治大納言隆国撰	二冊	下冊欠
514	浮世絵師伝（全）	井上和雄	一冊一帙	一冊一帙

~~284~~ 515 浮世餘史　一色忠雄編　昭和十五年　二冊一帙　二冊一帙

~~285~~ 516 有職故實辭典（改版）　関根正直
昭和十五年　一冊　一冊

~~286~~ 517 謠と能　日本百科全書第四十五編
大和田建樹　明治三十五年　一冊　一冊

~~287~~ 518 馬　明三會編　昭和五年　一冊　一冊

和漢逸話精中觀　伊藤恒編
大正[illegible]年
十冊　十冊

[illegible]
渡辺華山畫

789
520
渡辺華山遺墨帖　荒川郁太郎
明治四十三年
一冊一帙　一冊一帙

790
521
渡辺華山（少年讀本第二十二編）
明治三十三年
一冊　一冊

441 倭玉篇　慶長板　三冊一帙　三冊一帙

522 倭名抄残篇　華和　一冊一帙　一冊一帙

523 倭名類聚抄　大正十五年　古典保存会　一冊　一冊

524 倭名類聚鈔　積徳堂　寛文十一年　三冊一帙　三冊一帙

525 和紙乃紙衣のしをり（　津山製紙株式会社　一冊　一冊

526 和名類聚鈔（寛）　寛政十三年　稲葉通邦　一冊　一冊

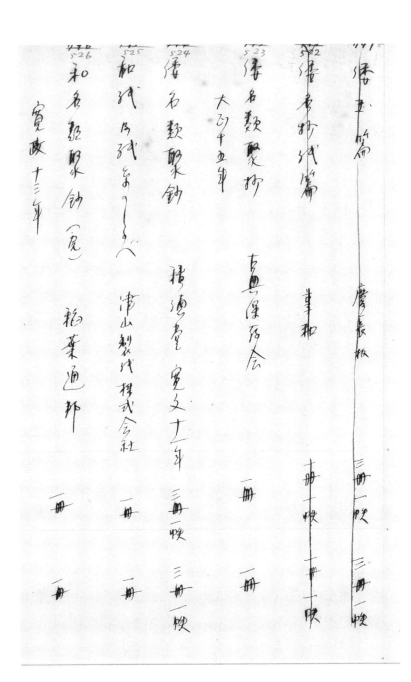

No.103

781
527
訳聊斎志異　大正八年　柴田天馬　一冊　一冊

798
528
大和志　奈良大和国史会　創刊号ー第五巻第十二号　昭和九年ー十五年　六十一冊　五十一冊

779
葉亦全書　一冊　一冊

780
529
葉選　上編ー續編　四冊　四冊

530 山本博士還暦祝賀記念論文集　加賀美謹一郎　昭和九年　一冊　一冊

531 山口県厚狭郡植物俗名目録　昭和九年　一冊　一冊

532 山家心中集及解題　京都貴重図書影本刊行会　二冊一帙　二冊一帙

533 全国学会協会要覧　日本学術振興会　昭和十二年　一冊　一冊

534 世阿彌十六部集　池内信嘉　三冊（三部）　三冊（三部）

大正七年 及 大正十二年 合冊

明治四十二年

535 世阿彌十六部集評釋上　能勢朝次　上一冊　一冊

昭和十五年

536 禪宗檀信徒日課經　一帖　一帖

537 全日本和洋紙業組合聯合会創立總会議録　一冊　一冊

~~489~~
53
語源解説俗語と隠語　渡部善考
昭和十三年
一冊

~~490~~
539
俗曲全集（日本音曲全集）
昭和三年
一冊

（四八九の番号削る）

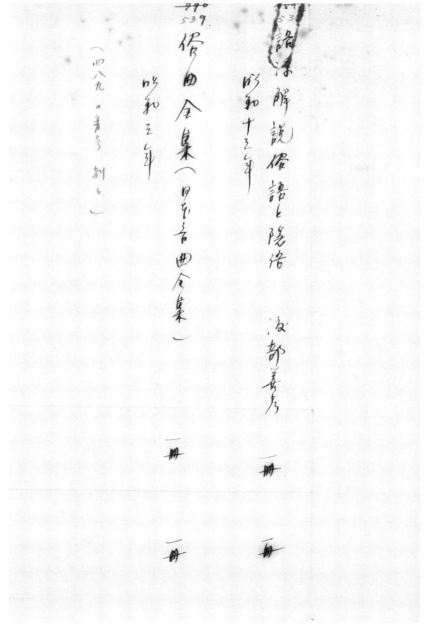

No.105

540 文章軌範　四冊一帙　一冊一帙　缺

541 文章軌範　三冊一帙　三冊一帙

542 大同類聚方及總目録　一冊　一冊

543
平家物語についての研究（明治四十四年）
平家物語考
平家物語の語法（上・下　大正三年）
国語調査委員会
全部で三冊　全部で三冊

544 能楽資料
a. 第一編附附録　二冊
（花伝書第六花修）

第一編附録及び
第一編内編の五音曲
「書」の字をとる
あり

545

b 第二編 索編（五音 上下） 二冊 七冊 五 ~~四~~ 冊 缺

c 第二編 検編 二冊

（五音順索書）

d 第二編 附録 一冊

金沢文庫図書目録 関靖 一冊 一冊

昭和十四年

546

和英海語辞典 尾崎主税 一冊 一冊

547

皖詞紀勝 繆荃孫補 二冊一帙 二冊一帙

~~未信未本書~~

548

東京帝国大学工科大学 第四・第六

（清朝北京紫禁城殿門の建築・韓国建物調査報告 二冊 二冊.

古典保存会刊行本

廿四冊

1 秘府略 巻第八百 一冊

2 古文尚書 一冊

3 古今和歌集 一冊

4 土佐日記 一冊

5 古事記 上巻 一冊

6 大かゞみ 一冊

7 指微韻鏡 一冊

8 和泉式部日記 一冊

9 古事記 上・中・下 三冊

計十二冊欠

明治大正文学全集 春陽堂

六十〇 三冊 三十五

三冊

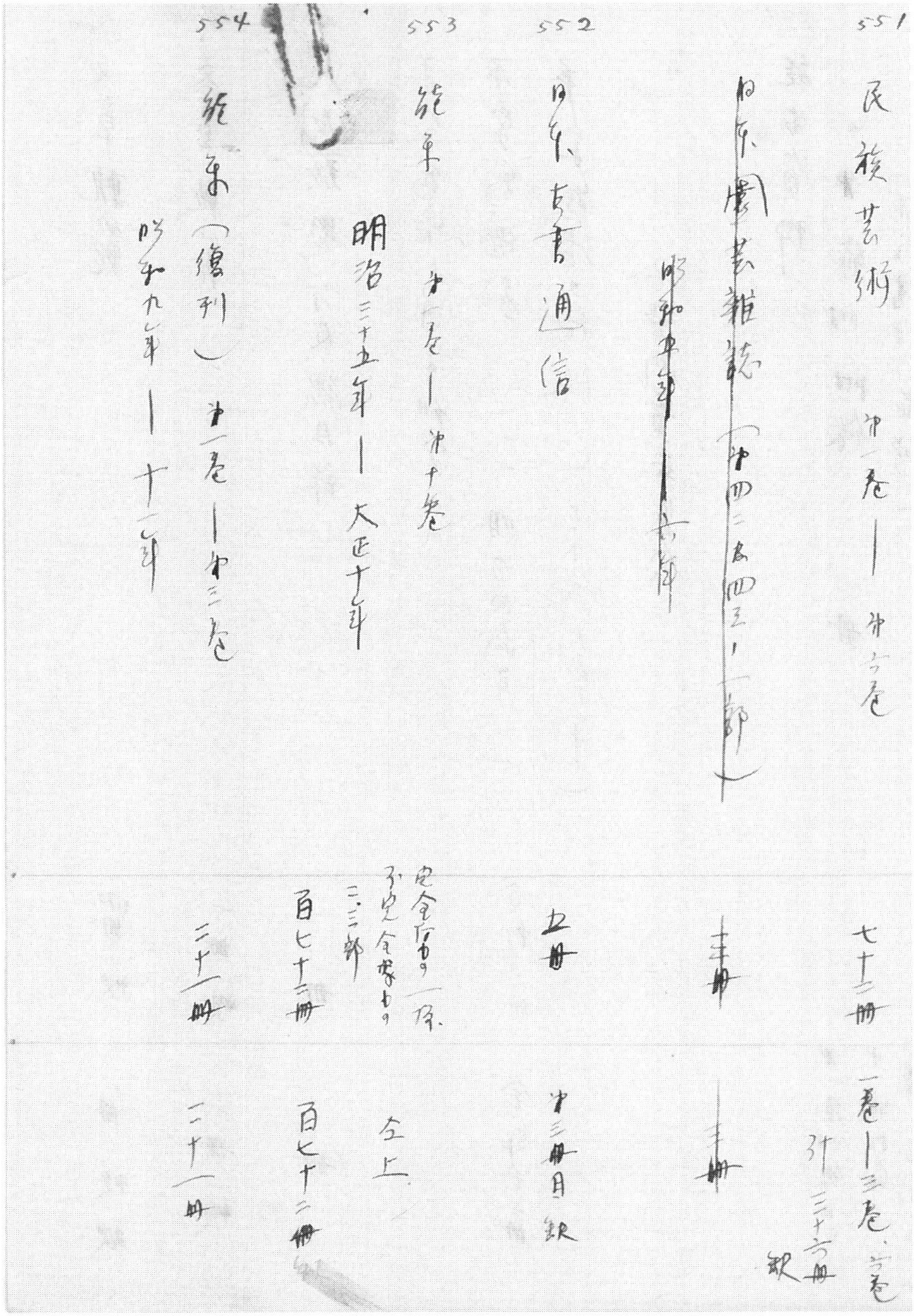

551 民族芸術　第一巻―第六巻　七十二冊　一巻―三巻、六巻　計三十六冊欠

~~日本劇芸雑誌（第四三号四五号一部）　昭和十年―十一年　未冊　未冊~~

552 日本古書通信　五冊　第三冊目欠

553 能楽　明治三十五年―大正十年　第一巻―第十巻　百七十二冊　完全なもの一揃、不完全なもの二・三部　百七十二冊　仝上

554 能楽（復刊）　昭和九年―十一年　第一巻―第三巻　二十一冊　二十一冊

555 宝雲 遠藤敏夫 昭和七年～八年 五冊 五冊

556 續群書類従 群書類従完成会 七十二冊 第十七上（連歌部 一） 一冊欠

557 假名源流考及證本寫眞 国語調査会編 明治四十四年 一冊 一冊

558 国語新辞典 三省堂 昭和十五年 一冊 一冊

559 ~~婚姻習俗語彙 柳田国男 昭和十二年 一冊 一冊~~

560 国語国字国文改良論説梗概 国語調査会 一冊 一冊

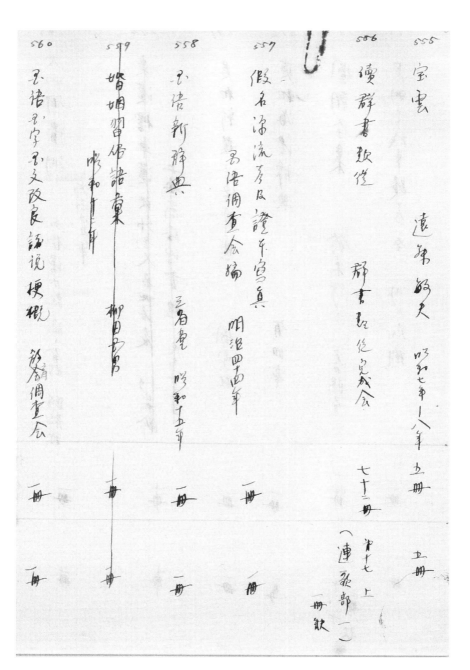

561 新注皇学叢書 第三巻 昭和六年 十三冊 第二巻は二部あり 一部未還 他第六巻 二冊欠

562 国語と国文学 藤村作編

563 工藝 秋草館 聚楽社 十六 八冊 一〇。二〇。四〇。十三。十八。 二十六。二十七。四三―四八。 五九。七十二。八十七

東洋文化 十 十三冊 十 六 十四冊 欠

564 国立北平図書館館刊 第十一巻一号 一冊 一冊 十三冊 欠

565 国語国字問題文庫 昭和二年 カナモジカイ 六冊 第六冊目予約 五冊欠

566 足利学校釈奠講演筆記　足利学校遺蹟図書館編

首巻・一・二・六

三。四。十。十一。十七。二十三。二十五。二十六。

計五七冊欠

567 文学（岩波書店）

(イ) 第二巻より第七巻迄　五十五冊　五十五冊

(ロ) 第二巻第十二号　一冊　一冊

(ハ) 第一号より第二十号迄　二十冊　二十冊

(ニ) 第一巻より揃い　六十六冊　六十六冊

合計百四拾二冊

568 大観世

能楽書院

一号～百十号。

完全なるもの一揃。及不完全なるもの二、三部。

計二百十六冊

仝上

計二百十六冊

569	大西郷遺訓　大正十五年	小谷保太郎編、解説	政教社	一冊	一冊
570	~~東漢標準漢訳外国人名地名表~~	~~何崧齢~~	~~上海商務印書館　民国廿三年~~	~~十冊~~	~~十冊~~
571	英和新撰兵語辞典		偕行社	一冊	一冊
572	英和海語辞典		有明堂	一冊	一冊
573	圓朝全集	鈴木行三	春陽堂	十四冊	三、十、十三　三冊欠
574	足利学校事蹟考（全）	川上広樹		一冊	一冊

	~~東亜先史~~	~~第一巻—第八巻~~		~~十冊~~	十冊
575	昔話研究	第二巻 第一号—第十二号	昭和十一年五月—十二年四月	十二冊	十二冊
576	六書通	上・中・下	博文館 明治二十七年	三冊	三冊
577	西郷隆盛	青春自覚篇	山中峯太郎 昭和十六年	一冊	一冊
578	書物趣味	ブックドム	一巻一号—二巻四号	八冊	八冊
579	書物礼賛		新田大学堂 大正十四年	七冊	七冊

580
静岡県郷土研究 昭和十四年 第十三輯
一冊
一冊

581
信濃・郷土研究
一ー七.
七冊
六巻欠 一冊

582
書物展望 第一巻一号ー第十一巻二号 東京書物展望社
百十一冊
あるもの
三巻 一号ー三。十。十二。
五冊
三巻 一号 缺
六冊 不

583
習字兼用商業書翰文（二十五版） 森富治郎
一冊
一冊

584
史学雑誌
あるもの
七編 七、九ー十一。 四冊
八編 五ー十二。 八冊
十一編 一ー二。九。 三冊
十二編 三。十二。 二冊
二十三編 八。 一冊
四十四編 十一。 一冊
四十五編 四。五。 二冊

585 斯文　一編一号 — 二十編　斯文会　一揃、十九冊

十九編 十二号、二十編 十一、十二　三冊欠

計 二十一冊 あるか

586 新撰姓氏録考證　栗田寛　二冊

二冊

587 田中宣一宛書簡　一通 桐箱入

一通 桐箱入

588 長恨歌琵琶行及解題　二冊一帙

二冊一帙

589 東洋学報

あるもの

二巻 一号 一冊

三 〃 一、二。 二冊

五 〃 二。 一冊

六 〃 一。 一冊

十一 〃 一。 一冊

十三、三。四（二部） 三冊
十四、一。三。四。 三冊
十五、一。三。四 三冊
十七、二。 一冊
二十八、一。 一冊
計 十八冊のみ

590 袖海楼雑著 燕京大学図書館蔵 二冊一帙 二冊一帙

591 日葡交通の起原 日葡協会 昭和二年 二冊（二部デ） 一冊未還（一部）

592 農桑輯要 元司農司撰 二冊 一冊缺

593 ~~心用便覧~~ 中柳堂 十一冊 一冊

594 日佛文化 昭和二年―四年 三冊 三輯目一冊缺

595 故実叢書（増訂） 四十一冊 。標注令義解校本、乾ノ部一冊 。装束集成 一冊 。武器考證 廿一冊目 一冊 計三冊缺

596 一誠堂古書籍目録 大正十四年・昭和二年 二冊 昭和二年春ノ一冊缺

597 佚存書目 服部宇之吉編 昭和八年 二冊（二部アリ） 一冊未還

598	字書問答筆椿尺牘 神木猶之助 明治四十四年	三冊一帙	三冊一帙
599	字書問答筆椿尺牘（上・下） 神木猶之助 明治四十四年	二冊	二冊
600	尋常小学書習帖 巻一―巻十二（画像ノモノアリ）	十二冊	十二冊
601	郷土研究 一―四 岡村千秋（チヨコレート色洋本）	四冊	四冊
602	土俗と伝説 中島軍平 大正年	一冊	一冊
603	弘文荘待賈古書目 反町茂雄 一―十四	十四冊	二号のみする 十三冊欠

604 国語科研究のために（文検受験用） 石川誠 昭和六年 一冊 一冊

605 真行草大字典 ・ 芳田円 明治三十四年 正・續 二冊 續一冊 未還

606 我観南画 山本実彦 大正十五年 一冊 一冊

607 謡曲文解 芳・校・ 明治三九－四〇 二冊 芳編一冊 欠

608 謡曲通解 一－八 大和田建樹 明治二十五年 八冊二帙 巻一－巻四 四冊一帙

609 謡曲大講座 四冊 四冊

610 謡曲界 一－一四八 大正四年－昭和九年 あるもの 六巻－七巻 十一巻 二四巻－二五巻 三三巻

三五巻・三八巻－四四巻
計十四巻
八四冊 み

611 謡作替文句　淺野彌助　明治三十五年　二冊一帙　二冊一帙

612 謡曲手引集　中設鍵丸　大正四年　一冊　一冊

613 謡曲大観　首巻・第一巻－第五巻・別巻　明治書院　昭和六年　七冊　七冊

614	養育院六十年史	昭和八年	一冊	一冊
615	南京風俗資料　蘇武緑郎		一冊	一冊
616	清文彙書		八冊二帙	八冊二帙
617	六書分類		十二冊二帙	十二冊二帙
618	小学国語読本　尋常科用巻三、五、六七(三部)	昭和九年—十一年	五冊	五冊
619	社会史研究(民族と歴史改題)九巻・十巻	大正十二年	九巻・十巻 一括	九巻・十巻 一括
620	春鶯曲　其他　無題		三冊	三冊

資料 18（目録・愛書趣味）

621 図書館雑誌 一ノ一九四 一九四冊 あるもの 九三。九五ー九八、百 百六四ー百六六、百六八 十冊あるみ

~~623 東京所誌（書物往来改題）~~

~~623 東京古書研究~~

~~622 本屋数聚才 十三冊 九四ー九五 一冊缺~~

623 東京所誌（書物往来改題） 第一巻ー第二巻三号 合本 九冊 九冊

624 書物往来 一ー三 大正十三年ー十五年 十九冊 十九冊

625 書道講座 雄山閣 二十一冊七帙 第一帙目缺

626 國民の日本史 早稲田大学出版部 十二冊 あるもの。大和時代。平安時代。鎌倉時代前後。吉野時代。江戸時代（創業・興隆・爛熟）東京時代（漸進・完成）以上十冊のみ。

627 建築設計参考図集 中国営造学社 無きもの 三。七—十。十冊のみ

628 近代風俗写真大観 江馬務 正・續二冊 正一冊缺

629 弐懐重宝記 初版 一冊一帙 一冊一帙

630 訪書余録 和本二帙 和本二帙

631 圖書館学季刊（みどり色製本） 一—十 七八缺

632 芥子園人物畫譜 森田但山 大正六年 一冊 一冊

633 會話教本（巻一） 日語文化学校 一冊 一冊

634 書道（雑誌） 雄山閣 第二巻第二号－第二号 二冊 二冊

635 職業新報 市川矢三治 昭和十三年－同年 五巻・六巻 揃 五巻・六巻 揃

636 職業新聞 西嶋東洲 大正十二年及十三年分 第一巻－第三十三巻 揃 仝上

637 職業雑誌 関彪 明治四十三年－昭和十年 第五巻－第三十六巻 揃 但第二十七巻二号二部 仝上

638 国立北平図書館館刊 又ハ 国立北平図書館月刊 全揃 一巻－二巻

634

燕京大學圖書館編引得

號一—三十六號及特刊

○第六號 儀禮引得附鄭注及賈疏引書引得

○第二十七號 禮記引得

○第三十六號 漢書及補注綜合引得

○特刊四號 引得說

○特刊十號 周易引得附標校經文

○特刊十一號 春秋經傳引得附標校經傳全文

藥性本草約言　薛己

芥子園畫傳

○特刊十三号

一百七十五種日本期刊

中東方学論文篇

目附引得

○第十五号

太平広記篇目及

引書引得

八冊　一部　一冊目缺

（上部デ）

一部　四冊

五帙　二十三冊　五帙　二十三冊

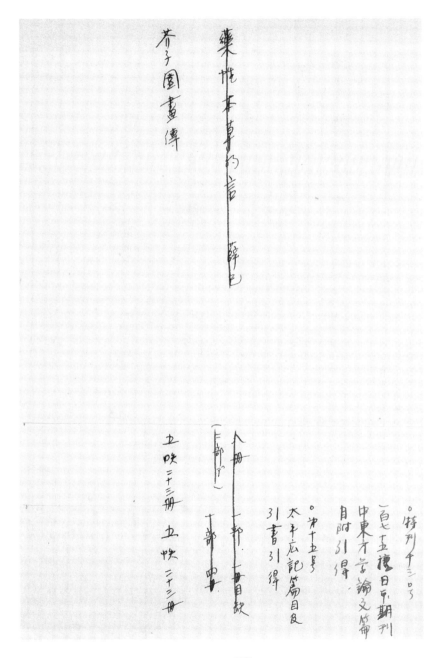

資料19（書類添付・File No.05264 Enclosure No.5 [Separate book No.2]）

資料19（書類添付・File No.05264 Enclosure No.5 [Separate book No.2]）

File No.05264
Enclosure No.5
(Separate book No.2)

INVENTORY OF THE BOOKS IN

EUROPEAN LANGUAGES

We undersigned, hereby accepted this inventory to be an accurate statement of the books which were already restored to Mr. Frank Hawley prior to this 1st day of July 1949.

Restree

Representative of the
Japanese Government

Witness

Japan and China

Ackermann, E., Der Vater Kehrt Zuruck: Zizi Kaeru by Kikutzi Kwan, Sanshodo, Tokyo, 1935.

Alcock, Sir R., The Capital of the Tycoon, 2 vols., Longman, Green, Longman, Roberts & Green, London, 1863.

Allen, G.C., Modern Japan and Its Problems, George Allen&Unwin, London, 1928.

Alvarez, J.M., Formosa, 2 vols, Luis Gili, Barcelona, 1930.

Anderson, W., Descriptive and Historical Catalogue of a Collection of Japanese and Chinese Paintings in the British Museum, Longman & Co., London, 1886.

Anesaki, M., A Concordance To The History of Kirishitan Missions, Office of the Academy, Tokyo, 1930.

Anesaki, M., History of Japanese Religion, Kegan Paul, Trench, Trubner & Co., London, 1930.

Anesaki, M., Art, Life and Nature in Japan, Marshall Jones Co., Boston, 1933.

Anesaki, M., The Religions and Social Problems of the Orient, The Macmillan Co., New York, 1923.

Anesaki, M., Religious Life of the Japanese People, K.B.S., Tokyo, 1938.

The annual report of the Sanitary Bureau of the Home Department of the Imperial Japanese Government for the 6th year of Showa, 1931.

Annual report on Administration of Chosen 1932-2, Compiled by Government General of Chosen, 1933.

Annual Report on Reforms and Progress in Chosen, Government-General of Chosen, Keijo, 1912.

Arquivos de Macau, 19 parts.

Asakawa, K., The Early Institutional Life of Japan, The Waseda-daigaku-Shuppan-bu Tokyo, 1903.

Aston, W.G., Grammar of the Japanese Written Language, Trubner & Co., London, Lane, Crawford & Co., Yokohama 1877.

Aston, W.G., Japanese Literature, William Heinemann, London, 1899.

Aston, W.G., Shinto: The Way of the Gods, Longmans, Green & Co., London, 1905.

Aston, W.G., Nihongi, Kegan Paul, Trench, Trubner & Co., London, 1924.

Aston, W., A Grammar of the Japanese Written Language, Luzac & Co., 1921.

Not returned

2

Aston, W.G., Shinto: The Ancient Religion of Japan, Constable & Co., London 1921.

Aston, W.G., A Grammar of the Japanese Spoken Language, Kelly & Walsh, Yokohama, 1888.

Aux Portes de la Chine les Missionnaires du Seizieme Siecle, Hautes Etudes, Tientsin, 1933.

Ayrton, M. C., Child-Life in Japan, Griffith, Farran, Okeden & Walsh, London.

Bacon, A. M., Japanese Girls & Women, Houghton, Mifflin & Co., Boston, 1902

Balet, C., Grammaire Japonaise de la Langue Parlee, 2 copies, Sansaisha, Tokyo, 1908 and 32nd year of Meiji.

Ball, J. D., Things Chinese, Kelly & Walsh, Shanghai, 1925.

Balz, E., Uber Die Todesverachtung der Japaner, J. Engelhorns Nachf Stuttgart.

Balz, T., Erwin Balz (Das Leben eines dutschen arztes im erwachenden Japan, J. Engelhorns. Nachf, Stuttgart, 1931.

Barghoorn, A., Kokumin Nenju Gyoji, Deutschen Gesellschaft fur Natur-und Volkerkund Ostasiens. Tokyo, 1926.

Bartoli, P. D., Dell Istoria Della Compagna Di Gesu Il Giappone, 5 vols., Per Giacinto Marietti, Torino, 1825.

Batchelor, J., The Pit-Dwellers of Hokkaido and Ainu Placenames Considered, Sapporo, 1925.

Batchelor, J., An Ainu-English-Japanese Dictionary, Tokyo, 1926.

Baumann, F., Japanese Madel, Gross-Lichterfelde- Ost, Berlin.

Beard, C.A., The Administration and Polltics of Tokyo, the Macmillan Co., New York, 1923.

Beaujard, A., Sei Shonagon' Son Temps et Son Oeuver, Libiairie Orientale et Americane G.P. Maisonneuve, Paris: 1934.

Beck, A., The Ghost Plays of Japan, The Japan Society, New York, 1933.

Becker, J.E., The Criminal Code of Japan, Kelly & Walsh, Yokohama, 1907.

Benazet, A., Le Theatre An Japan, Ernest Leroux, Editeur, Paris, 1901.

Benl, O., Tsurezuregusa (Aufzeichnungen aus Mussestunden), Japanisch-Deutschen Kultur Institut, Tokyo, 15th year of Showa.

Bennevill, J.S., More Japonico, Published by the Auther, Yokohama, 1908.

Berchet, G.B., Le Antiche-Ambasciate Giapponesi in Italia, Venezia, 1877.

Bernard, R.P.H., Aux Origines du Cimetiere de Chala, Hautes Etudes, Tientsin, 1934.

Bernard, H.P.H., Le Pere Matthieu Ricci et la Societe Chinoise de son Temps 1552-1610, 2 vols., Hautes Etudes, Tientsin, 1937.

Bernard, H.P.H., Sagesse chinoise et Philosophie Chretienne, Hautes Etudes, Tientsin, 1935.

Bernard, H.P.H., Les Iles Philippines du Grand Archipel de la Chine, Hautes Etudes, Tientsin, 1936.

Bernard, H.P.H., L'Apport Scientifique du Pere Matthieu Ricci a la Chine, Hautes Etudes. Tientsin, 1935.

Bibliographischen Alt-Japan-Katalog 1542-1853, Deutsches For-schungsinstitut, Kyoto, 1940.

Binyon, L., Catalogue of Japanese and Chinese Woodcuts in British Museum, London, 1916.

Blakney, R.B., A Course in the Analysis of Chinese Characters, The Commercial Press, Shanghai, 1926 (1927)

Bland, J.O.P., Verse & Worse, 1902.

Bland, J.O.P., China: The Pity of It, William Heinemanne, London, 1932.

Blakeslue, G.H., Japan And Japanese-American Relations, G.E. Stechert & Co., New York, 1912.

Bodder D., China's First Unifier (A Study of the Ch' in Dynasty as seen in the Life of Li Ssu), E.J. Brill, Leiden, 1938.

Boyel, F.N., etc., Equivalents of the Principal Japanese and Foreign Measures and Weights in 4 Tables., Tokyo, 1894.

Bohner, H., Legenden aus der Fruhzeit des Japanischen Buddhismus (Nippon Koku Gembozenaku Ryoi-ki), 2 vols, Deutsche Gesellschaft Fur Natur-und Volkerkunde Ostasiens, Tokyo, 1934-1935.
Not returned

Bonneau, G., L' Expression Poetique Dans Le Folk-Lore Japonais, 3 vols., Librairie Paul Geuthner, Paris, 1933.

The Boundary Question between China and Tibet (A Valuable record of the Tripartite Conference between China, Britain and Tibet held in India 1913-1914), Peking, 1940.

Bourgois, G., Dictionary and Glossary for the Practical Study of the Japanese Ideographs, Kelly & Walsh, Yokohama, 1916.

Bowes, J. L., Japanese Marks and Seals, Henry Sotheran & Co. London, 1882.

Bowes, J.L., Notes on Shippo, Printed for Private Circulation, Liverpool, 1896.

Bowie, H.P., On the Laws of Japanese Painting, Paul Elder & Co., San Francisco, 1911.
Not returned

Boxer, C. R., The Embassy of Capt. Goncalo de Siqueira de Souza to Japan in 1644-47, Macau, 1938.

Boxer, C.R., Jan Compagnie in Japan 1600-1817, Martinus Nijhoff. The Hague, 1936.

Brandt, J.J., Wenli Particles , The North China Union Language School, Peiping, 1929.

Brandt, J.J., Introduction to Literary Chinese, Henri Vetch, Peiping, 1935.

Brankston, A.D., Early Ming Wares of Ching Techen, Henri Vetch, Peking, 1935.

Brankston, A.D., Early Ming Wares of Ching Techen, Henri Vetch, Peking, 1938.

Bretschneider, E., Botanicon Sinicum (Noted on Chinese Botany from Native and Western Sources), 3 vols., Trubner & Company, London, 1882, and Kelly & Walsh, Shanghai, 1892 & 1895.

Brewitt-Taylor, C.H., San Kuo (or Romance of the Three Kingdoms) 2 vols., Kelly & Walsh, Shanghai, 1925.

Britton, R.S., The Chinese Periodical Press, Kelly & Walsh, Shanghai, 1933.

Brown, S.R., Colloquial Japanese, Presbyterian Mission Press, Shanghai, 1863.

Brown, L.N., Block Printing and Book Illustration in Japan, George Routledge & Sons, London, etc., 1924.

Brunnert, H.S. and others, Present Day Political Organization of China, translated from the Russian by Beltchenko, A., Kelly & Walsh, Shanghai, 1912.

Bryan, J.I., The Civilization of Japan, Thornton Butterworth, London, 1929.

Bryan, J.I., The Literature of Japan, Thornton Butterworth, London, 1929.

Buck, J.L., Land Utilization in China, 2 vols., The Commercial Press Ltd., Shanghai, 1937.

Buck, J.L., Land Utilization in China, Commercial Press, Shanghai, 1933.

Bulletin de la Maison Franco-Japonaise, 23 vols., Mitsukoshi Book Dept., Tokyo, 1927-1939.

Burrows, E.G., Chinese and Japanese in Hawaii during the Sino-Japanese Conflict, 1939.

Bushell, S.W., Description of Chinese Pottery and, Porcelain, The Clarendon Press, Oxford, 1910.

Caiger, G., Dolls on Display (Japan in Miniature), The Hokuseido Press, Tokyo 1933.

Caron, P., Benkyoka no Tomo, Imprimerie Nazareth, Hongkong, 1892.

Caron, F. and Schouten, J., A True Description of the Mighty Kingdoms of Japan and Siam. The Argonaut Press, London, 1935.

Carus, P., Chinese life and custom, 1907.

Carus, P., Chinese thought, 1907.

Cha, T. J. & Read, B.E., The Vitamin C content of Chinese foods, Part II, 1936.

Chaille-Long-Bey, La Coree, Ernest Leroux, Editeur, Paris, 1894.

Chaillet, J.B., La Resurrection Catholique Du Japan, Chaillet, 1919.

Chalfant, F.H. and others, The Hopkins Collection of Inscribed Oracle Bone, Chalfant Publication Fund, New York, 1939.

Not returned

Chalfant, F.H., Seven Collections of Inscribed Oracle Bone, Chalfant Publication Fund, New York, 1938.

Chalfant, F.H., Early Chinese Writing, Buntenkaku, Pekin, Mingoku 29th yr.

Chamberlain, B.H., Colloquial Japanese, 4th edition, Crosby Lockwood & Son, London, 1907.

Chamberlain, B.H., Things Japanese, 6th revised edition, Kegan Paul, Trench, Trubner & Co., London, 1939.

Chamberlain, B.H., Things Japanese, reprinted from the 1905, revised 5th edition, J.L. Thompson & Co., Kobe, 1927.

Chamberlain, B.H., The Japanese Language, Kelly & Walsh, Yokohama, 19th Yr. of Meiji.

Chamberlain, B.H., Educational Literature For Japanese Women, Trubner & Co., London 1898.

Chamberlain, B.H., Translation of "Kojiki", J.L. Thompson, & Co. (Retail) Ltd., Kobe, 1932.

Chamberlain, B.H., The Study of Japanese Writing (Moji-no-Shirube), Crosby Lockwood & Son, London, 1905.

Charlevoix, F.P., Histoire Du Christianisme Au Japon, 2 vols, Chez Vanlinthout Et Vandenzande, Louvain, 1829.

Pere De Charlevoix, Histoire Du Japon, 6 vols., Rollin, Paris, 1754.

Chavannes, E., Six Monuments de la Sculpture Chinoise, G. Van Oest & Cie, Bruxelles, etc., 1914.

Chavannes, E., Contes et Legendes du Buddhisme Chinoise, Bossard, Paris, 1921.

Chavannes, E., Documents sur Turcs Occidentaux, Buntenkaku, Mingoku 29th Yr. 1940.

Chavannes, E., Documents Chinos Decouverts Par Aurel Stein, Imprimerie De L'Universite, Oxford, 1913.

Chiang Yee, Chinese Calligraphy, Methuen & Co. Ltd., London, 1938.

Chikashige Masumi, Oriental Alchemy (The Civilization of Japan and China in Early Times as seen from the Chemical Point of View), Rokakuho Uchida, Tokyo, 1936,

China Imperial Maritime Customs, Special Series: No.16, Chinese Jute.

China Review, 68 vols. China Mail Office, Honkongh, 1875-1901.

Cholmondeley, L.B., History of the Bonin Islands, Constable & Co., London, 1915.

Chung, H., The Case of Korea, Fleming H. Revell Co., London, 1921.

6

Clark, E.B., Stray Leaves, Kenkyusha, Tokyo, 1936.

Clark, C.A., Religions of Old Korea, Fleming H. Revell Co., New York, 1932.

Conder, J., The Theory of Japanese Flower Arrangements, Thompson & Co., Kobe, 1935.

Conrady, A., Das Alteste Dokument Zur Chinesischen Kunstgeschichte Tien-Wen, Verlag Asia Major, Leipzig, 1931.

Conrady, A., Die Chinesischen Handschriften und Sonstigen Kleinfunde Sven Hedins in Lou-Lan, Generalstabens Litografiska Anstalt, Stockholm, 1920.

The Conspiracy Case In Chosen, "Seoul Press", 1912.

Constant, S.V., English-Chinese Military Terms, China Book Sellers, Peking, 1927.

Cordier, H., Bibliotheca Sinica-Dictionary Bibliographique des ouvrages Relatifs a L'empire Chinois, 1907-8.

Cordier, G., Langue Chinoise Ecrite: Grammaire et Exercices, Tan-Dan, Hanoi.

Coulding, S., The Encyclopaedia Sinica, Kelly & Walsh, Shanghai, 1917.

Courant, M.m En Chine, Felix Alcan, Paris, 1901.

Cordier, H., Bibliotheca Japonica. Imprimerie Nationale, Paris, 1912.

Cram, R.A., Impressions of Japanese Architecture and the Allied Arts, Marshall Jones Col, Boston, Mass., 1930.

Crane, L., China in Sign and Symbol, Kelly & Walsh Ltd., Shanghai, 1926.

Creel, H.G., Sinism. A study of the evolution of the Chinese world view, 1929.

Creel, H.G., The Birth of China (Study of the Formative Period of Chinese Civilization), Reynal & Hitchcock, N.Y.

Creel, H.G., Literary Chinese by the Inductive Method, University of Chicago Press, 1938.

The Counter-Case Presented, By the Imperial Japanese Government to the Tribunal of Arbitration.

Cultural Nippon, 36 parts.

Cutler, J.W., A Grammar of Japanese Ornament and Design, B.T. Batsford, London, 1880.

Dahlgren, E.W., Les debuts de la cartgraphie du Japon, 1911.

Dahlmann, J., Japans Beziehungen Zum Westen (1542-1614), Herder & Co. Berlin, etc., 1923.

Dallet, C., Histoire De L'Eglise De Corel, 2 vols. Librairie Victor Palme, Edituer, Paris, 1874.

Davison, C., The Japanese Earthquake of 1923, Thomas Murby & Co., London, 1931.

De Benneville, J.S., Bakemono Yashiki (Retold from the Japanese Originals), published by the Author, Yokohama, 1921.

De Benneville, J.S., Oguri Hangwan, Published by the Author, Yokohama 1915.

De Benneville, J.S., Saito Musashi-Bo Benkei, 2 vols., published by the Author, Yokohama 1910.

De Forest, J.H., Japanese Verbs of Saying, Speaking, /Telling, etc.,Methodist Publishing House, Tokyo, 1900.

De Garis, F., The Japanese, Fujiya Hotel Ltd., Hakone, 1934.

D'Elia, P. M., The Catholic Mission in China, The Commercial Press, Shanghai, 1934.

Dennys, N.B., Treaty Ports of China and Japan, Trubner & Co., London, 1867.

Despatch from Sir R. Alcock Respecting, The Murder of Major Baldwin and Lieutenant Bird, Kamakura, 1865.

De Visser, M.W., Ancient Buddhism in Japan, 2 vols, Libraire Orientaliste Paul Geuthner, Paris, 1928-1935.

De Zwaan, J.P.K., Die Heilkunde der Chinesen und Japaner, De Erven Loosjes Haarlem 1917.

Dickins, F.V., Ho-Jo-Ki by Kamo no Chomei (Notes from "A Ten-Feet Square Hut"), Gowans & Gray Ltd., London, 1921, (2 copies: 1 copy published by San Kaku Sha, Tokyo, 8th Yr. of Showa.

Dickins, F.V., The Old Bamboo-Hewer's Story, or The Tale of Taketori.San Kaku Sha, Tokyo, 9th Yr. of Showa.

Dickins, F.V., Japanese Texts, 2 vols, the Clarendon Press, Oxford, 1906.

Dickins, F.V., Tr., The Old Bamboo-Hewer's Story:The Tale of Taketori, Sankaku-sha, Tokyo, 1934.

Driscoll, L. and Toda, K., Chinese Calligraphy, The University of Chicago Press, Chicago, 1935.

Dubs, H.H. and others, The History of the Former Han Dynasty: Pan Ku, Waverly Press, Baltimore, 1938.

Eby, C.S., The Tsure-Dzure-Gusa (Meditations of a Recluse), San Kaku Sha, Tokyo, 9th year of Showa.

Eckardt, P.A., Schluessel Zur Koreanischen Konversations Grammatik, Julius Groos, Heidelberg, 1923.

Eckardt, A., History of Korean Art, Edward Goldston, London, 1929.

Eckstein, Gustav, Noguchi, 1931.

Edkins, Rev. J., Chinese Buddhism, Kegan Paul, Trench, Trubner & Co., London, 1893.

Edwards, O., Japanese Plays and Playfellows, William Heinemann, London, 1901.

Edwards, E.R., Etude Phonetique De la Langue Japonaise, Imprimerie B.G. Teubner, Leipzig, 1903.

Ehmann, P., Die Sprichworter und Bildlichen Ausdrucke der Japanishen Sprache, Deutsche Gesellschaft fur Naturund Volkerkunde Ostasiens, Tokyo, 1927.

Eitel, A., Hand-book of Chinese Buddhism being a Sanskrit-chinese Dictionary with vocabularies of Buddhist terms, 1904.

Eliot, Sir C., Japanese Buddhism, Edward Arnold & Co., London, 1935.

Elisseev, S., La Peinture Contemporaine au Japon

Elisseeff, S., Elementary Japanese for University Students, 2 vols, Harvard Yenching Institute, Cambridge, U.S.A., 1941.

Ema, J., A Historical Sketch of Japanese Customs and Costumes, K.B.S., Tokyo, 11th Yr. of Showa.

Enthronement of the One Hundred Twenty-fourth Emperor of Japan, The Japan Advertiser, Tokyo, 1928.

Erskine, W.H. Japanese Festival and Calender Lore, Kyo Bun Kwan, Tokyo, 1933.

Erskine, W.H., Japanese Customs, Their Origin and Value, Kyo Bun Kwan, Tokyo, 1925.

Escarra, J., La Droit Chinois, L. Librairie Du Recueil Sirey, Paris, 1936.

Excavation of a West Han Dynasty Site, Conducted by the Freer Gallery of Art, Washington, D.C., and the Shansi Provincial Library of Tai Yuan, Shansi, Kelly & Walsh Ltd., Shanghai, 1932.

Exercises in the Yokohama Dialect, compiled from original and reliable sources, Yokohama, 1874.

Faber, H., Alt-Japan, Skizzen und Geschichten, Leipzig.

Fahs, C.B., Political Groups in the Japanese House of Peers, Reprinted from the American Political Science Review, Vol. XXXIV, No.5. October 1940.

Fenollosa, E.F., Epochs of Chinese and Japanese Art, 2 vols., William Heineman, London, 1921.

Fenollosa, E., The Chinese Written Character, Stanley Nott, London, 1936.

Ferguson, J.C., Loyang As The National Capital, (From The Journal of The North China, Branch of The R.A.S., Vol. 64, 1933.)

Ferguson, J.C., The Six Horses of Tang Tai Tsung, (From the Journal of the North China Branch of The R.A.S., Vol. 67, 1936).

Ferguson, J.C., Inscriptions on Bronzes, (From The Journal of The North China Branch of The R.A.S., Vol. 66, 1935).

Ferguson, J.C., Painters Among Catholic Messionaries and Their Helpers in

Peking. (From The Journal of the North China Branch of The R.A.S., Vol.45. 1934.)

Ferguson, John C., Wang An-Shih, 1937.

Ferguson, J.C., Early Chinese Bronzes, (From The Journal of The North China Branch of The R.A.S., Vol.47, 1916)/

Ferguson, J.C., Ku Kai-Chih's Scroll In The British Museum, (From The Journal of The North China Branch of The R.A.S., Vol. 49, 1918).

Ferguson, J.C., Stories In Chinese Paintings, 2 vols., (From The Journal of The North China Branch of The R.A.S., Vol. 61, 1930-1932).

Ferguson, J.C., Bretschneider, (Reprinted from The China Journal, Vol.13, No.5, November, 1930)

Ferguson, J.C., Hyacinth, (Reprinted from The China Journal, Vol.12, No.6, June, 1930).

Ferguson, J.C., Bronze Vessels, (Reprinted from The China Journal, Vol.11, No.6, December, 1929)

Ferguson, J.C., Chinese Landscapists.

Ferguson, J.C., Three Unusual Bronze Vessels, Reprinted from The China Journal Vol.21, No.1, July, 1934).

Ferguson, J.C., Writing Appliances, North-China Daily New & Harald Shanghai, 1933 (From The China Journal, Vol.19, No.3, September)

Ferguson, J.C., Recent Books by A Chinese Scholar, (From The Journal of The North China Branch of The R.A.S.. Vol.50, 1919)

Ferguson, J.C., Political Parties of The Northern Sung Dynasty, (From The Journal of The North China Branch of The R.A.S., Vol.58, 1927)

Ferguson, J.C., General Survery of Standard, Chinese History (From The Journal of The North China Branch Vol. 57, 1926).

Ferguson, J.C., Fir-Flower Tablets, (From The Journal of The North China Branch of the R.A.S., Vol.53, 1922)

Ferguson, J.C., Lin Tse-Hsu Tseng Kuo-Fan Tso Tsung-Tang, 1938.

Ferguson, John C., Mi Fu, on inkstones, 1938.

Ferguson, John C., Chinese women yesterday and today and tales of a Chinese grandmother, 1938.

Ferguson, John C., Influence of Chinese painting on the West.

Ferguson, John C., The Tai Miao of Peking, 1938.

Ferguson, John C., Modern Education in China, 1922.

Not returned

Ferguson, John C., The Silent traveller, a Chinese artist in Lakeland, 1938.

10

資料 19（書類添付・File No.05264 Enclosure No.5 [Separate book No.2]）

Ferguson, John C., Chinese funiture, 1937.

Ferguson, John C., Die Ruckkehr der seele, 1938 .

Ferguson, John C., Recent Scholarshipin China, 1929.

Ferguson, John C., Books on Journeys to western regions, 1929.

Ferguson, John C., Chinese Chronology, 1929.

Ferguson, John C., The Birth of China, 1936.

Ferguson, John C., The twine pagodas of Zayton, 1936.

Ferguson, John C., Jade foot measure, 1937.

Ferguson, John C., Hun-Yuan bronze vessels, 1937.

Ferguson, John C., Monumenta Serica Vol.1, Fasc. 2, 1936.

Ferguson, J.C., The Confucian Renaissance in the Sung Dynasty, 1902.

Ferguson, J.C., Survey of Chinese Art, The Commercial Press Ltd., Shanghai, 1940.

Ferguson, J.C., Index to the China Review, Kelly & Walsh, Shanghai, 1918.

Fifty-Fourth annual report of the Minister of state for Education for 1926-1927,1932.

The First Japanese Embassy to the United States of America 1860, Translated by Miyoshi, S., The America-Japan Society, Tokyo, 1920.

Florenz, Dr. K., Geschichte der Japanischen Litteratur, C.F. Amelangs Verlag, Leipzig, 1906.

Florenz, K., Worterbuch Zur Altjapanischen Liedersammlung Kokinshu, Kommissionverlag L' Freedrichsen & Co., Hamburg, 1925.

Flowers, M., The Japanese Conquest of American Opinion, Gedrge H. Doran Co., New York, 1916.

Frank Cary, Only Forty Years Ago.

O. Franke, Staatssozialistische Versuche im Alten und Mittelalterlichen China, 1931.

Fraser, E.D.H. and Lockhart, J.H.S., Index to the Tso Chuan, O.U.P., London, 1930.

Frois, P.L., Die Geschichte Japans (1549-'78), Verlag Der Asia Major, Leipzig, 1926.

Frois, P.L., Segunda Parte Da Historia De Japan, Edicao da Sociedade Luso-Japonesa, Toquio, 1938.

Fujikawa, Y. and others, Japanese Medicine, Paul B. Hoeber Inc., New York, 1934.

Fujimori, S., On Watanabe-Kazan as a painter, 1939.
(Translated by F. Hawley)

Fujimoto, T., The Geisha Girl, T. Werner Laurie, London, 1927.

Fujimoto, T., The Nightside of Japan, T. Werner Laurie, London, 1927.

Fukada, I., Criss-Cross of The Japanese Mind, The Sanseido Co., Tokyo, 1938.

Fukui, K., Human Elements in Ceramic Art. K.B.S., Tokyo, 1934.

Gale, J.S., Korean Sketches, William Briggs, Toronto, 1898.

Gale, J.S., Korean Grammatical Forms, Methodist Publishing House, Seoul, 1903.

Gale, J.S., The Unabridged Korean-English Dictionary, The Christian Literature Society of Korea, Seoul, 1931.

Gale, E.M., Discourses on Salt and Iron, Late E.J. Brill Ltd., Leyden, 1931.

Gale, E.M., Basics of the Chinese Civilization, Kelly and Walsh, Shanghai, 1934.

Gardner, C.S., A union list of selected western books of China in American libraries, 1938.

Gardner, C.S., Chinese studies in America, 1935.

Gatenby, E.V., The Cloud-Men of Yamato (Being an Outline of Mysticism in Japanese Literature), John Murray, London, 1929.

Geert, A.J.C., Les Produits De La Nature Japonaise Et Chinoise, 2 vols., C. Levy, Imprimeur-Editeur, Yokohama, 1878-1883.

Gezelius, B., Japan: Vasterlandsk Framstallning Till Omkring ar 700, A.B. Astyota, Linkoping, 1910.

Giles, H.A., Chinese English Dictionary, Kelly & Walsh, Shanghai 1912.

Gillis, I.V. and Pai Ping-Chi, Japanese Surnames, Hwa Hsing Press, Peking, 1939.

Giles, H.A., Adversaria Sinica, Kelly & Walsh, Shanghai, 1914.

Giles, H.A., The hundred best Characters, 1925.

Giles, H.A., The Second hundred best characters, 1922.

Giles, L., The Saying of Lao Tzu, 1917.

Giles, Herbert A., Adversaria Sinica, 1915.

Giles, H.A., A Chinese Biographical Dictionary, Kelly & Walsh, Shanghai, 1898, reprinted in China, 1939.

Giles, H.A., Chuang Tzu (Mystic, Moralist, and Social Reformer), Kelly & Walsh, Shanghai, 1926.

Giles, L., Index to the Chinese Encyclopaedia, The British Museum, London, 1911.

Gifford, D.L., Every-Day Life in Korea, Fleming H. Revell Co., Chicago, 1898.

Gillis, I.V. and Pai Ping-Chi, Japanese Personal Names, Hwa Hsing Press, Peking, 1940.

Goette, J., Jade Lore, Kelly & Walsh, Shanghai, 1936.

Goncourt, E., Hokousai, Bibliotheque-Charpentier, Paris, 1896.

Granet, M, Danses Et Ligendes De La Chine Ancienne, Librairie Felix Alcan, Paris, 1926.

Groot, J.J., The Religion System of China, 6 vols.,

Grossmann, F.N., "Japanese without a teacher" 1928.

Grube, W., Die Sprache und Schrift Der Jucen, Kommissions-Verlag Von O. Harrassowitz, Leipzig, 1896.

Griffis, W.E., Honda the Samurai (A Story of Modern Japan), Congregational Sunday School and Publishing Society, Boston.

Griffis, W.E., Townsend Harris, Houghton Mifflin & Co., New York, 1895.

Griffis, W.E., Corea The Hermit Nation, W.H. Allen & Co., London, 1882.

Griffis, W.E., Korean Fairy Tales, George G.Harrap & Co., London.

Gring, A.B., Eclectic Chinese-Japanese-English Dictionary, Kelly & Co., Yokohama, 1884.

Gubbins, J.H., Laws of the Tokugawa Period.

Gubbins, J.H., The Progress of Japan 1853-1871, The Clarendon Press, Oxford, 1911.

Gubbins, J.H., A Dictionary of Chinese-Japanese Wards, Maruya & Co., Tokyo, 1908.

Gubbins, J.H., The Making of Modern Japan, Seeley, Service & Co., London, 1922.

Gundert, W. Japanische Religionsgeschichte, Taiheiyo-sha, Tokyo, 1935.

Gutzlaff, C., Journal of Three Voyages Along The Coast of China in 1831, 1832 ' 1833, Thomas Ward & Co., London,

Harada, J., English Catalogue of Treasures in the Imperial Repository Shosoin, The Imperial Household Museum, Tokyo, 1932.

Histoire De La Chine.

Husimoto, H. and others, Science Education in Japan, The 7th Word Conference of the World Federation of Education Association, 1937.

13

The Imperial Rescript on Education, Translated into Chinese, English, French & German, The Department of Education, Tokyo, 1907.

Not returned

Japanese Education, Monbusho (Department of Education), Tokyo, 1877.

Kwong Ki Chin, The First Conversation-Book, Wah Cheung, Shanghai, 1885.

Laufer, B., T'ang, Sung and Yuan Paintings Belonging to Various Chinese Collectors, G. Van Oest & Co., Paris, etc., 1924.

Modern Industrial Technique In China, 3 vols.

Part 1 Lin Tse-Hsu, Pioneer Promoter of the Adoption of Western Means of Maritime Devense in China, 1934.

Part 2. Tseng Kuo-Fan, Pioneer Promoter of the Steamship in China, 1935.

Past 3. Tso Tsung T'ang, Pioneer Promoter of the Woollen Mill in China, 1938.

Murakami, N., Diary of Richard Cocks, Sankosha, Tokyo, 1899.

Incomplete

Muto, G., A Short History of Anglo-Japanese Relations, Hokuseido, Tokyo, 1936.

Kafu, Nagai: Le Jardin der Pivoines (tr. par Serge Elisseev) 1927.

The Original letters of the English pilot, William Adams, Written from Japan between A.D. 1611 and 1617, repr. from the papers of the Hakluyt Society, 1896.

Recherches Sur Les Superstitions En Chine, Imprimerie De Tou-se-we, Chang-hai, 1912-1938.

Incomplete

Report on the Control of the Aborginies in Formosa, Bureau of Aborginial Affairs, The Government of Formosa, Taihoku, 1911.

Report of the Minister of State for Education (56th), The Department of Education, Tokyo, 1934.

Report of the Minister of State for Education (59th), The Department of Education, Tokyo, 1938.

A Review of Educational work in Formosa, (The Department of educational affairs of Government-General of Formosa), 1916.

Rumpf, F., Ise Monogatari, Wurfel Verlag, Berlin, 1932.

Sugiyama, M. etc., An Outline History of The Japanese Dance, Kokusai Bunka Shinkokai, Tokyo, 1937.

Tun Li-Chen and Bodde, D., Annual Customs and Festivals in Peking, Henri Vetch, Peking, 1936.

T'ung-Su des Cheu-Tsi (Ein Beitrag Zur Kenntnis der Chinesischen Philosophie), Verlag Asia Major, Leipzig, 1932.

Yu, P. Y. and Gillis, I.V., Title Index to the Ssu K'u Ch'uan Shu, Peiping, 1934.

19

資料 19（書類添付・File No.05264 Enclosure No.5 [Separate book No.2]）

Manchuria & Mongolia

Bernard, H.P.H., La Decouverte de Nestoriens Mongols aux Ordos et l'Historire Ancienne du Christianisme en Extreme-Orient, Hautes Etudes, Tientsin, 1935.

Ghani, A.B., Historia Mongolorum et Tatarorum, Casani, 1825.

Economic Conditions in Manchoukuo, 1940.

Fuchs, W., Beitrage Zur Mandjurischen Bibliographie und Literature, Deutsche Gesellschaft Fur Natur und Volker Kunde Ostasiens, Tokyo, 1936.

Gibert, L., Dictionnaire Historique et Geographique de la Mandchourie, de la Societe des Mission-Etrangeres, Hongkong, 1934.

Badly damaged

India

Bhandarkar, R.G., First Book of Sanskrit, Gopal Narayan & Co., Bombay, 1930.

Danvers, F.C., The Portuguese in India (Being a history of the rise and decline of their Eastern Empire), vol.11, only, W.H. Allen & Co., London, 1894.

Davids, Mrs. R., A Manual of Buddhism, The Macmillan Co., New York, 1932.

Edgerton, F., The Panchatantra Reconstructed, 2 vols, America Ariental Society, New Haven, Conn., 1924.

Eliot, Sir C., Hinduism and Buddhism, 3 vols, Edward Arnold & Co., London, 1921.

Grousset, A., In the Footsteps of the Buddhia, George Routledge & Sons Ltd., London, 1932.

Julien, S., Methode pour dechiffrer les Noms Sanscrits, A L'imprimerie Imperiale, Paris, 1861.

Watters, T., etc., On Yuan Chwang's Travels in India 629-645 A.D., 2 vols, Royal Asiatic Society, London.

Miscellaneous

Ahn, F., First German Course, Allman & Son, London.

Andrews, F.H., Descriptive Catalogue of Antiquities, Manager of Publications, Delhi, 1935.

15

Annual Report of the American Council of the Institute of Pacific Rel.
Incorporated, 1940-1941.

Not returned

Annales du Musee Guimet, 1887.

Arnold, E., The Light of Asia or the Great Renunciation, Kegan Paul, Trench, Trubner & Co., London, 1932.

Arquivo Historico da Marinha, 1933.

Asia De Barros, 8 vols., Lisboa, 1778.

Baedeker, K., The United States with an excursion into Mexico, 1904.

Bailey, L.H., How Plants Get Their Names, The Macmillan Co., New York, 1933.

Baker, J.N.L., A History of Geographical Discovery and Exploration, George G. Harrap & Co., London, 1931.

Barnes, H.E., The Story of Punishment, The Stratford Co., Boston, Mass., 1930.

Basedown, H., The Australian Aboriginal, F.W. Preece & Sons, Adelaide, 1925.

Benfow, H., Manuscript & Proof, Oxford University Press, New York, 1937.

Blackwell, B., The World of Books, J.M. Dent & Sons, London, 1932.

Blake, A., The Needle-Watcher, Wm. Heinemann Ltd., London, 1934.

Boas, F.S., The tragical history of doctor Faustus, 1932.

Boas, F., Hand-book of American Indian Languages, Government Printing Office, Washington, 1911.

Boas, F., Handbook of American Indian Languages, Government Printing Office, Washington, 1922.

Boas, F., Instituttet For Sammenlignende Kulturforskning, H. Aschehoug & Co., Oslo, 1927.

Book Bindings: Historical and Decorative, Maggs Brothers, London, 1927.

Bourke, J. G., Der Unrat, Ethnologischer Verlag, Leipzig, 1913.

Boxer, C.R., Ruy Freyre De Andranda Commentaries, George, Routledge & Sons, London, 1929.

Boxer, Major C.R., Breve Relacao da Vida e Feitos de Lopo e Inacio Sarmento de Carualho, Macao, 1940.

Brereton, F., An Anthology of War Poems, W. Collins Sons & Co., London, 1930.

Bright, J.W., An Anglo-Saxon Reader and Grammer, George Allen & Unwin Ltd., London, 1917.

Brown, E.G., A year amongst the Persians, 1927.

Bryk, F., Neger-Eros, A. Marcus & E. Weber's Verlag, Berlin, 1928.

16

Bulletin of Eastern Art, 2 packages, Society of Friends of Eastern Art, Tokyo, 1940-1941 (No.1-24)

Bulletin of The School of Oriental Studies, London Institution 38 vols., The School of Oriental Stadies, London Institution, London, 1917-1940.

Burkitt, M.C., Prehistory, The University Press, Cambridge, 1925.

Calder, G., A Gaelic Grammar, Alex. MacLaren & Sons, Glasgow, 1923.

Carnoy, A., La Science Du Mot, Editions Universitas Louvain, 1927.

Champagne de L'alcmene en Extreme-Orient, Societe Anonyme de L'Imprimerie Ch. Theze, Rochefort, 1907.

Chikashige, M., Oriental Alchemy, Rokakubo Uchida, Tokyo, 1936.

The Chrysanthemum: A Monthly Magazine, Vol. 1-3,Kelly & Co., Yokohama, 1884-1883.

Clark, J.E., Oriental England (A Study of Oriental Influence in the 18th Century England as reflected in the Drama), Kelly & Walsh, Shanghai, 1939.

Clark, W.J., International Language, J.M., Deut & Sons, London, 1912.

Cool, A.B., A Bibliography on Far. Eastern Numismatics and an Union Index of the Currency, Chams, and Amulets of the Far East, California College in China, Peking, 1940.

Cook, M.A., Macmillan's Shorter Latin Course, Macmillan & Co., London, 1937.

Coomaraswamy, A.K., The Transformation of Nature In Art, Harvard University Press, Cambridge, 1935.

Cosenza, M.E., The Establishment of the College of the City of New York as the Free Academy in 1847-Townsend Harris, Founder, The Associate Alumni of the College of the City of New York, N.Y., 1925.

Dakin, E.F., Mrs. Eddy, The Biography of a Virginal Mind, Blue Ribbon Books, New York, 1930.

Damper, W., Voyages and Discoveries, The Argonaut Press, London, 1931.

Denuce, J., Les Iles Lequios (Bulletin de la Societe Royale Belge de Geographie), Societe Royale Belges de Geographie, Bruxelles, 190[illegible].

Dimnet, E., The Art of Thinking, The Musson Book Company, Toronto, 1930.

Dingwall, E.J., The Girdle of Chastity (A Medico-Historical Study), George Routled & Sons, London, 1931.

Doflein, F., Ostasienfahrt, B.G. Teubner, Leipzig, 1906.

Douglas, N., Some Limericks.

Dwelly, E., The Illustrated Gaelic Dictionary, The Compiler, Fleet Hants, Scottland, 1930.

Edward Dowden, edited, The Tragedy of Romeo and Juliet, Methuen & Co., London.

17

Ellis, H., Studies in The Psychology of Sex, F.A. Davis Co., Philadelphia, 1926.

Elton, C., Animal Ecology & Evolution, The Clarendon Press, Oxford, 1930.

Ernst, M.L., & Seagle, W., To the pure-a study of obscenity and the censor.

Ernest Crawley, The Mystic Rose, 2 vols., Methuen & Co., London, 1927.

Esdaile, A., A Studients Manual of Bibliography, George Allen & Unwin, London, 1931.

Ey, L., Schlussel Zur Portugieseschen Konversations-Grammatik, Julius Groos, Heidelberg, 1926.

Ferguson, J., Some Aspects of Bibliography, George, P. Johnston, Edinburgh, 1900.

The French Yellow Books: Diplomatic Documents 1938-1939, Hutchinson & Co., London.

Funke, O., Innere Sprachform, Sudetendeutscher Verlag Franz Kraus, Reichenberg, 1924.

Gaselee, S., The Oxford Book of Medieval Latin Verse, The Clarendon Press, Oxford, 1928.

Gore, J., King George V.A. Personal Memoir, John Murray, London, 1941.

Gow, J., Horace Odes and Epodes (Q Horati Flacci Carmina), The University Press, Cambridge, 1932.

Gray, H., Foundation of Language, The Macmillan Co., New York, 1939.

The Greek Herbal of Dioscorides, translated by Goodyer, J.A.D. 1655, University Press, Oxford, 1934.

Griffin, E., Clippers and Consuls (American Consular and Commercial Relations with Eastern Asia 1845-1860), Edwards Bros. Inc., Ann Arbor, Mich., 1938.

Grose, F., A Classical Dictionary of the Vulgar Tongue, Issued for Private Subscribers by The Scholarties Press London, 1931.

Grose, F., Grose's Glossary, A Provincial Glossary, S. Hooper, London, 1787.

Grube, W., Goldisch-Deutsches Worterverzeichniss mit vergleichender Berucksichtgung der Ubrigen tungusischen Dialekte, St. Petersburg, 1900.

Pe. Joao de Loureiro (Missionaris e Botanico Jose Maria Braga), Escola Tipografica do Orfanato, Macau, 1938.

The Museum of Far Eastern Antiquites, Bulletin Nos. 1-12, Stockholm, 1929-1940.

Quaritch, B., A Catalogue of Books, London, 1860.

Relacao Anual das coisas que fizeram Padres da Companhia de Jesus, Vol. I.II.

18

Vaino, A., Asia De Joam De Barros, Vol. I., Imprensa Da Universidade, Coimbra, 1932.

Central Asia and Near East

Berlin Academy Memoirs. Chiefly on Central Asia, 1908-1926, (German bulletins bound in a volume). Verlag Der Konigl Akademie Der Wissenschaften, Berlin.

Czaplicka, The Turks of Central Asia in History and at the Present Day, Clarendon Press, Oxford, 1918.

Darmesteter, J., Le Zend-Avesta (Annales du Musee Guimet). 3 vols., Ernest Leroux, Paris, 1892-93.

Le Frere Bento de Goes (Chez les Musulmans de la Haute Asie 1603-1607), Hautes Etudes, Tientsin, 1934.

Gauthiot, R., Essai sur le Vocalisme du Sogdien, 1913.

Gauthiot, R., Le Sutra du Religieux Ongles-Longs.
-text Sogdien Avec Traduction et version Chinoise, 1912.

Siam

Franfurter, O., Elements of Siamese Grammar, Karl W. Hiersemann, Leipzig, 1900.

Indochina

Memoires de la Societe Academique Indo-Chinoise, Tome I, 1879.

Malay

The Gardens Bulletin Straits Settlements, 1930.

The Medical book of Malayan Medicine.

Malay Village Medicine.

Incomplete

19

O Pland Colonial de Affouso de Albuquerque, 1929.

Hayda's Dictionary of Dates.

Aston, W.G. - Writing, Printing, and the Alphabet in Corea.

Ellis, H. - Studies in the Psychology of Sex Vol. VI, 1925.

Tieng Anh Cho nguoi Viet-Nam, 1941.

Bulletin de la Societe de Geographie, Paris, 1868.

Grandjean, G - La Vie Heroique de Saint Francois Xavier.

The Division of Orientalia (Reprinted from the Annual Report of the Librarian of Congress.

The Bummei Kyokwai - Dai - Nippon, 1935.

Archiv fur Buchbinderei Zeitschrift fur Einbandkunst Heft 1 vols. 2.

Bonneau, G - Le Kokinshu Le Monument Poetique de Heian Vol. 1, 3.

Government Publications Consolidated List for 1937.

Government Publications Issued during January 1938.

Government Publications Issued during February 1938.

Bohner, H. - Jinno-Shoto-ki, Band 1, 2.

Wilkinson, R.J. - A Malay-English Dictionary.

Asia de Couto	10
Franchet et Savetier: - Enumerateo Plantarum Japonicarum	2
Catalogue of the Asiatic Library of Dr. G.E. Morison, part 2	1
Catholic University of Peking, Bulletin 3,4	2
Bonneau, G:- Rythmes Japonais	1
Tchouen Tsion et Tso Tchouan 1,3	2
Incomplete	
The 28th Financial and Economic Annual of Japan	12
Incomplete	
Chamberlain, B.H.-A Romanized Japanese Reader, part 1, 3	2
Ellis, A.J:- Early English Pronunciation Part 1-5.	5
Plants from China, Formosa etc. 1, 2	2

20

資料 19（書類添付・File No.05264 Enclosure No.5 [Separate book No.2]）

Chavannes, E: - Les Memoirs Historiques de Se-Ma Tsien Incomplete (5 vols. are missing)	1
Bulletin de L'Ecole Francaise déxtreme orient 11, 14, 22, 23 Incomplete	4
Catalogue of The Asiatic Library of Dr. G.E. Morrison:	1
Bulletin de la Kokusai:	1
Henry Lester Institute of Medical Research	1
Henry Lester Institute of Medical Annual Report (1934, 1935, 1936, 1937-38, 1939, 1940)	6
Report by Consul-General Hosei on the Province of Sruch'uan	1
Landscape Gardening in Japan Conder, J.	1
A Catalogue of the Mollendorff Collection	1
John R. Black: Young Japan, Yokohama and Yedo. Vol. 1,2.	2
John F. Embree, Suye Mura, A Japanese Village.	1
Creel, H.G., Studies in Early Chinese Culture	1
Ekvall, R.B., Cultural Relations on the Kansu-Tiletan Border	1
Boxer, C.R., A Portuguese Embassy to Japan (1644-1647)	1
Asakawa, K., The Documents of Iriki	1
Granet, M. La Civilisation Chinoise	1
Chapman, H.O., The Chinese Revolution 1926-27	1
Beechey., Nanative of a Voyage to the Pacific	1
Burton, R., The Kasidah of Haji Abdu El-Yezdi	1
Military Correspondent of the Times., The War in the Far East	1
Sachau, E.C., Abberunt's India Vol. I.II.	2
Yule. H., (trans, & edited by), The Book of Ser Marco Polo Vol I.II.	2
M.A. Czaplicka, Aboriginal Siberia	1

21

E.V. Arnold, The Restored Pronunciation of Greek and Latin.   1

資料20（慶應義塾用箋・Japan and China）

資料 20（慶應義塾用箋・Japan and China）

1

Japan and China

√ Ackermann, E., Der Vater Kehrt Zurück: Zizi Kaeru by Kikutzi Kwan, Schobundo, Tokyo, 1935.

Alcock, Sir R., The Capital of the Tycoon, 2 vols., Longman, Green, Longman, Roberts & Green, London, 1863.

√ Allen, G.C., Modern Japan and Its Problems, George Allen & Unwin, London, 1928.

√ Alvarez, J. M., Formosa, 2 vols, Luis Gili, Barcelona, 1930.

√ Anderson, W., Descriptive and Historical Catalogue of a Collection of Japanese and Chinese Paintings in the British Museum, Longman & Co., London, 1886.

esaki, M., A Concordance To The History of Kirishitan Missions, √

慶應義塾

Office of the Academy, Tokyo, 1930.
Anesaki, M., History of Japanese Religion, Kegan Paul, Trench, Trubner & Co., London, 1930.
Anesaki, M., Art, Life and Nature in Japan, Marshall Jones Co., Boston, 1933.
Anesaki, M., The Religions and Social Problems of the Orient, The Macmillan Co., New York, 1923.
Anesaki, M., Religious Life of the Japanese People, K.B.S., Tokyo, 1938.
The annual report of the Sanitary Bureau of the Home Department of the Imperial Japanese Government for the 6th year of Showa, 1931.
Annual report on Administration of Chosen 1932-3, Compiled by Government General of Chosen, 1933.

3

Annual Report on Reforms and Progress in Chosen, Government-General of Chosen, Keijo, 1912.

Arquivos de Macaw, 19 parts.

Asakawa, K., The Early Institutional Life of Japan, The Waseda-daigaku-Shuppan-bu, Tokyo, 1903.

Aston, W. G., Grammer of the Japanese Written Language, Trübner & Co, London, Lane, Crawford & Co., Yokohama, 1877.

Aston, W. G., Japanese Literature, William Heinemann, London, 1899.

Aston, W.G., Shinto: The Way of the Gods, Longmans, Green & Co.; London, 1905

Aston, W. G., Nihongi, Kegan Paul, Trench, Trübner & Co., London, 1924.

Aston, W., A Grammer of the Japanese Written Language, Luzac & Co., 1921.

慶應義塾

4

Aston, W. G., Shinto: The Ancient Religion of Japan, Constable & Co., London 1921.

Aston, W. G., A Grammar of the Japanese Spoken Language, Kelly & Walsh, Yokohama, 1888.

Aux Portes de la Chine les Missionnaires du Seizième Siècle, Hautes Etudes, Tientsin, 1933.

Ayrton, M. C., Child-Life in Japan, Griffith, Farran, Okeden & Welsh, London.

Bacon, A. M., Japanese Girls & Women, Houghton, Mifflin & Co., Boston, 1902.

Balet, C., Grammaire Japonaise de la Langue Parlée, 2 copies, Sansaisha, Tokyo, 1908 and 32nd Year of Meiji.

慶　應　義　塾

5

Ball, J. D., Things Chinese, Kelly & Walsh, Shanghai, 1925.

Bälz, E., Uber Die Todesverachtung der Japaner, J. Engelhorns Nachf. Stuttgart.

Bälz, T., Erwin Bälz (Das Leben eines dutschen Arztes im erwachenden Japan, J. Engelhorns. ~~Tokyo~~ Nachf. Stuttgart, 1931.

Borghoorn, A., Kokumin Nonju Gyoji, Deutschen Gesellschaft für Natur- und Völkerkund Ostasiens. Tokyo. 1926.

Bartoli, P. D., Dell' Istoria Della Compagna Di Gesù II Giappone, 5 vols., Per Giacinto Marietti, Torino. 1825.

Batchelor, J., The Pit-Dwellers of Hokkaido and Ainu Placenames Considered, Sapporo, 1925.

Batchelor, J., An Ainu-English-Japanese Dictionary, Tokyo, 1926.

慶應義塾

6

Baumann, F., Japanese Madel, Gross-Lichterfelde- Ost, Berlin.

Beard, C. A., The Administration and Politics of Tokyo, The Macmillan Co., New York, 1923.

Beaujard, A., Sei Shonagon' Son Temps et Son Oeuvre, Libiairie Orientale et Américane G. P. Maisonneuve, Paris; 1934.

Beck, A., The Ghost Plays of Japan, The Japan Society, New York, 1933.

Becker, J. E., The Criminal Code of Japan, Kelly & Walsh, Yokohama, 1907.

Benazet, A., Le Théatre Au Japon, Ernest Leroux, Editeur, Paris, 1901,

Benl, O., Tsurezuregusa (Aufzeichnungen aus Mussestunden), Japanisch-Deutschen Kultur-Institut, Tokyo. 15th year of Showa.

Bennevill, J. S., More Japonico, Published by the Auther, Yokohama, 1908.

Berchet, G. D., Le Antiche-Ambasciate Giapponesi in Italia, Venezia, 1877.

7

√ Bernard, R.P.H., Aux Origines du Cimetière de Chala, Hautes Études, Tientsin, 1934.

√ Bernard, R.P.H., Le Père Matthieu Ricci et la Société Chinoise de son Temps. 1552-1610, 2 vols., Hautes Études, Tientsin, 1937.

√ Bernard, R.P.H., Sagesse chinoise et Philosophie Chretienne, Hautes Études, Tientsin, 1935.

√ Bernard, R.P.H., Les Iles Philippines du Grand Archipel de la Chine, Hautes Études, Tientsin, 1936.

√ Bernard, R.P.H., L'Apport Scientifique du Père Matthieu Ricci à la Chine, Hautes Études. Tientsin. 1935.

√ Bibliographischen Alt-Japan-Katalog 1542-1853, Deutsches Forschungsinstitut. Kyoto. 1940.

慶 應 義 塾

8

Binyon, L., Catalogue of Japanese and Chinese Woodcuts in British Museum, London, 1916.

Blakney, R.B., A Course in the Analysis of Chinese Characters, The Commercial Press, Shanghai, 1926 (1927)

Bland, J.O.P., Verse & Worse, 1902.

Bland, J.O.P., China: The Pity of It, William Heinemann, London 1932

Blakeslee, G.H., Japan and Japanese-American Relations, G.E. Stechert & Co., New York, 1912.

Bodde, D., China's First Unifier (A Study of the Ch'in Dynasty as seen in the Life of Li Ssu), E. J. Brill, Leiden, 1938.

Bögel, F.N., etc., Equivalents of the Principal Japanese and Foreign Measures and Weights in 4 Tables., Tokyo, 1894.

9

Böhner, H., Legenden aus der Frühzeit des Japanischen Buddhismus (Nippon Koku Gembo Zenaku Ryo-i-Ki), 2 vols., Deutsche Gesellschaft Für Natur-und Völkerkunde Ostasiens, Tokyo, 1934–1935.

Bonneau, G., L'Expression Poetique Dans Le Folk-Lore Japonais, 3 vols., Librairie Paul Geuthner, Paris, 1933.

The Boundary Question between China and Tibet (A valuable record of the Tripartite Conference between China, Britain and Tibet held in India 1913-1914), Peking, 1940.

Bourgois, G., Dictionary and Glossary for the Practical Study of the Japanese Ideographs, Kelly & Walsh, Yokohama, 1916.

Bowes, J. L., Japanese Marks and Seals, (印章) Henry Sotheran & Co. London, 1882.

慶應義塾

10

Bowes, J.L., Notes on Shippo, Printed for Private Circulation, Liverpool, 1896.

Bowie, H.P., On the Laws of Japanese Painting, Paul Elder & Co., San Francisco, 1911.

Boxer, C.R., The Embassy of Capt. Gomcalo de Siqueira de Souza to Japan in 1644-47. Macau, 1938.

Boxer, C.R., Jan Compagnie in Japan 1600-1817, Martinus Nijhoff, The Hague, 1936.

Brandt, J.J., Wenli Particles (虛字指南), The North China Union Language School, Peiping, 1929.

Brandt, J.J. Introduction to Literary Chinese, Henri Vetch. Peiping. 1935.

Brankston, A.D., Early Ming Wares of Ching Tochen, Henri Vetch, Peking, 1935.

資料 20（慶應義塾用箋・Japan and China）

11

√ Brankston, A.D., Early Ming Wares of Ching Techen, Henri Vetch, Peking, 1938

√ Bretschneider, E., Botanicon Sinicum (Noted on Chinese Botany from Native and Western Sources), 3 vols., Trubner & Company, London, 1882, and Kelly & Walsh, Shanghai, 1892 & 1895.

√ Brewitt-Taylor, C.H., San Kuo (or Romance of the Three Kingdoms) 2 vols., Kelly & Walsh, Shanghai, 1925.

Britton, R.S., The Chinese Periodical Press, Kelly & Walsh, Shanghai, 1933.

√ Brown, S.R., Colloquial Japanese, Presbyterian Mission Press, Shanghai, 1863

√ Brown, L.N., Block Printing and Book Illustration in Japan, George Routledge & Sons, London, etc., 1924.

√ Brunnert, H.S. and others, Present Day Political Organization of China, translated from the Russian by Beltchenko, A. Kelly & Walsh, Shanghai, 1912.

慶應義塾

Bryan, J.I., The Civilization of Japan, Thornton Butterworth, London, 1929.

Bryan, J.I., The Literature of Japan, Thornton Butterworth, London 1929.

Buck, J.L., Land Utilization in China, 2 vols., The Commercial Press Ltd., Shanghai, 1937.

Buck, J.L., Land Utilization in China, Commercial Press, Shanghai, 1933.

Bulletin de la Maison Franco-Japonaise, 23 vols., Mitsukoshi Book Dept., Tokyo, 1927-1939.

Burrows, E. G., Chinese and Japanese in Hawaii during the Sino-Japanese Conflict, 1939.

資料 20（慶應義塾用箋・Japan and China）

No.

13.

Bushell, S.W., Description of Chinese Pottery and Porcelain, The Clarendon Press, Oxford, 1910.

Caiger, G., Dolls on Display (Japan in Miniature), The Hokuseido Press, Tokyo 1933.

Caron, P., Benkyoka No Tomo, Imprimerie Nazareth, Hongkong, 1892.

Caron, F. and Schouten, J., A True Description of the Mighty Kingdoms of Japan and Siam, The Argonaut Press, London, 1935.

Carus, P., Chinese life and custom, 1907.

Carus, P., Chinese thought, 1907.

Cha, T. J. & Read, B.E., The Vitamin C content of Chinese

昭和　年　月　日

慶應義塾

No.

14

foods, Part II, 1938.

Chaille-Long-Bey; La Corée, Ernest Leroux, Editeur, Paris, 1894.

Chaillet, J.B., La Resurrection Catholique Du Japon, Chaillet, 1919.

Chalfant, F.H. and others, The Hopkins Collection of Inscribed Oracle Bone. Chalfant Publication Fund, New York, 1939.

Chalfant, F.H., Seven Collections of Inscribed Oracle Bone, Chalfant Publication Fund, New York, 1938.

Chalfant, F.H., Early Chinese Writing, Buntenkaku, Pekin, Mingoku 29th Yr.

昭和　年　月　日

15

√ Chamberlain, B. H., Colloquial Japanese, 4th edition, Crosby Lockwood & Son, London, 1907.

√ Chamberlain, B. H., Things Japanese, 6th revised edition, Kegan Paul, Trench, Trubner & Co., London, 1939.

√ Chamberlain, B. H., Things Japanese, reprinted from the 1905, revised 5th edition, J. L. Thompson & Co., Kobe, 1927

√ Chamberlain, B. H.; The Japanese Language, Kelly & Walsh, Yokohama, 19th Yr. of Meiji.

Chamberlain, B. H., Educational Literature For Japanese Women, Trubner & Co., London 1898.

√ Chamberlain, B. H.; Translation of "Kojiki", J. L. Thompson & Co. (Retail) Ltd., Kobe, 1932.

慶應義塾

18

Chamberlain, B. H., The Study of Japanese Writing (Moji-no-Shirubé), Crosby Lockwood & Son. London, 1905.

Charlevoix, R. P., Histoire Du Christianisme Au Japon, 2 vols., Chez Vanlinthout Et Vandenzande, Louvain, 1829.

Pere De Charlevoix, Histoire Du Japon, 6 vols., Rollin, Paris, 1754.

Chavannes, E., Six Monuments de la Sculpture Chinoise, G. Van Oest & Cie, Bruxelles. etc., 1914.

Chavannes, E., Contes et Légendes du Buddhisme Chinoise, Bossard, Paris, 1921.

Chavannes, E., Documents sur Turcs Occidentaux, Buntenkaku, Mingoku 29th Yr. 1940.

No.

17

Chavannes, E., Documents Chinos Decouverts Par Aurel Stein, Imprimerie De L'Universite, Oxford, 1913.

Chiang Yee, Chinese Calligraphy, Methuen & Co. Ltd., London, 1938.

Chikashige Masumi, Oriental Alchemy (The Civilization of Japan and China in Early Times as soon from the Chemical Point of View), Rokakuho Uchida, Tokyo, 1936.

China Imperial Maritime Customs.
Special Series: No.16. Chinese Jute.

China Review, 68 vols.
China Mail Office, Honkong, 1875–1901.

昭和　年　月　日

慶應義塾

18

Cholmondeley, L.B., History of the Bonin Islands, Constable & Co., London, 1915.

Chung, H., The Case of Korea, Fleming H. Revell Co., London, 1921.

Clark, E.B., Stray Leaves, Kenkyusha, Tokyo, 1936.

Clark, C.A., Religions of Old Korea, Fleming H. Revell Co., New York. 1932.

Conder, J., The Theory of Japanese Flower Arrangements, Thompson & Co., Kobe, 1935.

Conrady, A., Das Älteste Dokument zur Chinesischen Kunstgeschichte Tien-wen, Verlag Asia Major, Leipzig, 1931.

No.

昭和　年　月　日

慶應義塾

No.

19.

V Conrady, A., Die Chinesischen Handschriften und Sonstigen Kleinfunde Sven Hedins in Lou-Lan, Generalstabens Litografiska Anstalt, Stockholm, 1920

The Conspiracy Case in Chosen, "Seoul Press", 1912.

V Constant, S. V., English-Chinese Military Terms, China Book Sellers, Peking, 1927.

V Cordier, H., Bibliotheca Sinica-Dictionary Bibliographique des ouvrages Relatifs à l'empire Chinois, 1907—8.

V Cordier, G., Langue Chinoise Ecrite: Grammaire et Exercices, Tan-Dan, Hanoi.

V Couling, S., The Encyclopaedia Sinica, Kelly & Walsh,

昭和　年　月　日

慶應義塾

20

Shanghai, 1917.

Courant, M., En Chine, Félix Alcan, Paris, 1901.

Cordier, H., Bibliotheca Japonica, Imprimerie Nationale, Paris, 1912.

Cram, R. A., Impressions of Japanese Architecture and the Allied Arts, Marshall Jones Co., Boston, Mass., 1930.

Crane, L., China in Sign and Symbol, Kelly & Walsh Ltd., Shanghai, 1926.

Creel, H. G., Sinism. A study of the evolution of the Chinese world view, 1929.

Creel, H. G., The Birth of China (Study of the Formative

No.

21.

Period of Chinese Civilization), Reynal & Hitchcock,
N. Y.
Creel, H. G., Literary Chinese by the Inductive Method,
University of Chicago Press, 1938.
The Counter-case Presented, By the Imperial
Japanese Government to the Tribunal of Arbitra-
tion.
Cultural Nippon, 36 parts.
Cutler, J. W., A Grammar of Japanese Orname-
nt and Design, B. T. Batsford, London, 1880.
Dahlgren, E. W., Les débuts de la cartgraphie
du Japon, 1911.

昭和　年　月　日

慶應義塾

No.

32

✓ Dahlmann, J., Japans Beziehungen zum Westen (1542-1614), Herder & Co. Berlin, etc., 1923.

✓ Dallet, C., Histoire de L'Eglise de Corée, 2 vols., Librairie Victor Palme, Editeur, Paris, 1874.

✓ Davison, C., The Japanese Earthquake of 1923, Thomas Murby & Co., London, 1931.

De Benneville, J. S., Bakemono Yashiki (Retold from the Japanese Originals), published by the Author, Yokohama, 1921.

De Benneville, J. S., Oguri Hangwan, published by the Author, Yokohama 1915.

De Benneville, J. S., Saito Musashi-Bo Benkei, 2 vols.,

昭和 年 月 日

慶應義塾

No.

23.

published by the author, Yokohama 1910.

De Forest, J. H., Japanese Verbs of Saying, Speaking, Telling, etc., Methodist Publishing House, Tokyo, 1900.

De Garis, F., We Japanese, Fujiya Hotel Ltd., Hakone, 1934.

D'Elia, P. M., The Catholic Mission In China, The Commercial Press, Shanghai, 1934.

Dennys, N. B., Treaty Ports of China and Japan, Trubner & Co., London, 1867.

Despatches from Sir R. Alcock Respecting, The murder of Major Baldwin and Lieutenant Bird

昭和　年　月　日

慶應義塾

24

No.

Kamakura, 1866.

De Visser, M. W., Ancient Buddhism in Japan, 2 vols, Librairie Orientaliste Paul Geuthner, Paris, 1928-1935.

De Zwaan, J. P. K., Die Heilkunde der Chinesen und Japaner, De Erven Loosjes. Haarlem. 1917.

Dickins, F. V., Ho-Jo-Ki by Kamo no Chomei (Notes from "A Ten-Feet Square Hut"), Gowans & Gray Ltd., London, 1921 (2 copies: 1 copy published by San Kaku Sha, Tokyo, 8th Yr. of Showa.

Dickins, F. V., The Old Bamboo-Hewer's Story, or The Tale of Taketori, San Kaku Sha, Tokyo, 9th

昭和　年　月　日

慶應義塾

No.

25

Yr. of Showa.

√ Dickins, F.V., Japanese Texts, 2 vols., The Clarendon Press, Oxford, 1906.

√ Dickins, F.V., Tr., The Old Bamboo-Hewer's Story: The Tale of Taketori, Sankaku-sha, Tokyo, 1934.

√ Driscoll, L. and Toda, K., Chinese Calligraphy, The University of Chicago Press, Chicago, 1935.

√ Dubs, H.H. and others, The History of the Former Han Dynasty: Pan Ku, Waverly Press, Baltimore, 1938.

Eby, C.S., The Tsure-Dzure-Gusa (Meditations of a Recluse), San Kaku Sha, Tokyo, 9th Year of Showa.

昭和　年　月　日

慶應義塾

26

No.

Eckardt, P. A., Schlusel Zur Koreanischen Konversations Grammatik, Julius Groos, Heidelberg, 1923.

Eckardt, A., History of Korean Art, Edward Goldston, London, 1929.

Eckstein, Gustav, Noguchi, 1931.

Edkins, Rev. J., Chinese Buddhism, Kegan Paul, Trench, Trubner & Co., London, 1893.

Edwards, O., Japanese Plays and Playfellows, William Heinemann, London, 1901.

Edwards, E. R., Etude Phonetique De La Langue Japonaise, Imprimerie B. G. Teubner. Leipzig, 1903.

Ehmann, P., Die Sprichwörter und Bildlichen Ausdrücke der Japanishen Sprache, Deutsche Gesellschaft fur Natur-

昭和　年　月　日

慶應義塾

No.

27

und Völkerkunde Ostasiens, Tokyo, 1927.

Eitel, E., Hand-book of Chinese Buddhism being a Sanskrit-chinese Dictionary with vocabularies of Buddhist terms, 1904.

Eliot, Sir C., Japanese Buddhism, Edward Arnold & Co., London, 1935.

Elisseev, S., La Peinture Contemporaine au Japon (明治の本絵画小史)

Elisseeff, S., Elementary Japanese for University Students, 2 vols, Harvard Yenching Institute, Cambridge, U.S.A., 1941.

Ema, T., A Historical Sketch of Japanese Customs and Costumes, K.B.S., Tokyo, 11th Yr. of Showa.

Enthronement of the One Hundred Twenty-fourth Emperor of

昭和　年　月　日

慶應義塾

Japan, The Japan Advertiser, Tokyo, 1928.

Erskine, W.H., Japanese Festival and Calender Lore, Kyo Bun Kwan, Tokyo, 1933.

Erskine, W.H., Japanese Customs, Their Origin and Value, Kyo Bun Kwan, Tokyo, 1925.

Escarra, J., Le Droit Chinois, L. Librairie Du Recueil Sirey, Paris, 1936.

Excavation of a West Han Dynasty Site, Conducted by the Freer Gallery of Art, Washington, D.C., and the Shansi Provincial Library of Tai Yüan, Shansi, Kelly & Walsh Ltd., Shanghai, 1932.

Exercises in the Yokohama Dialect, compiled from

昭和　年　月　日

No.

29

original and reliable sources, Yokohama, 1874.
Faber, H., Alt-Japan, Skizzen und Geschichten, Leipzig.
Fahs, C.B., Political Groups in the Japanese House of Peers,
Reprinted from the American Political Science Review, Vol.
XXXIV, No. 5. October, 1940.
Fenollosa, E.F., Epochs of Chinese and Japanese Art, 2 vols.,
William Heineman, London, 1921.
Fenollosa, E., The Chinese Written Character, Stanley Nott,
London, 1936.
Ferguson, J.C., Loyang as the National Capital, (From the
Journal of the North China Branch of the R.A.S., Vol. 64, 1933)
Ferguson, J.C., The Six Horses of T'ang T'ai Tsung, (From the

昭和　年　月　日

慶應義塾

30

No.

Journal of The North China Branch of The R.A.S., Vol. 67. 1936)

√ Ferguson, J.C., Inscriptions on Bronzes, (From The Journal of The North China Branch of The R.A.S., Vol. 66. 1935)

√ Ferguson, J.C., Painters Among Catholic Missionaries and Their Helpers in Peking, (From The Journal of the North China Branch of The R.A.S., Vol. 45, 1934.)

Ferguson, John C., Wang An-Shih, 1937.

√ Ferguson, J.C., Early Chinese Bronzes, (From The Journal of The North China Branch of The R.A.S., Vol. 47, 1916)

√ Ferguson, J.C., Ku ~~Kiel~~ K'ai-Chih's Scroll In The British Museum, (From The Journal of The North

昭和　年　月　日

慶應義塾

No.

31.

China Branch of The R.A.S., Vol. 49, 1918)

Ferguson, J.C., Stories In Chinese Paintings, 2 vols., (From The Journal of The North China Branch of The R.A.S., Vol. 61, 1930—1932)

Ferguson, J.C., Bretschneider, (Reprinted from The China Journal, Vol. 13, No. 5, November, 1930)

Ferguson, J.C., Hyacinth, (Reprinted from The China Journal, Vol. 12, No. 6, June, 1930)

Ferguson, J.C., Bronze Vessels, (Reprinted from The China Journal, Vol. 11, No. 6, December, 1929)

Ferguson, J.C., Chinese Landscapists.

Ferguson, J.C., Three Unusual Bronze Vessels,

昭和　年　月　日

慶應義塾

32.

No.

Reprinted from The China Journal, Vol. 21, No. 1, July 1934)

Ferguson, J. C., Writing Appliances, North-China Daily New & Harald, Shanghai, 1933 (From The China Journal, Vol. 19, No. 3, September)

Ferguson, J. C., Recent Books by A Chinese Scholar, (From The Journal of The North China Branch of The R. A. S., Vol. 50, 1919)

Ferguson, J. C., Political Parties of The Northern Sung Dynasty, (From The Journal of The North China Branch of The R. A. S., Vol. 58, 1927)

Ferguson, J. C., General Survey of Standard Chinese History (From The Journal of The North China Branch

昭和　年　月　日

No.

33.

√

Vol. 57, 1926)

Ferguson, J.C., Fir-Flower Tablets, (From The Journal of The North China Branch of the R.A.S., Vol. 53, 1922)

Ferguson, J.C., Lin Tsa-Hsu Tseng Kuo-Fan Tso Tsung-T'ang, 1938.

Ferguson, John C., Mi Fu, on inkstones, 1938;

Ferguson, John, C., Chinese women yesterday and today and tales of a chinese grandmother, 1938.

Ferguson, John, C., Influence of Chinese painting on the West.

Ferguson, John C., The T'ai Miao of Peking, 1938.

Ferguson, John C., Modern Education in China, 1922.

昭和　年　月　日

慶應義塾

34.

No.

Ferguson, John C., The Silent traveller, a Chinese artist in Lakeland, 1938.

Ferguson, John C., Chinese funiture, 1937.

Ferguson, John C., Die Rückkehr der Seele, 1938.

Ferguson, John C., Recent Scholarship in China, 1929.

Ferguson, John C., Books on journeys to western regions, 1929.

Ferguson, John C., Chinese Chronology, 1929.

Ferguson, John C., The Birth of China, 1936.

Ferguson, John C., The twine pagodas of Zayton, 1936.

Ferguson, John C., Jode foot measure, 1937.

Ferguson, John C., Hun-yuan bronze vessels, 1937.

昭和　年　月　日

慶應義塾

No.

Ferguson, John C., Monumenta Serica vol. 1 Fasc. 2, 1936.

Ferguson, J.C., The Confucian Renaissance in the Sung Dynasty, 1902.

Ferguson, J.C., Survey of Chinese Art, The Commercial Press Ltd, Shanghai, 1940.

Ferguson, J.C., Index to the China Review, Kelly & Walsh, Shanghai, 1918.

Fifty-Fourth annual report of the Minister of State for Education for 1926-1927, 1932.

The First Japanese Embassy to the United States of America 1860, Translated by Miyoshi, S., The America-

昭和　年　月　日

慶應義塾

36.

Japan Society, Tokyo, 1920.

Florenz, Dr. K. Geschichte der Japanischen Litteratur, C. F. Amelangs Verlag, Leipzig, 1906.

Florenz, K., Wörterbuch zur Altjapanischen Liedersammlung Kokinshu, Kommissionverlag L. Friedrichsen & Co., Hamburg, 1925.

Flowers, M., The Japanese Conquest of American Opinion, George H. Doran Co., New York, 1916.

Frank Cary, Only Forty Years Ago.

O. Franke, Staatsozialistische Versuche im Alten und Mittelalterlichen China, 1931.

Fraser, E. D. H. and Lockhart, J. H. S., Index to the Tso

No.

昭和　年　月　日

No.

37.

Chuan, O.U.P., London, 1930.

Frois, P.L., Die Geschichte Japans (1549–'78), Verlag Der Asia Major, Leipzig, 1926.

Frois, P.L., Segunda Parte Da História De Japan, Edicao da Sociedade Luso-Japonesa, Toquio, 1938.

Fujikawa, Y. and others, Japanese Medicine, Paul B. Hoeber Inc., New York, 1934.

Fujimori, S., On Watanabe-Kazan as a painter, 1939.
(Translated by F. Hawley)

Fujimoto, T., The Geisha Girl, T. Werner Laurie, London, 1927.

Fujimoto, T., The Nightside of Japan, T. Werner Laurie, London, 1927.

昭和　年　月　日

慶應義塾

38.

No.

Fukada, J., Criss-Cross of the Japanese Mind,
The Sanseido Co., Tokyo, 1938.

Fukui, K., Human Elements in Ceramic Art, K.B.S., Tokyo, 1934.

Gale, J.S., Korean Sketches, William Briggs, Toronto, 1898.

Gale, J.S., Korean Grammatical Forms,
Methodist Publishing House, Seoul, 1903.

Gale, J.S., The Unabridged Korean-English Dictionary, The Christian Literature Society of Korea, Seoul, 1931.

Gale, E.M., Discourses on Salt and Iron, (塩鉄論), Late E.J.
Brill LTD., Leyden, 1931.

Gale, E.M., Basics of the Chinese Civilization, Kelly and
Walsh, Shanghai, 1934.

昭和　年　月　日

No.

39.

Gardner, C.S., A union list of selected western books of China in American libraries, 1938.

Gardner, C.S., Chinese studies in America, 1935.

Gatenby, E.V., The Cloud-Men of Yamato (Being an Outline of Mysticism in Japanese Literature), John Murray, London, 1929.

Geerts, A.J.C., Les Produits De La Nature Japonaise Et Chinoise, 2 vols., C. Levy, Imprimeur-Editeur, Yokohama, 1878–1883.

Gezelius, B., Japan: Västerländsk Framställning Till Omkring ar 700, A.B. Östgöta, Linköping, 1910.

Giles, H.A., Chinese English Dictionary, Kelly & Walsh,

昭和　年　月　日

慶應義塾

40.

Shanghai, 1912.

Gillis, I. V. and Pai Ping-Chi, Japanese Surnames, Hwa Hsing Press, Peking, 1939.

Giles, H. A., Adversaria Sinica, Kelly & Walsh, Shanghai, 1914.

Giles, H. A., The hundred best characters, 1925.

Giles, H. A., The Second hundred best characters, 1922.

Giles, L., The Saying of Lao Tzu, 1917.

Giles, Herbert A., Adversaria Sinica, 1915.

Giles, H. A., A Chinese Biographical Dictionary, Kelly & Walsh, Shanghai, 1898; reprinted in China, 1939.

Giles, H. A., Chuang Tzu (Mystic, Moralist, and Social Refor-

No.

41.

mer), Kelly & Walsh, Shanghai, 1926.

Giles, L., Index to the Chinese Encyclopaedia, The British Museum, London, 1911.

Gifford, D.L., Every-Day Life in Korea, Fleming H. Revell Co., Chicago, 1898.

Gillis, I.V. and Pai Ping-Ch'i, Japanese Personal Names, Hwa Hsing Press, Peking, 1940.

Goette, J., Jade Lore, Kelly & Walsh, Shanghai, 1936.

Goncourt, E., Hokousai, Bibliotheque-Charpentier, Paris, 1896.

Granet, M., Danses Et Ligendes De La Chine Ancienne, Librairie Felix Alcan, Paris, 1926.

昭和　年　月　日

慶應義塾

42.

No.

Groot, J. J., The Religion System of China, 6 vols,

Grossmann, F. N., "Japanese without a teacher" 1928.

Grube, W., Die Sprache und Schrift Der Jucen, Kommissions-Verlag Von O. Harrassowitz, Leipzig, 1896.

Griffis, W. E., Honda the Samurai (A Story of Modern Japan), Congregational Sunday School and Publishing Society, Boston.

Griffis, W. E., Townsend Harris, Houghton Mifflin & Co., New York, 1895.

Griffis, W. E., Corea The Hermit Nation, W. H. Allen & Co., London, 1882.

Griffis, W. E., Korean Fairy Tales, George G. Harrap & Co.,

昭和　年　月　日

慶應義塾

No.

43.

London.

Gring, A.B., Eclectic Chinese-Japanese-English Dictionary, Kelly & Co., Yokohama, 1884.

Gubbins, J.H., Laws of the Tokugawa period.

Gubbins, J.H., The Progress of Japan 1853-1871, The Clarendon Press, Oxford, 1911.

Gubbins, J.H., A Dictionary of Chinese-Japanese Words, Maruya & Co., Tokyo, 1908.

Gubbins, J.H., The Making of Modern Japan, Seeley, Service & Co., London, 1922.

Gundert, W., Japanische Religionsgeschichte, Taiheiyo-sha, Tokyo, 1935.

昭和　年　月　日

慶應義塾

44.

No.

√ Gutzlaff, C., Journal of Three Voyages Along The Coast of China in 1831, 1832 & 1833, Thomas Ward & Co., London.

√ Harada, J., English Catalogue of Treasures in the Imperial Repository Shosoin, The Imperial Household Museum, Tokyo, 1932.

Histoire De La Chine.

√ Huzimoto, H. and others, Science Education in Japan, The 7th Word Conference of the World Federation of Education Association, 1937.

The Imperial Rescript on Education, Translated into Chinese, English, French & German, The Department of Education, Tokyo, 1907.

昭和　　年　　月　　日

慶應義塾

資料 20（慶應義塾用箋・Japan and China）

No.

45.

Japanese Education, Monbusho (Department of Education), Tokyo, 1877.

Kwong, Ki Chiu, The First Conversation-Book, Wah Cheung, Shanghai, 1885.

Laufer, B., T'ang, Sung and Yüan Paintings Belonging to Various Chinese Collectors, G. Van Oest & Co., Paris, etc., 1924.

Modern Industrial Technique In China, 3 vols.

Part 1 Lin Tse-Hsu, Pioneer Promoter of the Adoption of Western Means of Maritime Devense in China, 1934.

Part 2. Tseng Kuo-Fan, Pioneer Promoter of the Steamship in China, 1935.

昭和　年　月　日

慶應義塾

No.

Part 3 Tso Tsung T'ang, Pioneer Promoter of The Woollen Mill in China, 1938.

Murakami, N., Diary of Richard Cocks, Sankosha, Tokyo, 1899.

√ Muto, C., A Short History of Anglo-Japanese Relations, Hokuseido, Tokyo, 1936.

Kafu, Nagai: Le Jardin des Pivoines (tr. par Serge Elisséev) 1927.

The original letters of the English pilot, William Adams, written from Japan between A.D. 1611 and 1617; repr. from the papers of the Hakluyt Society, 1896.

Recherches Sur Les Superstitions En Chine, Imprimerie De T'ou-se-we, Chang-hai, 1912-1938.

昭和　年　月　日

慶應義塾

No.

47.

Report on the Control of the Aborginies in Formosa, Bureau of Aborginial Affairs, The Government of Formosa, Taihoku, 1911.

Report of the Minister of State for Education (56th), The Department of Education, Tokyo, 1934.

Report of the Minister of State for Education (59th), The Department of Education, Tokyo, 1938.

A Review of Educational work in Formosa, (The Repa-rtment of educational affairs of Government-General of Formosa), 1916.

Rumpf, F., Ise Monogatari, Würfel Verlag, Berlin, 1932.

昭和　年　月　日

慶應義塾

48

No.

Sugiyama, M., etc., An Outline History of the Japanese Dance, Kokusai Bunka Shinkōkai, Tokyo, 1937.

Tun Li-ch'en and Bodde, D., Annual Customs and Festivals in Peking, Henri Vetch, Peking, 1936.

T'ung-Su des Ceu-Tsi (Ein Beitrag zur Kenntnis der Chinesischen Philosophie), Verlag Asia Major, Leipzig, 1932.

√ Yü, P. Y. and Gillis, I. V., Title Index to the Ssu K'u Ch'üan Shu, Peiping, 1934.

昭和　年　月　日

慶應義塾

資料 20（慶應義塾用箋・Japan and China）

No.

49.

Manchuria & Mongolia

Bernard, R.P.H., La Decouverte de Nestoriens Mongols aux Ordos et l'Histoire Ancienne du Christianisme en Extreme-Orient, Hautes Etudes, Tientsin, 1935.

Chani, A.B., Historia Mongolorum et Tatarorum, Casani, 1825.

Economic Conditions in Manchoukuo, 1940.

Fuchs, W., Beiträge zur Mandjurischen Bibliographie und Literature, Deutsche Gesellschaft Für Natur und Völkerkunde Ostasiens, Tokyo, 1936.

Gibert, L., Dictionnaire Historique et Géographique de la Mandchourie, de la Société des Mission-

昭和　年　月　日

慶應義塾

50

No.

Etrangeres, Hongkong, 1934.

India

Bhandarkar, R. G., First Book of Sanskrit, Gopal Narayan & Co., Bombay, 1930.

Danvers, F. C., The Portuguese in India (Being a history of the rise and decline of their Eastern Empire), vol. II only, W. H. Allen & Co., London, 1894.

Davids, Mrs. R., A Manual of Buddhism, The Macmillan Co., New York, 1932.

昭和　年　月　日

No.

51.

Edgerton, F., The Panchatantra Reconstructed, 2 vols, America Oriental Society, New Haven, Conn., 1924.

Eliot, Sir C., Hinduism and Buddhism, 3 vols, Edward Arnold & Co., London, 1921.

Grousset, R., In the Footsteps of the Buddha, George Routledge & Sons Ltd., London, 1932.

Julien, S., Méthode pour déchiffrer les Noms Sanscrits A L'imprimerie Impériale, Paris, 1861.

Watters, T., etc., On Yuan Chwang's Travels in India 629–645 A.D., 2 vols., Royal Asiatic Society, London.

昭和　　年　　月　　日

慶應義塾

52.

No.

Miscellaneous

Ahn, F., First German Course, Allman & Son, London.

Andrews, F. H., Descriptive Catalogue of Antiquities, Manager of Publications, Delhi, 1935.

Annual Report of the American Council of the Institute of Pacific Relations Incorporated, 1940–1941.

Annales du Musée Guimet, 1887.

Arnold, E., The Light of Asia or the Great Renunciation, Kegan Paul, Trench, Trubner & Co., London, 1932.

Arquivo Historico da Marinha, 1933.

Asia De Barros, 8 vols., Lisboa, 1778.

昭和　年　月　日

資料 20（慶應義塾用箋・Japan and China）

No.

5-3.

Baedeker, K., The United States with an excursion into Mexico, 1904.

Bailey, L. H., How Plants Get Their Names, The Macmillan Co., New York, 1933.

Baker, J. N. L., A History of Geographical Discovery and Exploration, George G. Harrap & Co., London, 1931.

Barnes, H. E., The Story of Punishment, The Stratford Co., Boston, Mass., 1930.

Basedow, H., The Australian Aboriginal, F. W. Preece & Sons, Adelaide, 1925.

Benfow, J., Manuscript & Proof, Oxford University

昭和　年　月　日

慶應義塾

No.

54.

Press, New York, 1937.

Blackwell, B., The World of Books, J. M. Dent & Sons, London, 1932.

Blake, R., The Needle-Watcher, Wm. Heinemann Ltd., London, 1934.

Boas, F. S., The tragical history of doctor Faustus, 1932.

Boas, F., Handbook of American Indian Languages, Government Printing Office, Washington, 1911.

Boas, F., Handbook of American Indian Languages, Government Printing Office, Washington, 1922.

Boas, F., Instituttet For Sammenlignende Kuturforskning, H. Aschehoug & Co., Oslo, 1927.

昭和　年　月　日

資料 20（慶應義塾用箋・Japan and China）

No.

55.

Book Bindings: Historical and Decorative, Maggs Brothers, London, 1927.

Bourke, J.G., Der Unrat, Ethnologischer Verlag, Leipzig, 1913.

Boxer, C.E., Ruy Freyre De Andranda Commentaries, George, Routledge & Sons, London, 1929.

Boxer, Major C.R., Breve Relacao du Vida e Feitos de Lopo e Inacio Sarmento de Carvalho, Macau, 1940.

Brereton, F., An Anthology of War Poems, W. Collins Sons & Co., London, 1930.

Bright, J.W., An Anglo-Saxon Reader and Grammer,

昭和　　年　　月　　日

慶應義塾

56.

George Allen & Unwin Ltd., London, 1917.

Brown, E. G., A year amongst the Persians, 1927.

Bryk, F., Neger-Eros, A. Marcus & E. Weber's Verlag, Berlin, 1928.

Bulletin of Eastern Art, 2 packages, Society of Friends of Eastern Art, Tokyo, 1940-1941 (No. 1-24)

Bulletin of The School of Oriental Studies, London Institution, 38 vols., The School of Oriental Studies, London Institution, London, 1917-1940.

Burkitt, M. C., Prehistory, The University Press, Cambridge, 1925.

Calder, G., A Gaelic Grammar, Alex. MacLaren & Sons,

No.

昭和　年　月　日

慶應義塾

No.

57.

Glasgow, 1923.

Carnoy, A., La Science Du Mot, Editions Universitae Louvain, 1927.

Champagna de L'alcmene en Extreme-Orient, Société Anonyme de L'Imprimerie Ch. Thèze, Rochefort, 1907.

Chikashige, M., Oriental Alchemy, Rokakuho Uchida, Tokyo, 1936.

The Chrysanthemum: A Monthly Magazine, Vol. 1–3, Kelly & Co., Yokohama, 1881–1883.

Clark, T. B., Oriental England (A Study of Oriental Influence in the 18th Century England as reflected in the Drama), Kelly & Walsh, Shanghai, 1939.

Clark, W. J., International Language, J. M. Dent & Sons,

昭和　　年　　月　　日

慶應義塾

58.

No.

London, 1912.

Cool, A.B., A Bibliography on Far Eastern Numismatics and an Union Index of the Currency, Charms, and Amulets of the Far East, California College in China, Peking, 1940.

Cook, M.A., Macmillan's Shorter Latin Course, Macmillan & Co., London, 1937.

Coomaraswamy, A.K., The Transformation of Nature In Art, Harvard University Press, Cambridge, 1935.

Cosenza, M.E., The Establishment of the College of the City of New York as the ~~free~~ Free Academy in 1847 — Townsend Harris, Founder, The Associate Alumni

昭和　年　月　日

慶應義塾

資料 20（慶應義塾用箋・Japan and China）

No.

59.

of the College of the City of New York, N.Y., 1925.

Dakin, E. F., Mrs. Eddy, The Biography of a Virginal Mind, Blue Ribbon Books, New York, 1930.

Damper, W., Voyages and Discoveries, The Argonaut Press, London, 1931.

Dennce, J., Les Iles Liequios (Bulletin de la Société Royale Belge de Géographie), Société Royale Belges de Géographie, Bruxelles, 1907.

Dimnet, E., The Art of Thinking, The Musson Book Company, Toronto, 1930.

Dingwall, E. J., The Girdle of Chastity (A Medico-Historical Study), George Boutled & Sons, London, 1931.

昭和　年　月　日

慶應義塾

No.

Doflein, F., Ostasienfahrt, B.G. Teubner, Leipzig, 1906.

Douglas, N., Some Limericks.

Dwelly, E., The Illustrated Gaelic Dictionary, The Compiler, Fleet Hants, Scottland, 1930.

Edward Dowden, edited, The Tragedy of Romeo and Juliet, Methuen & Co., London.

Ellis, H., Studies in The Psychology of Sex, F.A. Davis Co., Philadelphia, 1926.

Elton, C., Animal Ecology & Evolution, The Clarendon Press, Oxford, 1930.

Ernst, M.L. & Seagle. W., To the pure — a study of obscenity and the censor.

昭和　年　月　日

慶應義塾

資料 20（慶應義塾用箋・Japan and China）

No.

61.

Ernest, Crawley, The Mystic Rose, 2 vols, Methuen & Co., London, 1927.

Esdaile, A., A Student's Manual of Bibliography, George Allen & Unwin, London, 1931.

Ey, W., Schlüssel zur Portugiesischen Konversations-Grammatik, Julius Groos, Heidelberg, 1926.

Ferguson, J., Some Aspects of Bibliography, George P. Johnston, Edinburgh, 1900.

The French Yellow Book: Diplomatic Documents 1938–1939, Hutchinson & Co, London.

Funke, C., Innere Sprachform, Sudetendeutscher Verlag Franz Kraus, Reichenberg, 1924.

昭和　年　月　日

慶應義塾

No.

62.

Gaselee, S. The Oxford Book of Medieval Latin Verse. The Clarendon Press, Oxford, 1928.

Gore, J., King George V. A Personal Memoir, John Murray, London, 1941.

Gow, J., Horace Odes and Epodes (2. Horati Flacci Carmina), The University Press, Cambridge, 1932.

Gray, H., Foundation of Language, The Macmillan Co., New York, 1939.

The Greek Herbal of Dioscorides, translated by Goodyer, J. A.D. 1655; University Press, Oxford, 1934.

Griffin, E., Clippers and Consuls (American Consular and Commercial Relations with Eastern Asia

昭和　年　月　日

慶應義塾

No.

63

1845–1860), Edwards Bros. Inc., Ann Arbor, Mich., 1938.

Grose, F., A Classical Dictionary of the Vulgar Tongue, Issued for Private Subscribers by The Scholartis Press, London, 1931.

Grose, F., Grose's Glossary, A Provincial Glossary, S. Hooper, London, 1787.

Grube, W., Goldisch-Deutsches Wörterverzeichniss mit vergleichender Berucksichtgung der Ubrigen tunguisischen Dialekte, St. Petersburg, 1900.

Pe. Joao de Loureiro (Missionario e Botanico José Maria Braga), Escola Tipografica do Orfanato, Macau, 1938.

昭和　年　月　日

慶應義塾

No.

64.

The Museum of Far Eastern Antiquites, Bulletin Nos. 1–12, Stockholm, 1929–1940.

Quaritch, B., A Catalogue of Books, London, 1860.

Relacao Anual das ~~coi~~ coisas que fizeram Padres da Companhia de Jesus, Vol. I. II.

Vaiao, A., Asia De Joam De Barros, vol. I., Imprensa Da Universidade, Coimbra, 1932.

Central Asia and Near East

Berlin Academy Memoirs: Chiefly on Central Asia, 1908–1926, (German bulletins bound in a volume),

昭和　年　月　日

資料 20（慶應義塾用箋・Japan and China）

No.

65

Verlag Der Königl Akademie Der Wissenschaften,
-Berlin.
Czaplicka, The Turks of Central Asia in History and
at the Present Day, Clarendon Press, Oxford, 1918.
Darmesteter, J., Le Zend-Avesta (Annales du Musée
Guimet), 3 vols., Ernest Leroux, Paris, 1892-93.
Le Frère Bento de Goes (Chez les Musulmans de la
Haute Asie 1603-1607), Hautes Etudes, Tientsin, 1934.
Gauthiot. R., Essai sur le Vocalisme du Sogdien, 1913.
Gauthiot, R., Le Sutra du Religieux Ongles-Longs.
-text Sogdien Avec Traduction et version
Chinoise, 1912.

昭和　年　月　日

慶應義塾

66.

No.

Siam

Franfurter, O., Elements of Siamese Grammar, Karl W. Hiersemann, Leipzig, 1900.

Indochina

Mémoires de la Société Académique Indo-Chinoise, Tome I, 1879.

昭和　年　月　日

慶應義塾

資料 20（慶應義塾用箋・Japan and China）

No.

67.

Malay

The Gardens' Bulletin Straits Settlements, 1930.

The Medical book of Malayan Medicine.

Malay village Medicine.

O Plano Colonial de Affonso de Albuquerque, 1929.

昭和　　年　　月　　日

慶應義塾

58

No.

Haydn's Dictionary of Dates

Aston, W. G. — Writing, Printing, and the Alphabet in Corea

Ellis, H. — Studies in the Psychology of Sex vol. VI, 1925

Tiêng Anh cho người Việt-Nam, 1941.

Bulletin de la Société de Géographie, Paris, 1882.

Grandjean, G. — La Vie Héroïque de Saint François Xavier

The Division of Orientalia (Reprinted from the Annual Report of the Librarian of Congress).

The Bunmei Kyokwai — Dai-Nippon, 1935.

Archiv für Buchbinderei Zeitschrift für Einbandkunst Heft 1 vols. 2

昭和　年　月　日

慶應義塾

No.

67.

Bonneau, G. — Le Kokinshû Le Monument Poétique de Heian vol. 1, 3.

Government Publications Consolidated List for 1937.

Government Publications Issued during January 1938.

" " " February 1938.

Bohner, H. — Jin-no-Shôtô-ki, Band 1, 2.

Wilkinson, R. J. — A Malay-English Dictionary.

昭和　年　月　日

慶應義塾

170.

Asia de Couto	10
Franchet et Savetier;—Enumeratio Plantarum Japonicarum	2
Catalogue of the Asiatic Library of Dr. G. E. Morison, part 2	1
Catholic University of Peking, Bulletin 3, 4	2
Bonneau, A;—Rythmes Japonais	1
Tch'ouen Ts'iou et Tso Tchouan 1, 3	2
The 28th Financial and Economic Annual of Japan	12
Chamberlain, B. H;—A Romanized Japanese Reader, part 1, 3	2

No.

昭和　年　月　日

慶應義塾

資料 20（慶應義塾用箋・Japan and China）

No.

71.

Ellis, A. J:— Early English Pronunciation Part 1–5 5

Plants from China, Formosa etc. 1, 2 2

Chavannes, E:— Les Mémoires Historiques

de Se-ma Ts'ien 1

Bulletin de l'Ecole Française d'extrême-

orient 11, 14, 22, 23 4

昭和　年　月　日

慶應義塾

資料21（タイプ目録・A LIST OF BOOKS TO BE RETURNED BY KEIO UNIVERSITY）

資料21（タイプ目録・A LIST OF BOOKS TO BE RETURNED BY KEIO UNIVERSITY）

no. 1

A LIST OF BOOKS TO BE RETURNED BY KEIO UNIVERSITY

Aim and Method of the Romaji Kai, Romaji Kai, Tokyo, 1885

Akimoto, S, Lord Ii Naosuke and New Japan (Translated from Ii Tairo to Kaiko by Nakamura, K.); published by Nakamura, K., Tokyo, 1909

Akiyama, A., A Complete Guide to Nara, published by the Author, Zushi, 1937

Anesaki, M., History of Japanese Religioh, Kegan Paul, Trench, Trubner & Co., London, 1930

Annual Report of the American Council of the Institute of Pacific Relations Incorporated, 1940-1941

Asakawa, K., The Life of a Monastic Shō in Medieval Japan, Government Printing Office, Washington, 1919

Asakawa, K., Some of the Contribution of Feudal Japan to the New Japan (Reprinted from the Journal of Race Development, Vol. 3, No. 1, July 1912)

Aston, W.G., Hideyoshi's Invasion of Korea, Tokyo, 1907

Aston , W.G., A Grammar of the Japanese Written Language, Luzac & Co., London, 1904

Atkinson, R.W., The Chemistwy of Sake-Brewing, Tokyo, 1881

Baiao, A, Carta Anua Da Vice-Provincia do Japao, Imprensa de Universidade, Coimbra, 1933

Balfour, A., A Defence of Philosophic Doubt, Hodder & Stoughton, London

Baring, M., Selected Poems, William Heinemann, London, 1930

Becker, Japanese Self-Taught, Kelly & Walsh, Yokohama

Bell, Lady, The Letter of Gertrude Bell, Penguin Books, London, 1939

The Best Hundred Japanese Books, The Iseido Bookstore, Tokyo, 1930

Bezzenberger, A., Die Osteuropaischen Literaturen, Druck und Verlag von B.G. Teubner, Berlin, 1908

Bibliotheca Buddhica, 7 Vols.

Bibliography of Japan, 4 vols., Fr. von Wenckstern, Oskar Nachod, Verlag Karl W. Hiersemann, Leipzig

no. 2

Bibliographie von Japan, 3 vols., Hans Praesent, Oskar Nachod, Verlag Karl W. Hiersemann, Leipzig, 1937-

Bibliographie Abregee des Livres Relatifs au Japon en Francais, Italien, Espagnol et Portugais, K.B.S., Tokyo, 1936

K.B.S. Bibliographical Register of Important Works Written in Japanese on Japan and the Far East, 2 vols., K.B.S., Tokyo, 1937-'38

Binyon, L., Japanese Art, The Encyclopaedia Britannica Co., London, 1933

Biot, F.E., Le Techeou-Li ou Rites des Tcheou, 3 vols., L'Imprimerie Nationale, Paris, 1851; Reprinted at Wen Tien Ko, Peking, Mingoku 29th Yr.

Bogan, M.L.C., Manchu Customs and Superstitions, China Booksellers Ltd, Tientsin, 1928

Bohner, H., Legenden aus der Fruhzeit des Japanischen Buddismus (Nippon Koku Gembo Zenaku Ryo-i-ki), 2 vols., Deutsche Gesellschaft fur Natur und Volkerkunde Ostasiens, Tokyo, 1934-'35

Boletin Ecclesiastico da Diocese de Macao, Nos.394-452

Bourgois, G., Dictionary and Glossary for the Practical Study of the Japanese Ideographs, Kelly & Walsh, Yokohama, 1916

Bowie, H.P., On the Law of Japanese Painting, Paul Elder & Co., San Francisco, 1911

Bloch, I., Sexualpsychologische Bibliothek, Erste Serie, Louis Marcus Verlagsbuchhandlung, Berlin

Brandt, J., Catalogue des Principaux Ouvrages Sortis des Presses des Lazarites, Societe Francaise de Librairie et d'Edition, Pekin, 1933

Britton, R.S., Yin Bone Rubbings, Chalfant Publication Fund, New York, 1937

Britton, R.S., Yin Bone Photographs, Chalfant Publication Fund, New York, 1935

Brophy, J., Soldiers' Songs and Slang, Eric Partridge, London, 1931

Brown, W.N., Supplement to the Journal of the American Oriental Society, 6 vols., the American Oriental Society, Maryland, 1925-'39

Brunnert, H.S., Present Day Political Organization of China, translated from the Russian by Beltchenko, A., Kelly & Walsh, Shanghai, 1912

資料21（タイプ目録・A LIST OF BOOKS TO BE RETURNED BY KEIO UNIVERSITY）

no. 3

Bruyere, Les Caracteres ou Les Moeurs de ce Siecle, Froidevoux, Paris

Büch, V., Aus der Gedichten Tu Fu's, 1935

Bryan, J.I., The Literature of Japan, Thornton Butterworth, London, 1929

Bulletin of the Catholic University of Peking, Vol. 5.

Bury, J.B., A History of Freedom of Thought, Thornton Butterworth, London, 1928

Becker, J.E., Notes on the Mongol Invasion of Japan, "Japan Gazette" Press, Yokohama

Bulletin de l'Ecole Francaise d'Extreme-Orient, tomes 1-25, less tome 1-9,11,14,22-23 (already returned)

Burkill, I.H., The Gardeners Bulletin, Vol.Vl parts 1, 3 ; 2vols.

Camara Manovel, J.P.A., Missoes das Jesuitas no Oriente, Impresa Nacional, Lisbon, 1894

Catalogue of the K.B.S. Library, K.B.S. Tokyo, 1938

Catalogue of the Möllendorff Collection, Peiping, 1932

Catalogue of the Library of S. Ichikawa, privately printed, Tokyo, 1924

Catalogue of the Periodicals written in European Languages and Published in Japan, K.B.S., Tokyo, 1936

Catalogue of Books Written in European Languages and Published in Japan, K.B.S., Tokyo, 1936

Catalogue of Marine, Freshwater and Land Shells of Japan, Imperial Geological Survey of Japan, Tokyo, 1931

Catalogue of Paintings recovered from Tun-Huang by Sir Aurel Stein, by A. Waley, The British Museum for the Government of India, London, 1931

Cantata, Kaido-Tosei, Nippon Bunka Chuo Renmei, Tokyo, 1941

Chalfant, F.H., The Hopkins Collection of Inscribed Oracle Bone, New York, 1939

Chamberlain, B.H., A Handbook for Travellers in Japan, John Murray, London, 1894

Chamberlain, B.H., Things Japanese, Arranged for College Use, Daito Shobo, Tokyo, 1933

Chavannes, E., Les Memoires Historiques de Se-Ma Ts'ien, 6 vols., (less vol. II already returned), Ernest Leroux, Paris, 1895-1905

Chesteron, G.K., All Things Considered, Methuen & Co., London, 1928

Chevalier, H., Annales due Musee Guiment, Ernest Leroux, Editeur, Pa Paris, 1897 (Guide pour rendre propice l'etoile)

Chiang Yee, The Silent Traveller in War Time

Cohen, G., Some Early Russo- Chinese Relations, The National Review Office, Shanghai, 1914

The Collection of Old Bronzes of Baron Sumitomo, Kichizaemon Sumitomo Kyoto, 1934

Collis, M., Siamese White, Penguin Books, 1914

A Comparative Analytical Catalogue of the Kanjur Division of the Tibetan Tripitaka (西藏大蔵経甘殊爾勘同目録), Otani Daigaku Library, Kyoto, 1930-'32

The Complete Journal of Townsend Harris, Doubleday Doran & Co., for the Japan Society, New York, 1930

Contemporary Japan, Vol. 1, Nos. 1-4, The Foreign Affairs Association of Japan, Tokyo, 1932-'33

Contemporary Japan, 4 parts, The Foreign Affairs Association of Japan Tokyo

Cooil, E.G., The Oriental Magazine, 1st No. 5, Orientalia, New York, 1927-'28

Courant, M., De l'Utilite des Etudes Chinoises, Librairie Chevalier-Marescq, Paris, 1899

Couvreur, S., Tch'ouen Ts'ion et Tso Tchouan, 春秋左伝 ,3 vols, less vols.1, 3, already returned, Imprimerie de la Mission Catholique Ho Kien Fon, 河内府 , 1914

Cranmer-Byng, etc., Women and Wisdom of Japan, John Murray, London, 1914

No.5

Cranmer-Byng, L., Nōgaku, Japanese Nō Plays, John Murray, London, 1932

Crooke, W., Hobson-Jobson, John Murray, London, 1903

Crookshank, F.G., Individual Diagnosis, Kegan Paul, Trench, Trubner & Co., London, 1930

Thé New China Review, Voll. I-IV, 16 parts complete.

China Review, Voll. 22, 25, 25(duplicate), 3 vols. in all.

Contag, V. and Wang Chi-Ch'uen, Malar und Sammler-Stempel aus der Ming und Ch'ing, The Commercial Press, Shanghai, 1940

Davis, T.L. and Chao Yun-Ts'ung, Essay on the Understanding of the Truth (Chinese Alchemy), The American Academy of Arts & Science, 1939

Davids, Mrs. R., Sakya or Buddhist Origins, Kegan Paul, Trench, Trubner & Co., London, 1931

De Milloue, L. and Kawamoura, S., Coffre a Tresor, Ernest Leroux, Paris, 1896

De Harlez, C., La Siao Hio ou Morale de la Jeunesse, Ernest Leroux, Paris, 1889

De Rosny, L., Education des vers a Soie au Japon, 養蚕新説 , Department de l'Agriculture, Paris, 1868

D'Elia, P.M., The Catholic Mission in China, The Commercial Press, Shanghai, 1934

Dickinson, T.H., Robert Green, T.Fisher-Unwin, London

Diaries of Court Ladies of Old Japan, translated by Annie Shepley Omori and Kochi Doi, Kenkyu-Sha, Tokyo, 1935

Dickins, F.V., Chushingura or The Loyal League, Gowan & Gray, London 1930

Doctrina Christan na Lingoa de Japao, Toyo Bunko Ronso, Tokyo, 1928

Dodge, R., The Craving for Superiority, Yale University Press, New Heaven, 1931

Dossier de la Commission Synodale, Commio Sunodalis in Sinis, Peiping, 1938

Dombrowski, Method Pratique de Russe, Librairie Garnier Freres, Paris, 1920

Doi, K, Journal of the Bendai International Cultural Society, Sendai International Cultural Society, 1940

Doi, K., Beitrage zur Geschichte der Syphilis, Verlag von Nankodo, Tokyo, 1923

Duddington, N.A., December the Fourteenth by Merezhkovsky, (translated from Russian), Jonathan Cape, London

Dulauries, E., Mémoires de la Societe Académique, Indo-Chinoise de France, Siege de la Société, Paris, 1879

Dulauries, E., Bulletin de la Société Académique Indo-Chinoise Challamel Aine, Paris, 1890

East Indian Sculpture (From the 12th Century to the 18th Century), The Toledo Museum of Art, Toledo, Ohio

Edinger, G., Pons Asinorum, Kegan Paul, Trench, Trubner & Co., London 1929

Education in Japan, The Foreign Affairs Association of Japan, Tokyo, 1938

Dowden, E., edited, The Tragedy of Romeo and Juliet, Methuen & Co., London

Elisseeff, S., Harvard Journal of Asiatic Studies, 13 vols., Yenching Institute, Harvard, 1936-'39

English-Japanese Dictionary of Graphic Arts Terms, Nippon Insatsu Gakkai, Tokyo, 1938

English-Chinese Hospital Dialogue (Outline of Chinese Medical History and Bernard E. Read), The French Bookstore, Peking, 1930

English Short Stories of Today, published for the English Association by the Oxford University Press, London, 1939

English Transaction of the Korean Laws, etc., 1909

Entwistle, W.J., The Year's Work in Modern Language Studies, Vol. 1, Oxford University Press, London, 1931

Exercises in the Yokohama Dialect, compiled from original and reliable sources, Yokohama, 1874

No.7.

Esaki, T., Zur Einfuhrung in Philipp Franz von Siebolds " Fauna Japonica" , Shokubutsu Bunken Kankokai, Tokyo, 1935

Fane, P., Kyoto, Rumford Printing Press, Hongkong, 1931

Ferguson, J., Death of Mr. Dodsley, The Albatrose Crime Club, Leipzig, 1937

Ferguson, J.C., Atlas of China, Reprint from T'ien Hsia Monthly, October 1936

Liang Ch'i-Ch'ao (梁啓超)reprinted from the China Journal, Vol. 12 No. 4, April 1, 1930

Fick, R., Praktische Grammatik der Sanskrit-Sprache fur den Selbstnhterricht, A Hartleben's Verlag, Wien

Financial and Economic Annual of Japan, Dept. of Finance, Voll. 20, 21, 22 (each with Supplement), Vol. 30, making 7 Voll. in all.

Finot, L., Rastrapalapariprccha, Sutra du Mahayana, Commissionnaire de L'Academi Imperial des Sciences, St.Petersbourg, 1901

The First Japanese Constitution (A Lecture by Sir George Samour), Asiatic Society of Japan, Tokyo, 1938

Forke, A., Abhandlungen aus dem Gebiet der Auslandskunde, Band 46, Friederichsen, de Gruyter & Co., Hamburg, 1934

Fowler, H.S.,A Dectionary of Modern English Usage, The Clarendon Press, Oxford

Freeman-Mitford, A.B., The Bamboo Garden, McMillan & Co., London, 1896

The French Yellow Book, Diplomatic Documents 1938-1939, Hutchinson & Co., London

Fujiname, K., Hot Springs in Japan, Maruzen Co., Tokyo, 1936

Fu Liu, Les Mouvements de la Langue Nationalen Chine, Press de l'Universite Nationale de Pekin, 1925

Fung Yu-Lan, A History of Chinese Philosophy (中国哲学史一馮友蘭), translated by Bodde, D., Henri Vetch, Peiping, 1937

No. 8

Galsworthy, J., The Forsyte Sage, William Henemann, London, 1922

General Index of Subjects contained in the Twenty Volumes of the Chinese Repository, Vol. 20, Shanghai, 1940

Geographical Review, July 1937, The American Geographical Society of New York, New York

Geschichte des Christentums in Japan, 1, Haas, P.H., Tokyo, 1902

Grigorieff, W.W., Travaux de la Troisieme Session du Congres International des Orientalistes, St. Petersbourg, 1876

Gibbons, S., Nightingale Wood, Penguin Books, London, 1940

Gifford, D.L., Everyday Life in Korea, Fleming H. Revell Co., Chicago, 1898

A Golden Jubilee 1865-1915 , General View of Catholicism in Japan, L.G. of the Foreign Mission of Paris, Nagasaki, 1914

Gragger, R.,Ungaresche Jahbucher, Band 6, Walter de Gruyter & Co., Berlin, 1926

Grammaire Coreenne et Exercise Gradues, Les Missionnaires de Coree, Yokohama, 1881

Gray, L.H., The Mythology of All Races, 13 vols., Marshall Jones Co., Boston, 1917

A Guide to Japanese Studies, Kokusai Bunka Shinkokai, Tokyo, 1937

Gulik, R.M., Monumenta Serica, Henri Vetch, Peking

Gulik, R.H., Hsi K'ang and His Poetical Essay on the Lute, Sophia University, Tokyo, 1941

Gulik, R.H., Mi Fu on Ink Stones, Henri Vetch, Peking, 1938

Gulik, R.H., The Mounted Scroll on Chima and Japan, reprinted from T'ien Hsia Monthly, Aug.-Sept. 1941

Gulik, R.H., Monumenta Serica (Journal of Oriental Studies of the Catholic University of Peking) Henri Vetch, Peking

Gulik, R.H., The Lore of the Chinese Lute, 琴道 , Sophia University, Tokyo, 1940

no. 9

Gyp, Celui qu'on aime, Flammarion

Haag-Pedersen, J., The Postage Stamps of Manchoukuo with Varieties, published by the author, Mukden, 1940

Hachisuka, M.U., The Birds of Japan and the British Isles, Cambridge University Press, Cambridge, 1925

Haire, N., Sexual Reform Congress, Kegan Paul, Trench, Trubner & Co., London, 1930

Hall, B., Voyage to West Coast of Corea and the Great Loochoo Island, John Murray, London, 1818

Hallberg, I., L'extreme Orient, Wald Zachrissons, Goteborg, 1906

Halloran, A.L., Eight Months' Journal to Japan, Loochoo, etc., Longman, Brown, Green, Longmans & Roberts, London, 1856

Halot, M., Congérence Sur L'ile Formosa, Imprimerie E. Cagniard, Rouen, 1901

Hamerton, P.G., Human Intercourse, McMillan & Co., London, 1928

Hamerton, P.G., The Intellectual Life, The Hokuseido Press, Tokyo, 1925

Hampden, J., Great English Short Stories, Vol. , Penguin Books, London, 1940

Hanazono, K., Journalism in Japan and its Early Pioneers, Osaka Shuppan-Sha, Osaka, 1926

Hanazono, K., The Development of Japanese Journalism, Osaka Mainich, Osaka, 1924

Hanbury, D., Science Papers (Chiefly Pharacological and Botanical), McMillan & Co., London, 1876

Handbook of the Old Shrines and Temples and their Tresures in Japan, Bureau of Religious Department of Education, Tokyo, 1920

Handbook of the Department of Oriental Art, The Art Institute of Chicago, Chicago, 1933

Happer, J.S., Japanese Sketches and Japanese Prints, Kairyudo, Tokyo, 1934

Hara, K., An Introduction to the Story of Japan, G.P.Putnam's Sons, New York, 1920

No. 10

Harada, J., A Glimpse of Japanese Ideals, Kokusai Bunka Shinkokai, Tokyo, 1937

Harada, J., The Gardens of Japan, The Studio Ltd., London, 1928

Harkness, A., A Latin Grammar for Schools and Colleges, American Book Co., New York

Harrington, J.P., Tobacco Among the Karuk Indians of California, U.S.Government Printing Office, Washington, 1932

Haskins, C.H., Renaisance of the Twelfth Century, Harvard University Press, Cambridge, 1928

Haskins, C.H., Medival Science, Harverd University Press, Cambridge, 1927

Havret, H., T'ien-Tchon, Imprimerie de la Mission Catholique, Chang-Hai, 1909

Hastings, C. H., Printed Cards L.C. : How to Order and Use Them, Government Printing Office, Washington, 1925

Hayakawa, S., Symbolae ex Libris Hayakawa (植芳書屋図書目録), Herbarium Hayakawa, Tokyo, 1929 (2 copies)

Hirano, C., Kiyonaga

Hearn, L., Kokoro : Hints and Echoes of Japanese Inner Life, Houghton Mifflin Co., Boston, 1893

Heco, J., The Narrative of a Japanese (What He Has Seen and the People He Has Met in the Course of the Last 40 Years) Maruzen, Tokyo, (2 copies), 28th Yr. of Meiji

Hedin, S., Jehol, City of Emperors, Kegan Paul, Trench, Trubner & Co., London, 1932

Henderson, B.L.K., Chats About our Mother Tongue, McDonald and Evans, London, 1927

Henderson, B., Wonder Tales of Older Japan, Frederick A. Stokes Co., New York

Henderson, H.G., etc., The Surviving Works of Sharaku, The Society for Japanese Studies, New York, 1939

Henderson, H.G., The Bamboo Broom (An Introduction to Japanese Haiku) Thompson & Co., Kobe, 8th Yr. of Showa

Hepner, C.W., The Kurozumi Sect of Shinto, The Meiji Japan Society, Tokyo, 1935

No. 11

Herbert, A.P., A Book of Ballads, Ernest Benn, London, 1931

Herbert, A.P., The Secret Battle, Methuen & Co., London, 1930

Herbert, A.P., Wisdom for the Wise, Methuen & Co., London, 1930

Hergesheimer, J., Tampico, Bernhard Tauchnitz, Leipzig, 1926

Histoire des Trois Royaumes Han, Wei et Tchao, by Tschepe, A., Mission Catholique, Changhai, 1910

History of the Empire of Japan, translated for the Imperial Japanese Commission of the World's Columbian Exposition, Chicago, 1893, by the order of the Department of Education, Dai Nippon Tosho, Tokyo

Hirth, F. and Rockhill, W.W., Chau Ju-Kua(諸蕃志 - His Works on the Chinese and Arab Trades in the 12th and 13th Centuries entitled Chu-Fan-Chi), The Imperial Academy of Science, St. Petersburg, 1912

Higgins, V., The Naming of Plants, Edward Arnold & Co., London, 1937

Hiroike, S., Moralogy, The Institute of Moralogy, Chiba, 1937

Hirth, F., The Ancient History of China (To the End of the Chou Dynasty), Columbia University Press, New York 1932

Hirth, F., Notes on the Chinese Documentaty Style, Kelly & Walsh, Shanghai, 1909

Hibino, Y., Nippon Shindo Ron, The University Press, Cambridge, 1928

Hirano, C., Kiyonaga, A Study of His Life and Works, 8 coloured prints and 138 plates in 1 chitsu, The Harvard University Press, Cambridge, 1939

Hildreth, R., Japan as It Was and Is, The Sanshusha, Tokyo, 1905

Histoire de la Chine

Hobhouse, L.T., Morals in Evolution, Chapman, London, 1925

House, E.H., Japanese Expedition to Formosa, Tokyo, 1875

Hozumi, N., Ancestor-Worship and Japanese Law, The Maruzen Co., Tokyo, 1912

Hoffmann, J., Noms Indigenes d'un Choix de Plantes du Japon et de la Chine, Brill, Leyde, 1864

no. 12

Holden, J.A., The Bookman's Glossary, Bowker Co., New York, 1931

Holth, S., Micius (A Brief Outline of his Life and Ideas), The Commercial Press, Shanghai, 1935

Holtom, D.C., The Japanese Enthronement Ceremonies, The Kyobun Kwan, Tokyo, 1928

Hodge, J.W., The Stranger's Handbook of the Corean Language, The Seoul Press-Hodge & Co., Seoul, 1902

Honjo, E., A Bibliography of Japanese Economic History written by Some European Languages, Kyoto, 1933

Howorth, H.H., History of the Mongols, Vols. 1-5, Peking, 文殿閣書莊 民国27年

Hoang, P.P., Melanges Sur L'administration, Imprimerie de la Mission Catholique, Chan-Hai, 1902

Hochstetter, Studien zur Metaphysik und Erkenntnislehre Wilhelms von Ockham, Walter de Gruyter & Co., Berlin, 1927

Hodons, L., Careers for Students of Chinese Language and Civilization, The University of Chicago Press, Chicago, 1933

Housman, A.C., Last Poems, Great Richards, London, 1922

Hopkins, L.C., The Honan Relics : A New Investigator and Some Results, from the Journal of the Royal Asiatic Society, Jan.1921

Holmes, R., Caesar de Bello Gallico, The Clarendon Press, Oxford, 1914

Hoffmann, J.J., Japanese-English Dictionary, 3 vols., The Dutch Government, Leyden, 1881-1892

Hochschulen, Lehrbuch der Botanik, Verlag von Gustav Fischer, Jena, 1921

The House of Mitsui, Mitsui Gomei Kaisha, Tokyo, 1933

Huart, C., La Perse Antique et la Civilisation Iranienne la Renaissance du Livre, Paris, 1925

Hudson, W.H., The Land's End, J.M.Dent & Sons, London, 1926

Hudson, G.F., Europe and China (A Survey of their Relations from the Earliest Times to 1800), Edward Arnold & Co., London, 1931

no. 13

Huggins, H.C., Love and Society in Japan, Tokyo, 1932

Huggins, H., Intimate Tales of Old Japan, Nichibei-Insatsu-Sha, Yokohama, 1929

Hughes, C., Three Women Poets of Modern Japan, University of Washington Book Store, Seattle, 1930

Hubert, H.B., The Passing of Korea, William Heinemann, London, 19 1906

Hummel, A.W., The Autobiography of a Chinese Historian (顧頡剛 古史辨自序), Late E.J. Brill Ltd., Leyden, 1931

Hunter, W.C., The "Fan Kwae" at Canton before Treaty Days 1825-1844, Oriental Affairs, Shanghai

Huntley, F.L., The Study of English Poetry, Kaitakusha, Tokyo, 1932

Hu Shih (Suh Hu), The Development of the Logical Method in Ancien China, The Oriental Book Co., Shanghai, 1922

Hu Shih (Suh Hu), The Development of the Logical Method in Ancien China, The Oriental Book Co., Shanghai, 1928

Huxley, J., We Europeans, Penguin Books, London, 1939

Huzii, O., Japanese Proverbs, Board of Tourist Insustry, Japanese Government Railways, 1940

No. 14

I.

Ichikawa, J.: Japanese Lady in Europe, Extracts from Press Reviews, Kenkyusha, Tokyo, 1937

Ichikawa, S.: The Ichikawa Mineral Laboratory Summary Reports, 2 vols., Ichikawa Mineral Laboratory, Fukui-Ken, 1934 & 1935

Ichikawa, H.: Japanese Lady in America, Kenkyusha & Co., Tokyo, 1938

Ichikawa, H.: Japanese Lady in Europe, Kenkyusha & Co., Tokyo, 1937

Ikeda, R.: Die Hauserbfolge in Japan, Mayer & Muller, Berlin 1903

Imbert, H.: Collection de la Politique de Pekin, 4 vols. in 1 chitsu, Pekin, 1921-1922

Imbrie, Wm.: Wa and Ga, Kyo-Bun-Kwan, Tokyo, 1914

Imbrie, W.: English-Japanese Etymology, 1st edition, T. Ishikawa & Son, Tokyo, 1884

Imbrie, W.: English-Japanese Etymology, second edition, Z. P. Maruya & Co., Tokyo, 1889

The Imperial Rescript on Education, translated into Chinese, English, French and German, The Department of Education, Tokyo, 1907.

The Imperial Ordinance Relating to the Ascension to the Throne.

The Imperial Japanese Mission to the United States, Carnegie Endowment for International Peace, Washington, D.C., 1918

Inagaki, M.: Language Text of Nippon, 2 vols., Kyo Bun Kwan, Tokyo, 1938 and 1939

Index to Journal of the American Oriental Society, 20 vols., American Oriental Society, Connecticut, 1924

Inouye, J.: Sketches of Tokyo Life, Kuruta Naka, Yokohama, 1895

Inouye, J.: Home Life in Tokyo, 1 vol. 1 chitsu, Tokyo, 1910

Interim Report on Vocabulary Selection for the Teaching of English as a Foreign Language, P.S.King & Son, Ltd., London, 1936

Introduction to Contemporary Japanese Literature, K.B.S., Tokyo, 1939

Isobe, Y.: The Poetical Journey in Old Japan (Oku-no-Hoso-michi - Basho), San Kaku Sha, Tokyo, 8th Yr. of Showa

資料21（タイプ目録・A LIST OF BOOKS TO BE RETURNED BY KEIO UNIVERSITY）

no.15

(Continued)

Itakura, J., The Ho-Jo-Ki (Private Papers of Kamo-no-Chomei of the Ten Foot Square Hut), Maruzen, Tokyo, I935

Ito, S., Songs of a Cowherd, translated by Sakanishi, S., Marshall Jones Co., Boston, I936

Ito, H., Prince, Commontaries On The Constitution Of The Empire Of Japan, Chu-o Daigaku, Tokyo, I93I

Iwai, T., The Outline Of Tenrikyo, Tenrikyo Doyu-sha, Yamato, I932

Izvestiya Vostoenago Instituta, 6 vols., Russia, I900-I90I

-J-

Jackson, H., The Fear of Books, The Soncino Press, London, I932

Jackson, H., The Anatomy of Bibliomania, The Soncino Press, London, I932

Jackson, J.H., Water Margin, 2 vols., The Commercial Press, Shanghai,I937

Jacobi, C.T., Some Notes on Books and Printing, Chiswick Press, London, I892

Jacobs, W.W., Night Watches, Penguin Books, London, I940

James, A.L., Broadcast English, The British Broadcasting Corporation, London, I935

Jameson, R.D., Three Lectures on Chinese Folklore, North China Union Language School, Peiping, I932

Jones, J.I.,etc., 6000 Chinese Characters with Japanese Pronounciation and Japanese and English Renderings, Kyo Bun Kwan, Tokyo, I9I5

Jann, P.A., Die Katholischen Missionen in Indien, China und Japan, Druck und Verlag von Ferdinand Schoningh,Paderborn, I9I5

Japan Et Extrême-Orient, No. I-I2, Paris

Japan het Verkeer met Europesche Natiën, J.A.Beijerinck, Amsterdam,I847

Japanese Alphabetical Catalogue of Nanjio's Catalogue of the Buddhist Tripitaka(大蔵経南條目録補正索引), Nanjio-Hakushi Kinen Kankokwai, Tokyo, I930

Japanese Art(Screen paintings, fan paintings, and lacquer covering a period of over 600 years), The Toledo Museum of Art, Toledo, Ohio

Japanese Arts thru Lantern Slides, 5 vols., K.B.S., Tokyo, I937-I940

No.16

Japanese Boy, (By Himself), Sheldon & Co., New Heaven, I889

Japanese Cooking and Etiquette by the Graduating Class of Keisen Girls' School, K.B.S. Tokyo, I940

Japanese Government's Statement of Observations on Lytton Report, The Japan Advertiser, Tokyo, I932

Japanese Painting, Lantern Catalogue, K.B.S., Tokyo, I938

Japanese Women, McClurg & Co., Chicago, I893

Jensen, Dr. P.H., Geschichte der Schrift, Orient-Buchhandlung Heinz Lafaire, Hannover, I925

Jeune, R., La Societe Des Insectes, Les Editions Des Portiques, Paris

Johnson, S.A.,Study of Chinese Alchemy, The Commercial Press, Shanghai, I928

Jaurnal Asiatique, Tome 229, La Société Asiatique, Paris, I937

Journal of The China Branch R.A.S.,

Journal of The Shanghai, No.I June, I858 reprinted by Noronha & Sons, Shanghai, I887

Juel, H.O., Plantae Thunbergianae, Akademiska Bokhandeln, Uppsala, I9I8

John, H.C., The Wild Coast Of Nippon, David Douglas, Edinburgh, I880

Julieu, S., Syntaxe Nouvelle De La Langue Chinoise, 2 vols., bound together, Librairie De Maisonneuve, Paris, I869-I870

Journal Of The Peking Oriental Society, I2 parts, Pei-T'ang Press, Peking, I885-I895

-K-

Kaempfer, E., The History of Japan, together with a Description of the K Kingdom of Siam, 3 vols., James McLehose & Sons, Glasgow, I906

Kanazawa, S., The Common Origin Of The Japanese And Korean Languages, Sanseido, Tokyo, I9IO (2 copies)

Kanazawa, S., Untersuchungen uber Die Japanischen und Koreanischen Ortsnamen In Alten Zeiten, General Gouvernement, Chosen, I9I2

資料 21（タイプ目録・A LIST OF BOOKS TO BE RETURNED BY KEIO UNIVERSITY）

No. 17

Karlgren, B., Analytic Dictionary of Chinese and Sino-Japanese,

Karlgren, B., Sound and Symbol in Chinese, O.U.P., London

Kato, G., A Study of Shinto, The Meiji Japan Society, Tokyo, I939

Kato, G.and Hoshino, H., Kogoshui, or Gleanings from Ancient Stories (A History of Japan), Zaidan Hojin Meiji Seitoku Kinen Gakkai, Tokyo, I925 and I926 (2 copies)

Kato, G., The Méiji Japan Society 25th Anniversary Commemoration Volume, Zaidan Hojin Meiji Seitoku Kinen Gakkai, Tokyo, I937

Kato, G., Le Shinto, Librairie Orientaliste Paul Geuthner, Paris, I93I

Kawatake, S., Development of The Japanese Theatre Art, K.B.S.,Tokyo,I935

Kaye, F.B., Mandeville : The Fable of the Bees, 2 vols., The Clarendon Press, Oxford, I924

Kennedy, M.D., The Changing Fabric of Japan, Constable & Co., London,I930

Kienleyside, H., History of Japanese Education & Present Educational System, The Hokuseido Press, I937

Kikuchi, D., Japanese Education, John Murray, London, I909

Kincaid, Z., Kabuki : The Popular Stage of Japan, Macmillan & Co., London I925

Kincaid, Z., Tokyo Vignettes, The Sanseido Co., Tokyo, I933

Kinoshita, I., Koziki (Aelteste Japanische Reichsgeschichte), Japanisch-Deutschen Kulturinstitut zu Tokyo und Japaninstitut zu Berlin, I940

Kirkwood, K.P., Renaissance In Japan, Meiji Press, Tokyo, I938

Kipling, R., Barrack-Room Ballads And Other Verses, Methuen & Co, London, I9I9

Kishibe, S., The Origin of The P'I P'A with Particular Reference to The Five- Stringed P'I P'A Preserved in The Shosoin, A modified version of the article 琵琶の淵源, which appeared in the 考古学雑誌 Vol. 22 (I936) No., I0and I2 (reprinted from the Transaction of the Asiatic Society of Japan, Second Series Vol. I9), I940

Kitamura, S., Grundriss der Ju-Lehre, Maruzen Co., Tokyo, I935

Klaproth, M.J., Nippon-O-Dai-Itsu-Ran ou Annales des Empereurs du Japan, Th e Oriental Translation Fund of Gt. Britain and Ireland, Paris, I834

no. 18

Klaproth, J., San Kokf Tsou Ran To Sets, John Murry, Paris, 1832, (2 copies

Koehn, A., Japanese Tray Landscapes, Lotus Court Publications, Peking, 1937

Klaproth, J., Chrestomathie Mandchou, Ou Recueil de Textes Mandchou, par autorisation de Mgr le Garde des Sceaux a L'Imprimerie Royale, 1828

Klien, H., The English Duden, Bibliographisches Institut, Leipzig, 1937

Kobayashi, N., The Sketch Book of The Lady Sei Shonagon, John Murry, London

Kawanami, K.K., Japan and The Japanese, The Keiseisha, Tokyo, 1905

Koehn, A., The Way of Japanese Flower Arrangement, Kyo Bun Kwan, Tokyo, 1 1937

Kodokwanki, The Meiji Japan Society, Tokyo, 1937

Ko Hung on the Gold Medicine and on the Yellow and the White, translated from the Chinese by Lu-Ch'iang Wu, The American Academy of Arts and Sciences, 1935

Kokusai Bunka Shinkokai (Prospectus and Scheme), K.B.S, Tokyo

K.B.S. Bibliographical Register of Important Works Written in Japanese on Japan and Far East, K.B.S., Tokyo, 1937

Kikuchi, K., History and Trends of Modern Japanese Literature, K.B.S., Tokyo, 1936

Kokusai Bunka Shinkokai (Prospectus and Scheme), K.B.S., Tokyo, 1939

K.B.S., Quarterly, 4 bands, K.B.S., Tokyo, 1935-1936

Kollard, J.A., Early Medical Practice in Macao, Inspeccao Dos Servicos Economicos, Macao, 1935

Korean Repository, 5 vols., The Trilingual Press, Seoul, Korea, 1894-1898

Korner, W., Methode Toussaint-Langenscheide (der Russischen Sprache), 41 , Langenscheidtsche Verlag, Berlin

Kosaka, Y., Der Kappa :Akutagawa Ryunosuke, Shobundo, Tokyo, 1934

Krauss, F.S., Der Japaner, Ethnologischer Verlag, Leipzig, 1911

Krieger, C.C., The Infiltration of European Civilization in Japan during the 18th Century, E.J. Brill, Leiden, 1940

Kuiper, J.F., Japan en de Buitenwereld in de Achttiende Eeuw, Martinus Nijhoff, 'S-Gravenhage, 1921

no. 19

Kunitomo, T., Japanese Literature Since 1868, The Hokuseido Press, Tokyo, 1938

Kunze, R., Praktisches Zeichenlexikon (Chinesisch-Deutsch-Japanisch) Nagoya, 1938

Kuo-Cheng Wu, Ancient Chinese Political Theories, The Commercial Press, Shanghai, 1933

Kuo Hsi, An Essay on Landscape Painting, translated by Sakanishi, John Murray, London, 1935

Kurth, J., Harunobu, Ymex Piper & Co., Munchen, 1923

Kwannami, Sotoba Komachi, The Japan-British Society, Tokyo, 1940

- L -

Labor and Porcelain in Japan, The "Japan Gazette" Office, Yokohama, 1882

Lachin, M., Japan 1934, Gallimard, Paris, 1934

Lajos, I., Germany's War Chances, Victor Gollancz, London, 1939

Lamasse, H., Sin Kouo Wen, 新國文, Imprimerie De La Société Des Missions-Etrangères, Hong-Kong, 1922

Lamb, C., etc., Chinese Festive Board, Henri Vetch, Peking, 1938

Landresse, M.C., Eléments De La Grammaire Japanaise, La Societe Asiatique, Paris, 1825

Lange, R., Thesaurus Japonicus, 3 vols., Walter De Gruyter & Co., Berlin, 1919

Lange, R., XV Einführung In Die Japanische Schrift, Walter De Gruyter & Co., Berlin, 1922

Langlès, L., Alphabet Mantchou, De L'Imprimerie Imperiale, 1807

La Pivoine, Reine Des Fleurs En Chine, 4 parts, Henri Imbert, Politiqa De Pekin, Pekin, 1922

Laplace, P.S., Essai Philosophique Sur Les Probabilites, 2 vols., Gauthier-Villars et Cie, Editeure, Paris, 1921

La Poupée Japonaise, K.B.S., Tokyo

Larguier, L., L'Après-Midi Chez L'Antiquaire, L'Edition, Paris, 1922

Lattimore, O., The Mongols of Manchuria, George Allen & Unwin, London

Laufer, B., Papper Printing in Ancient China, The Caxton Club, Chicago 1931

Laufer, B., Chinese Grave-Sculptures of the Han Period, Morice, London, 1911

Laufer, B., Sino-Iranica (Chinese Contributions to the History of Civilization in Ancient Iran), Field Museum of Natural History, Chicago, 1919

Laures, T., An Ancient Document on the Early Intercourse between Japan and the Philippine Islands, Cultura Social, Manila, 1941

Leang K'i-Tch'ao, La Conception De La Loi et Les Théories Des Légestes a La Veille Des Ts'in, China booksellers, Pekin, 1926

Leavenworth, C.S., The Loochoo Islands, "North-China Herald", Shanghai, 1905

Lébi, S., Sphutărthă Abhidharmakoçavyakhya, The Work of Yacomitra Fi First Koçasthana, In Russia, 1918

Le Coq, Bilderatlas zur Kunst und Kullurgeschichte Mittelasien, Dietrich Reimer, Berlin, 1925

Lee, F.H., Tokyo Calendar, Hokuseido Press, Tokyo, 1934

Le Gall, S., Le Phîlosophe Tchou Hi, sa Doctrine, son Influence, Mission Catholique, Shanghai, 1923

Legge, J., The Chinese Classics, vols. 1-8, Wen Tien Ko, Peking, 1939,
1 論語.大学.中庸 2 孟子 3 尚書上 4 尚書下
5 詩経上 6 詩経下 7 春秋左傳上 8 春秋左傳下

Legge, J., The Book of Poetry (Chinese Text with English Translation), The Chinese Book Co., Shanghai

Legge, J., etc., English-Japanese Confucian Analects, Fumikodo Shoten, Tokyo, 1922

Legge, J., The Chinese Classics, 4 vols:
Vol. 1: Confucian Analects, etc., The Clarendon Press, Oxford, 1893
" 11: The Work of Mencius, The Clarendon Press, London, 1895

資料21（タイプ目録・A LIST OF BOOKS TO BE RETURNED BY KEIO UNIVERSITY）

no. 21

Vol. 111: The Shoo King or the Book of Historical Documents, Trubner & Co., London, 1865
1V: The She King or the Book of Poetry, Henry Frowde, London

Lehrbücher Des Seminars Für Orientalische Sprachen zu Berlin, Walter De Gruyter & Co., Berlin, 1922

Les Caracteres Ou Les Moeurs De Ce Siecle, Rene Hilsum, Editeur A Paris, 1896

Levy, C., Dictionnaire Coréen-Français, Les Missionnaires de Corée, Imprimeur-Libraire, Yokohama, 1880

Leyden, E.J., Annual Bibliography of Indian Archaeology for the Year 1926 Kern Institute, Brill, Leyden, 1928

Lin Yutang, A History of the Press and Public Opinion in China, Kelly & Walsh, Shanghai, 1937

Liggins, R.J., Familiar Phrases in English and Romanized Jpapnese, London Mission Press, Shanghai, 1860

Linnaei Genera Plantarum Holmiae, 1754 : reprintee by the Shokubutsu Bunken Kankokai, Tokyo, 1939

Library of Congress, 18 ., Government Printing Office, Washington, 1928-1939

Lockhart, L.W., Word Economy, Kegan Paul, London, 1931

Lombard, F.A., An Outline History of the Japanese Drama, George Allen & Unwin, London, 1928

Lorenzen, A., Hitomaro, Friederichsen & Co., Hamburg, 1927

Lowell, P., Chosön : The Land of the Morning Calm, Tickner and Company, Boston, 1886

Lowell, P., Noto : An Unexplored Corner of Japan, Houghton Mifflin & Co New York, 1920

Ludovici, A.M., Nietzsche His Life and Works, Dodge Publishing & Co., New York

Lyall, A., It Isn't Done, Kegan Paul, Trench, Trubner & Co., London, 1930

Lloyd, A., Imperial Songs, The Kinkodo Publishing Co., Tokyo, 1905

- M -

Mabbe, J., Translated from the Spanish, Celestina of the Tragi-Comedy of Calisto and Melibea, George Routledge & Sons Ltd., London

Macauley, C., An Introductory Course In Japanese, Kelly & Walsh, Yokohama, 1906

La Main (Les Sciences Occultes èn Chine), Morant, G.S. de, Librairie Orientaliste, Paris

Manyoshu, published for the Nippon Gakujutsu Shinkokai, Iwanami Shoten, Tokyo, 1940

Marcus, M.C., The Pine-Tree, The Iris Publishing Co., London

Marcus, F., La Religion De Jésus Ressuscitée Au Japon, 2 vols., Delhomme Et Brignet, Editeurs, Paris, 1896

March, B., Some Techmical Terms of Chinese Painting, Waverly Press, Baltimore, 1935

Marett, R.R., An Outline of Modern Knowledge, Victor Gallancz, London, 1931

Margouliès, G., Evolution de la Prose Artistique Chinoise, Encyclopadie Verlag, Munchen, 1929

Margouliès, G., Le Kou-Wen Chinois, Paul Geuthner, Paris, 1926

Marsden, W., and Torii, M., A Grammar of the Malayan Language, Kaigai Jijo Fukyukai, Tokyo, 1930

Martin, J.M., Le Shintoisme, Imprimerie de Nazareth, Hongkong, 1924

Mason, I., Notes On Chinese Mohammedan Literature, 文殿閣書莊, Peiping, 民國二十七年

Mason, J.W.T., The Spirit of Shinto Mythology, Fuzanbo Co., Tokyo, 1939

Masson-Oursel, P., Esquisse d'une Histoire de la Philosophie Indienne, Paul Geuthner, Paris, 1923

Materia Medica, one package

Materia Medica (草藥學撮要), The Chinese Medical Association, Shanghai, 1933

Matsuhara, I., Min-yo : Fork-Songs of Japan, Shin-Sei Do, Tokyo, 1927

Mathews, M.M., A Survey of English Dictionaries, Oxford University Press, London, 1933

資料21（タイプ目録・A LIST OF BOOKS TO BE RETURNED BY KEIO UNIVERSITY）

No. 23

Matsudaira, M., Résumé du "Nō Théâtre, published by the author, Tokyo

Matsudaira, M., Les Fêtes Saisonnières au Japon (Province de Mikawa), Maisonneuve, Paris, 1936

Matsukata, Count M., Report on the Adoption of the Gold Standard in Japan, The Government Press, Tokyo, 1899

Matsumiya, Y., A Grammar of Spoken Japanese, The School of Japanese Language & Culture, Tokyo, 1937

Matsumoto, N., Austro-Asiatica (Le Japonais et les Langues Austroasiatiques), Paul Geuthner, Paris, 1928

Matsuo, I., The Japanese Journal of Gastraenterology, Vol.6 No. 2, Gastraenterology Association of Japan, 1934

Matsutani, M., The Ideals of the Shinran Followers, Tokyo, 1920

Mayers, W.F., The Chinese Reader's Manual,The Presbyterian Mission Press, Shanghai, 1924

McCune, G.M., etc., Romanization of the Korean Language, (Reprinted from The Transactions Of The Korea Branch Of The Royal Asiatic Society, Seoul, Korea)

McKenzie, F.A., Korea's Fight for Freedom, Simpkin, Marshall & Co., London, 1920

McKerrow, R.B., An Introduction To Bibliography, The Clarendon Press, Oxford, 1928

Meadows, T., Desultory Notes on the Government and People of China, Allen & Co., London, 1847

Médard, M.M., A Propos des Voyages Aventureux de Fernand Mendez Pinto, 2 copies, Pekin, 1935

Meillet, A., Introduction A L'Etude Comparative Des Langues Indo-Ertopiennes, Librairie Hachette, Paris, 1924

Meillet, A., Traite De Grammaire Comparée Des Langues Classiques, Librairie Ancienne Honore Champion, Paris, 1927

Meisinger, O., Vergleichende Wortkunde, C.H. Beck'scke Verlagsbuch Handlung, München, 1932

Meissner, K., Lehrbuch Der Grammatik Der Japanischen Schriftsprache, Dentsche Gesellschaft Fur Natur - U. Volkerkunde Ostasiens, Tokyo,1927

Meissner, K., Der Krieg der alter Dachse, Kyobunkwan, Tokyo, 1932

Miessner, K., Die "Heilige" Sutra und audere Japanische Geschichten, Kyobunkwan, Tokyo, 1937

No. 24

Meissner, K., Deutsche in Japan 1639-1930, Berlin, 1940

Mélanges, Japonais, 8 vols., Librarirle Sansaisha, Tokyo, 1904-1910

Mélanges, Sur La Chronologie Chinoise, Havret et Chambeau, Imprimerie de la Mission Catholique, Chang-Hai, 1920

Mellon, J.W., Intermediate Inorganic Chemistry, Longmans, Green & Co., London, 1930

Mémoires de L'Academie Imperial des Sciences de St. Pétersbourge Vlll Serie, Index de la Section Géographique de la Grande Encyclopédie Chinoise T'ou-chou-tsi-tcheng, C de Waeber, St. Petersbourg, 1907

Memoirs of the Research Department of the Toyo Bunko, No. 1-10, Toyo Bunko, Tokyo, 1926-1938

Mencken, H.L., Treatise on the Gods, Alfred A. Knopf, New York, 1930

Merrill, E.D., and Walker, E.H., A Bibliography of Eastern Asiatic Botany, The Arnold Arboretum of Harvard University, 1938

Merryweather, F.S., Bibliomania in the Middle Ages, The Woodstock Press, London, 1933

Midzukami, H., A Collection of Japanese Proverbs and Sayings, The Kairyudo Press, Tokyo, 1940

Milford, H.S., The Oxford Book of Regency Verse, The Clarendon Press, Oxford, 1928

Miller, I.L., The Chinese Girl, Peiyang Press, Tientsin, 1932

Millman, R.M., The Verb of the Japanese Written Janguage, Kyo Bun Kwan Tokyo, 10th Yr. of Taisho

Mills, E.H.F., The Tragedy of Ab Qui and Other Modern Chinese Stories, George Routledge & Son, London, 1930

Milton, Paradise Lost, Ginn & Co., Boston, 1879

Minakawa, M., Four No-Plays, 2 copies , Sekibundo, Tokyo, 1934

Minamoto, H., and Henderson, H.G., An Illustrated History of Japanese Art, Hoshino Shoten, Kyoto, 1935

Mitsui, T., An Outline History of The Transportation and Communication Systems in Japan, Society for the Study of International Communication Tokyo, 1925

Mittheilungen Der Deutschen Gesellschaft Fur Natur-Und Volkerkunde Ostasiens,

Mitteilungen Der Deutschen Gesellschaft Fur Natur-Und Volkerhunde Ostasiens, 10 vols. 7-18,Tokyo

資料21（タイプ目録・A LIST OF BOOKS TO BE RETURNED BY KEIO UNIVERSITY）

No. 25

Miyake, M., An Outline of the Japanese Judiciary, The Japan Times & Mail, Tokyo, 1935

Miyamori, A., A Life of Mr. Yukichi Fukuzawa, Maruya & Co., Tokyo, 1902

Miyamori, A., Masterpieces of Chikamatsu, The Japanese Shakespeare, Kegan Paul, Trench, Trubner & Co., New York, 1926

Miyamori, A., An Anthology of Haiku Ancient and Modern, Maruzen, Tokyo 1932

Miyaoka, T., Le Progres Des Institutions Liberales Au Japon, Imprimere De J. Dumoulin, Paris, 1921

Miyoshi, M., Journal of the College of Science, The Imperial University of Tokyo, Tokyo, 1916

M'Leod, J., Voyage of the Alceste to the Island of Lewchew, John Murray, London, 1818

Moens, J.L., Çrivijiaya, Yāva en Katāha, The Asiatic Review Vol. XXVIII No. 93, 1932

Möllendorff, P.G., A Manchu Grammar, The American Presbyberian Mission Press, Shanghai, 1812

Monatsberichte über Kunstwissenschaft und Kunsthandel, Fahrgang 2, 1-2, Verlag der Vereingten Druckereien & Kunstanstalten, Munchen, Verlag de

Monier-Williams, M., A Sanskrit-English Dictionary, The Clarendon Press, Oxford, 1899

Montague, W.P., Belief Unbound, Yale University Press, New Heaven,

Monumenta Nipponica (Vol. 4 Semi-Annual No.2), Sophia University, Tokyo, 1941

Monumenta Nipponica (Vol. 4 Semi-Annual No. 1), Sophia University, Tokyo, 1941

Monumenta Nipponica, Vol. 1-3, Sophia University, Tokyo, 1938-1940

Morgan, E., Chinese New Terms Revised And Enlarged, Kelly & Walsh, Shanghai, 1932

Morgan, E., Tao : The Great Luminant, Kelly & Walsh, Shanghai

Mori, M.G., The Pronunciation of Japanese, The Herald-sha, Tokyo,1929

Mori, M.G., Buddhism and Faith, The Herald-sha, Tokyo, 1928

Morris, R., etc., Specimens of Early English, 2 vols., The Clarendon Press, Oxford, 1926

Morrison, A., The Painters of Japan, 2 vols., E.C. Jack, London, 1911

no. 26

Morse, E.S., Iijima, I., etc., Shell Mounds of Omori and Hitachi, University of Tokyo, Tokyo, 1879

Morse, E.S., Japanese Homes and their Surroundings, Harper & Bros., New York., 1889

Morse, W.R., Chinese Medicine, Paul B. Hoeber Inc., New York,1938

Morse, E.S., Japan Day by Day, Kobunsha, Tokyo, 1936

Moseley, C.B., An English-Japanese Vocabulary of Theological Biblical and Other Terms, Methodist Publishing House (Kyo Bun Kwan), Tokyo, 1897

Mossman, S., New Japan, John Murray, London, 1873

Motti, P., Russian Conversation-Grammar, David Nutt, London, 1901

Moulton, H.G., Japan (An Economic and Financial Appraisal), The Bookings Institution, Washington, 1931

Moult, T., The Best Poems of 1926, Harcourt, Brace & Co., New York

Mounsey, A.H., The Satsuma Rebellion, John Murray, London, 1879

Mullie, J., The Structural Principles of the Chinese Language, 2 vols. The Bureau of Engraving and Printing, Peiping, 1932

Munro, N.G., Prehistoric Japan, Yokohama, 1911

Murakami, N., Letters Written by The English Residents in Japan, The Sanko-sha, Tokyo, 1900

Murakami, K., Representative Flower Arrangement of Present-Day Japan, , Nippon Flower Arrangement Society, Kyoto, 1839

Murakami, N., Diary of Richard Cocks, 2 vols., Sanko-sha, Tokyo, 1899
Missing vols. : Vol. 2

Muramatsu, M., Glossary of The Back Slang, 隠語彙集 , Kinkodo, Tokyo, 1887

Murdoch, J., A History of Japan, 3 vols., Kegan Paul, Trench, Trubner & Co., London, 1925-1926

Murray, D., Bibliography: Its Scope and Methods, James Macelhose & Son, Glasgow, 1917

Mutsu, I., Kamakura Fact & Legend, Times Publishing Co., Tokyo, 1930

No. 27

\- N -

Nachod, O., Geschichte von Japan die Ubernahme der Chinesischen Kultur, 2 vols., Verlag Asia Major, Leipzig, 1930

Nachod, O., Geschichte von Japan, die Urzeit, Friedrich Andreas Perthes Aktiengesellschaft, Gotha, 1906

Nagaoka, H., Histoire Des Relations Du Japon Avec L'Europe, (2 copies) Henri Jouve, Paris, 1905

Naito, N., A New Dictionary of Nautical Terms, Yuhodo, Tokyo, 1917

Nakahara, K., Selected Flower Arrangement of The Ohara School, Nippon Flower Arrangement Society, Kyoto, 1937

Nakamura, K. and others, Dictionary of English, Chinese and Japanese 2 vols., Yamanouchi, F., Tokyo, 12th Yr., of Meiji

Nakayama, K., Sinological Researches in Contemporary Japan, Japan Council of The Institute of Pacific Relations, 1931

Nakazato, K., Dai-Bosatsu Toge, Shunju-sha, Tokyo, 1927

Nash, V., Trindex : An Index to Three Dictionries, Index Press, Yenching University, Peking

Natsume, S., Kokoro, (translated by Sato, I.,), The Hokuseido Press, Tokyo, 1941

Nehru, S.S., Money, Men and Women in Japan, Kokusai Shuppan Insatsusha, Tokyo, 1936

Netto, C., etc., Japanischen Humor, F.A.Brockhaus, Leipzig, 1901

Newsom, S., Japanese Garden Construction, 日本庭園築造法 , Domoto, Kumagawa & Perkins, Tokyo, 1939

Newton, A.P., Travel and Travellers of the Middle Ages, Kegan Paul, Trench, Trubner & Co., London, 1930

Nicol, H., Microbes by The Million, The Penguin Books, London, 1939

Nicholson, R.A., A Literary History of The Arabs, T. Fisher Unwin, London, 1907

The Nightless City, An English Student of Sociology, Maruya & Co., Yokohama, 1899

Nisbet, The New Testament In Scots, 3 vols., William Blackwood & Co., Edinburgh, 1901, 1903, 1905

Nishi, K., The Monthly Calendear of Floral Japan, Yoshikawa, Yokohama

No. 28

Nishikawa, I., Floral Art of Japan, Tourist Library : 11, Japanese Government Railways, Tokyo, 1938

Nishimura, S., A Study of The Ancient Ships of Japan, 日本古代船舶研究, The Society of Naval Architects, Tokyo, 1920-1922

Vol. 1 : The Kumano-no-Morota-Bune : The Massy-Paddle-Ship of Kumano

Vol. 2 : The Hisago-Bune : The Gourd-Ship

Vol.3 : Ancient Rafts of Japan

Nitobe, I., Western Influences in Modern Japan, The University of Chicago Press, Chicago

Nitobe, I., Bushido : The Soul of Japan, G.P. Putnams Sons., New York, 1905

Nobunaga, S., etc., Obiter Dicta On Japanese Odes, Ginseisha, Tokyo, 1931

Nogami, T., Masks of Japan, K.B.S., Tokyo, 1935

Nogami, T., Masks of Japan, (The Gigaku, Bugaku, and Noh Masks), K.B.S., Tokyo, 1935

Noguchi, Y., The Spirit of Japanese Poetry, John Murray, London, 1914

Noguchi, Y., Seen & Unseen, The Orientalia, New York, 1920

Noguchi, Y., Hiroshige, 2 vols., one chitsu, Maruzen & Co., Tokyo

Noguchi, Y., The American Diary of A Japanese Girl, Fuzanbo, Tokyo

Noguchi, Y., The Ukiyoye Primitives, 1 vol., 1 chitsu, privately published, Tokyo, 1933

Noguchi, Y., Harunobu, 1vol., 1 chitsu, Yoshikawa, Yokohama, 1940

The Noh Drama (2 copes), K.B.S., Tokyo, 1937

Noh Programme : (Friday, August 6, 1937), K.B.S., Tokyo, 1937

Norman, E.H., Japan's Emergence as a Modern State, Institute of Pacific Relations, New York, 1940

Notes On The History Of The Yoshiwara Of Yedo, Yokohama, 1894

Notes And Queries, (from The Journal Of The North China Branch Of The Royal Asiatic Society, vol. 48, 1917)

資料21（タイプ目録・A LIST OF BOOKS TO BE RETURNED BY KEIO UNIVERSITY）

No. 29

Nyrop, Grammaire Historique De La Langue Francaise, 6 vols., Alphouse Picard & Fils, Paris

- O -

Obata, S., The Works of Li-Po, the Chinese Poet, Hokuseido Press, Tokyo, 1936

The Official Catalogue issued by the Kyoto Commercial Museum, 1910

Ogden, C.K., Bentham's Theory of Fictions, Kegan Paul, Trench, Trubner Co., London, 1932

Ogden, C.K., and Richards, I.A., The Meaning of Meaning, Kegan Paul, London, 1930

Ogden, C.K., Debabelization, Kegan Paul, London, 1931

Ohashi, S., Japanese Floral Arrangement, Gei-en-sha, Osaka, 1936

Okada, Y., A Catalogue of Vertebrates of Japan, Maruzen Co., Tokyo, 1938

Okada, Y., Amphibia And Replilia Of Jehol, Report Of The First Scientific Expedition To Manchoukuo, Waseda University, Tokyo, 1935

Okakura, K., The Heart Of Heaven, Nippon-Bijutsuin, Tokyo, 1922

Okakura, K., The Book Of Tea, Angus & Robertson, Australia, 1932

Okakura, Y., The Life And Thought Of Japan, Dent & Sons., London, 1933

Okamatsu, S., Provisional Report On Investigation Of Laws And Customs In The Island Of Formosa, The "Kobe Herald" Office, Kobe

Oswald, J.C., A History Of Printing, Appleton & Co., New York, 1928

Otani, R., etc., Tadataka Ino : The Japanese Land-Surveyor, The Yamato Society, Tokyo, 1932

Oursel-Masson, P., Comparative Philosophy, Kegan Paul, Trench, Trubner & Co., London, 1926

Ozaki, K., The Gold Demon : Konjiki Yasha, 3 vols., (rewritten in English by A.M.Lloyd), The Yurakusha, Tokyo, 1905

No.30

- P -

Pagés, L., Dictionnaire Japonais Français, Fermin Didot Freres, Paris, 1868

Pagés, L., Bibliographie Japonaise Ou Catalogue Des Ouvmages Relatifs Au Japon., Benjamin Daprat, Paris, 1856

Pagés, L., Histoire De La Religion Chretienne, 2 vols., Charles Dounial, Paris, 1869

Pagés, L., Bibliographie Japonaise : Ou Catalogue Des Ouvrages Relatifs Au Japon, Libraire De L'Institut Imperial De France, Paris, 1859

Palmer, H., The Principles of Romanization, Maruzen, Tokyo, 1931

Paris, J., Kimono, W.Collins Sons & Co., London

Parker, C.K.,A Dictionary of Japanese Compound Verbs, Maruzen, Tokyo, 1939

Paske-Smith, M.m Japanese Traditions Of Christianity, Thompson & Co., Kobe, 1930

Paske-Smith, M., Japanese Traditions Of Christianity, Thompson & Co., Kobe, 1930

Paulham, F., La Double Fonction Du Langage, Librairie Felix Alcan, P Paris,1929

Pedersen, H., Sprakvetenskapen Under Nittonde Arhundradet, Norstedt & Soners, Stockholm

Pelliot, P., Le Premier Voyage De L'Amphitrite Eu Chine,Librairie Orientaliste, Paul Geuthner, Paris, 1930

Peri, N., Cinq Nô, Editions Bossard, Paris, 1921

Perzynski, F., Japanische Masken, 2 vols., Verlag Von Walter De Gruyter & Co., Berlin, 1925

Petillou, C., Allusions Litteraires, 2 parts (NO. 8, 13), Imprimerie De La Mission Catholique, Changhai, 1909-1921

Petrucci, R., Chinese Painters, Brentans' Publishers, New York, 1920

Pfister, L., Notices Sur Jesuites De L'Ancienne Mission De Chine, 2 vols., Imprimere De La Mossion Catholique, Chamghai, 1934

Pfizmaier, A., Die Poetischen Ausdrücke der Japanischen Sprache, In Commission Bei Karl Gerold's Sohn, Wien, 1873,(2 copies,) (1873, 1874)

Pierson, J.L., The Manyosu, 4 vols., Brill, Leyden, 1929-1936

Piggott, E.T., The Music And Musical Instruments Of Japan, Kelly & Walsh, Yokohama, 1909

Pike, E.R., Slayers Of Superstition, Watts & CO., London, 1931

Pilsudski, B., Materials For The Study Of The Ainu Language And Folklore, Spolka Wydawnicza Polska, Cracow, 1921

Planchet, J.M., L'Empire Chinois, 2 vols., Imprimerie Des Nazaristes, Pekin, 1926

Planchet, J.M., Souvenire D'Un Voyage Dans La Tartaricc Et Le Thibet, 2 vols., Imprimerie Des Nazaristes, Pekin, 1924

A Plano Colonial De Affonsa De Albuquerque, Lisboa, 1929

Plomer, W., Papar Houses, The Hogarth Press, London, 1929

Pocket Handbook of Colloquial Japanese, Nippon-No-Romaji-Sha, Tokyo, 3rd Yr. of Showa

The Poetical Works of Robert Herrick, 4 vols., The Cressent Press, Lo London, 1928

Ponsonby-Fane, R., The Imperial Family Of Japan, Japan Chronicle, Kobe 1915

Ponsonby-Fane, R., Suminoe No Ohokami, Kyoto, 1935

Ponsonby-Fane, R., Divine Spirits Of Shinto And Hirota Jinja, Kyoto, 1934

Ponsonby-Fane, R., Kashima Jinguki, Kyoto, 1937

Porter, W.N., The Tosa Dairy, Henry Frowde, London, 1912

Porter, W.N., The Miscellany of a Japanese Priest (Tsure-Zure Gusa), Humphrey Milford, London, 1914

Postage Stamps of Manchoukuo, The Manchoukuo Postal Society, Hsin-King, 1940

Poupées Japonaises, K.B.S., Tokyo

Pratt, J.B., The Pilgrimage of Buddhism and a Buddhist Pilgrimage, The McMillan Co., New York, 1928

No. 32

Preservation of Leather Bookbindings, Leaflet No. 69, The United States Department of Agriculture, Washington,

Pretschneider, E., Mediaeval Researches (from Eastern Asiatic Sources ces), 2 vols., Kegan Paul, Trench, Trubner & Co., London, 1910, reprinted and published by Buntenkaku, Peiping, 1937

Price, F.W., tr., Sun Yat-Sen, San Min Chu I : The Three Principles Of The People, The Commercial Press, Shanghai, 1928

Priest, A.and Simmons, P., Chinese Textiles (An Introduction to the Study of their History, Sources, Technique, Symbolism, and Use), The Metropolitan Museum of Art, New Yprk, 1934

Prip-Moller, J., Chinese Buddhist Monasteries, O.U.P., London,1937

Pozdneev, Materialy po Istorii Severnoi Yaponii, 2-3, bounded in one vol.

Prishvin, M., Jen Sheng (The Root of Life), translated by George Walton and Philip Gibbons, Andrews Melrose, London, 1936

Pritchard, E.H., Anglo-Chinese Relations during the 17th & 18th Centuries, University of Illinois, Urbana, 1929

Pryer, H,mButterflies of Japan, published by the Author in Yokohama, reprinted in Tokyo by the Shokubutsu Bunken Kankokai in the 10th Yr. of Showa

Perkins, P.D., The Paper Industry and Printing in Japan, Japan Reference Library, New York, 1940

- Q -

Quarterly Bulletin of Chinese Bibliography, 9 vols., The Chinese National Committee on Intellectual Co-operation, Shanghai, 1934-1941

Quarterly Bulletin of Chinese Bibliography Title Page, one envelope

Quennell, P., A Superficial Journey through Tokyo and Peking, Faber Ltd., London

Quigley, H.S., Japanese Government And Politics, The Century Co., London, 1932

Quiller-Couch, A., The Oxford Book Of Ballads, The Clarendon Press, Oxford, 1927

No. 33

- R -

Radlov & Malov, Suvarnaprabhasa, (Bibliotheca Buddhica XV11), 6 vols., St. Petersburg circa 1915

Radloff, W., Die Alttürkischen Inschriften Der Mongolii, Vol. 1-3, 2 vols., St. Petersburg, 1895

Rahder, J., La Gnose Bouddhique, Librairie D'Amerique Et D'Orient, Paris, 1937

Rancat, T., The Honourable Picnic, John Lane, London, 1931

Rathgen, K., Staat und Kultur der Japaner (Monographien zur Weltgeschichte XXV11), Verlag von Klasing, Leipzig, 1907

Read, B.E. and Liu, J.C., Plantae Medicinalis Sinensis, 本草新注 , Peking Union Medical University in Collaboration with the Peking Laboratory of Natural History, Peking, 1927

Read, B.E., Botanical, Chemical and Pharmacological Reference List to Chinese Materia Medica, Peking Umion Medical College, Peking, 1923

Read, B.E., Chinese Medical Plants from the Pen Ts'ao Kang Mu, 本草綱目 Peking Natural History Bulletin, Peking, 1936

Read, B.E., Chinese Materia Medica, Animal Drugs, Peking Natural History Bulletin, Peking, 1931

Read, B.E., Chinese Materia Medica - Dragon and Snake Drugs, Peking Natural History Bulletin, Peking

Read, B.E., Chinese Materia Medica - Turtle and Shellfish Drugs, Peking Natural History Bulletin, Peking

Read, B.E., Chinese Materia Medica - Avian Drugs, Peking Natural History Bulletin, Peking, 1932

Read, B.E., and Pak, G., Minerals and Stones (A Compendium of Minerals and Stones used in Chinese Medicine from the Pen Ts'ao Kang Mu), Peking Natural History Bulletin, Peking, 1936

Read, B.E., and Liu, J.C., A Review of the Scientific Work done on Chinese Materia Medica, Peking Union Medical College, Peking

Read, B.E., Common Food Fishes of Shanghai, The North China Branch of the Royal Asiatic Society, Shanghai, 1939

Read, B.E., Shanghai Foods, The Chinese Medical Association, Shanghai 1937

Record of Townsend Harris in Japan

No. 74

Redesdale, L., Tales of Old Japan, Macmillan & Co., London, 1928

Rhys, E., etc., Chosen, A Century of English Essays an Anthology, S Dent & Sons, London, 1925

Reichelt, K.L., Truth and Tradition in Chinese Buddhism, 佛教源流攷 , The Commercial Press, Shanghai, 1934

Rein, J.J., Japan, 2 vols., Verlag von Wilhelm Engelmann, Leipzig, 1886

Reischauer, R.K., Early Japanese History, 2 vols., Princeton University Press, Princeton, 1937

Reischauer, A.K., Studies in Japanese Buddhism, The Macmillan Co., New York, 1925

Renandot, E., Ancient Accounts of India and China (by two Mahammedan Travellers), translated from the Arabic, Sam Harding (Bible and Anchor on the Pavement), London, 1733

Renou, L., Les Mäitres de la Philologie Vedique, Paul Geuthner, Paris 1928

The Report Of The League Commission On The Sino-Japanese Dispute, 1932

Report on the International Secretariat to the Pacific Council 1933-'36, Yosemite National Park, California, 1936

Reprinted from the Bulletin of the School of Oriental Studies, Vol. 6 part 3

Research Review of the Osaka Asiatic Society (No. 11- Oct. 1933), The Osaka Asiatic Society, Osaka.

Resident Orientals on the American Pacific Coast, Institute of Pacific Relations, New York

Retana, W.E., Aparato Bibliografico De La Historia General De Filipinas, 3 vols., Imprenta de la Sucesora de M. Minuesa de Los Rios, Madrid, 1906

Retrospect And Prospect, Kawase & Sons, Kobe, 1928

Revon, M., Etude Sur Hokusai, Societe Francaise D'Imprimerie Et De Librairie, Paris, 1896

Riasanovsky, V.A., Customary Law of the Nomadic Tribes of Siberia, Tientsin, 1938

Riasanovsky, V.A., Customary Law of the Mongol Tribes, 3 vols., Artistic Printinghouse, Harbin, 1929

No.35

Richards, I.A., Mencius on the Mind, Kegan Paul, Trench, Trubner & Co., London, 1932

Robertson, J.M., Ernest Renan, Watts & Co., London, 1924

Rockhill, W.W., The Journey of Wâlliam Rubruck, Hakluyt Society, London, 1900

Rogge, C., Der Notstand Der Heutigen Sprachwissenschaft, Max Hueber Verlag, Munchen, 1929

Romaji, No. 35 Maki Dai 8-9 go, Romaji Hirome Kai, Tokyo, 1940

Romanne-James, OToyo Writes Home, Herbert Jenkins, London, 1926

Rose-Innes, A., Conversatiohal Japanesëe For Beginners, Yoshikawa & Co., Yokohama, 1926

Rose-Innes, A., Japanese Reading For Beginners, 5 vols., Yoshikawa & Co., Yokohama, 1930

Rose-Innes, A., Beginners' Dictionary of Chinese-Japanese Characters, Yoshikawa, Yokohama, 1927

Rosenberg, O., Introduction to the Study of Buddhism according to material preserved in Japan and China (名辞集), Faculty of Oriental Languages of the Imperial University of Petrograd, Tokyo, 1916

Rosny, M.L., Discours Et Rapports, 2 vols., Maisonneuve Et C, Libraire-Editeur, Paris, 1862-1878

Rostovtzeff, Animal Style in South Russia and China, Princeton University Press, Princeton, 1929

Roth, P.L., Han-Moun, 漢文 ,Hilfsbüch zur Grammatik der Koreanischen Sprache, Abtei, St. Benedikt, Tokwon, Korea, 1937

Roth, P.L., Grammatik der Koreanischen Sprache, Abtei St. Benedikt, Tokwon, Korea, 1936

Rouveyre, Annuaire De La Société Des Études Japonaises, Libraire de La Sociéte, Paris, 1881

Rongo -Gakujihen & Iseihen, 2 vols.

Rowe, N.A., The Missionary Menace, Wishart & Co., 1932

Rowland, B., Outline and Bibliographies of Oriental Art, 1 envelope, Harvard University Press, Cambridge, 1940

Rudd, H., Chinese Social Origine, The University of Chicago Press, Chicago, 1928

Rudyard Kipling's Verse, (Inclusive Edition 1885-1926), Hodder & Stoughton, London, 1931

Rumpf, F., Meister Des Japanischen Farbenholzschnittes, Walter De Gruyter & Co., Leipzig, 1924

Russell, L., America To Japan, Putman's Sons, New York, 1915

Russell, B., The Conquest Of Happiness, George Allen & Unwin, London, 1930

- S -

The Sacred Scriptures Of Konkokyo, Konkokyo Hombu, Okayama, 1933

Sadler, A.L., Japanese Plays, Angus & Robertson, Sydney, 1934

Sadler, A.L., etc., Kocho (The Emperor Go-Mizuno-In's), The Meiji Japan Society, Tokyo, 1922

Saintsbury, G., A History Of English Prose Rhythm, McMillan & Co., London, 1922

Saintsbury, G., ed., John Dryden, Fisher Unwin, London,

Saintsbury, G., John Dryden, Ernest Benn, London

Saito, S., Bookplates in Japan, Meiji Shobo, Tokyo,

Saito, H., A Voice Out Of The Serene, 雲上っ一声 : The Poetical Works of His Late Majesty Meiji Tenno, Tokyo, The First Year of Taisho

Saito, S., A Study of the Influence of Christianity upon Japanese Culture, The Japan Council of The Institute of Pacific Relation, Tokyo, 1913

Sakanishi, S., Kyogen, Marshall Jones Co., Boston, 1938

Sakanishi, S., The Spirit of the Brush, John Murray, London, 1939

Sakanishi, S., etc., A List of Translation of Japanese Drama into English, French and German, 1 vol., 1 chitsu, American Council of Learned Societies, Washington, 1935

No. 37

Sakanishi, S., A Private Journal of John Glendy Sproston, U.S.N., Sophia University, Tokyo, 1940

Sanjonishi, K., Notes on Dyeing and Weaving in Ancient Japan, Nippon Bunka Chuo Renmei, Tokyo, 1940

Sarton, G., Introduction to The History of Science, Vol. 1, (from Homer to Omarkhyyam), Published for the Carnegie Institution of Washington by the Williams & Wilkins Co., Baltimore, 1927

Sasaki, U., tr., Kusamakura and Buncho, Iwanami Shoten, Tokyo, 1927

Sasaki, H., Moral-Erziehung in Japan, Akademische Verlangsgesellschaft Leipzig, 1926

Sashau, E., Mittheilungen des Seminars fur Orientalische Sprachen au der Koniglichen Friederich Wilhelms, 1-XVll, Universitat zu Berlin, Berlin, 1898-1914

Sassoon, S., Memoirs of An Infantry Officer, Faber & Faber Ltd., London

Satow, E.M., tr., Kinse Shiriaku : A History of Japan, Japan Mail Office, 1873

Satoh, H., etc., Anglo-Japanese Conversation Lessons, Tokyo, 1896

Satow, E.M., The Voyage of Captin John Saris to Japan,1613, Printed for the Haklnyt Society, London, 1900

Satow, E.M., Japan 1853-1864 : Genji Yume Monogatari, Naigai Shuppan Kyokai, Tokyo, 1905

Satoh, H., Agitated Japan : The Life of Baron Ii Kamon-No-Kami Naosuke, Maruya Co., Tkyo, 1896

Satow, E.M., Kuaiwa Hen : Vingt-Cinq Exercices, 3 vols., Shiobido, Tokyo,

Sato, K., Amanojaku's Outspoken Comments, Kenkyusha, Tokyo, 1908

Satoh, H., Lord Hotta, The Pioneer Diplomat of Japan, Hakubunkan, Tokyo, 1908

Satow, E,M., The Jesuit Mission in Japan, Privately Printed, Tokyo, 1888

Satow, E.M., The Jesuit Mission in Japan, Keisei-sha-soten, Tokyo, 1888

Satow, E.M., Kinse Shiriaku : A History of Japan of Commodore Perry in 1853 to the Capture of Hakodate by the Mikado Forces in 1869 , Wetmore & Co., Yokohama, 1876

Sauer, Schlüssel zur Italienischen Konversation-Grammatik, Julius Groos, Heidelberg, 1928

Saunders, K., Buddhism, Ernest Benn, London, 1929

Savatier, L., Livres Kwa-Wi (Traduits du Japonais), Libraire de la Societe Botanique de France, Paris, 1873

Schierlitz, E., Zur Technik Der Holztypendruche Aus Dem Wu-Ying-Tien In Peking, (reprint from Vol. 1 Fasc. 1, Oct., 1935)

Schilling, K., Das Schulwesen der Jesuiten in Japan, Druck der Regensbergschen Buchdruckerei, Munster, 1931

Schmidt, I.J., Mongolisch-Deutsch-Russisches Worterbuch, St.Petersburg, 1835

Schmidt, I.J., Geschichte der Ost-Mongolen und ihres Furstenhauses, 文殿閣書莊 , Peking, 民國二十六年

Schmidt, W., Neue Wege Zur Erforschung Der Ethnologischen Stellung Japans, K.B.S., Tokyo, 1935

Schmidt, I.J., Grammatik Der Mongolischen Sprache, St. Petersburg, 1891

Schrijinen, J., Essai de Bibliographic de Geographic Linguistique Generale, N.V. Dekker & van de Vegten , Nimegue, 1933

Schulemann, G., Die Geschichte der Dalailamas, Carl Winter's Universitatsbuchhandling, Heidelberg, 1911

Schumpeter, E.B., The Industrialization of Japan and Manchukuo, The Macmillan Company, New York, 1940

Schurhammer, G., Shinto, Kurt Schroeder Bonn, 1923

Scidmore, E.R., Jinrikisha Days In Japan, Harper & Brothers, New York

Scott, W., The Antiquary, Dent & Sons, London, 1932

Scott, W., Kenilworth, Dent & Sons, London, 1932

Scott, J., English - Corean Dictionary, Church of England Mission Press Corea, 1891

Sculptural Forms in Terra Cotta from Chinese Tombs, The Toledo Museum of Art, Toledo, Ohio

Seabrook, W.B., The Magic Island, The Literary Guild of America, New York, 1929

Seidlitz, W., Geschichte Der Japanischen Farbenholzschnitts, Verlag von Wolfgang Jess, Dresden, 1921

資料21（タイプ目録・A LIST OF BOOKS TO BE RETURNED BY KEIO UNIVERSITY）

No.39

Selected Poems Of Francis Thompson, Jonathan Cape, London, 1929

Selections from Inazo Nitobe's Writings ,The Nitobe Memorial Fund, Tokyo, 1936

Senart, etc., Mémoires Concernant L'asie Orientale, Ernest Lerout, Paris, 1913

Serrurier, L., Encyclopedie Japonaise, 頭書増補訓蒙図彙大成 , E.J. Brill, Leyden, 1875

Serrurier, L., Bibliothèque Japonaise, Imprimerie ci-devant E.J.Brill, Leyden, 1896

Serrus, C., Le Parallelisme Logico-Grammatical, Librairie Felix Alcan, Paris, 1933

The Seven Deities of Good Luck Santaro, The Taisho Eibunsha, Tokyo, 1925

Shacklock, F., Some Aspects of the Influence of Western Philosophy upon Japanese Buddhism, Kyo Bun Kwan, Tokyo, 1939

Shaw, G.,Osaka Sketches, The Hokuseido Press, Tokyo, 1926

Shaw, G., Japanese Scrap-Book, The Hokuseido Press, Tokyo, 1932

Shaw, N., Silk (Replies from Commissioners of Customs to Inspector General's Circular No. 103), The Maritime Customs China, Shanghai 1917

Sheba, S., Japanese in 3 Weeks, The Times & Mail, Tokyo, 1930

Shibui, K., Idealisme Et Realisme Dans L'Estampe Erotique Primitif Du Japan, Des Ateliers Photo-Mecaniques, Otsuka, M., 6 Plates and 8 sheets, 64 pages of catalogue in the 1st part, 1926, 62 plates & 3 sheets 24 pages of catalogue, 1928

Shimmi, K., Die Geschichte der Dukeherrschaft in Japan, Braus-Riggenbach, Basel, 1939

Shimomura, J., Life of the Japanese Women of To-Day, Kenkyusha, Tokyo 1930

Shinoda, M., Kotoba no Hayashi, Maruzen & Co., Tokyo, 1895

Shioya, S., Chushingura, An Exposition, The Hokuseido Press, Tokyo, 1940

Shioya, S., tr., Namiko : A realistic novel by Kenjiro Tokutomi, The Yuraku-sha, Tokyo, 1905

No. 40

Shirokogoroff, S.M., Anthropology of Eastern China and Kwangtung Province, The Commercial Press, Shanghai, 1925

Shirokogoroff, S.M., Anthropology of Northern China, Shanghai, 1923 (Royal Asiatic Society : North China Branch Extra Vol. 2)

Short Bibliogmaphy on Japan, K.B.S., Tokyo, 1934

Shryock, J.K., The Study of Human Abilities (The Jen Wu , chief of Liu Shao), American Oriental Society, New Heaven, 1937

Shryock, J.K., The Origin and Development of the States Cult of Confucius, The Century Co., New York and London

Siebold, De Historiae Naturalis in Japonica Statu 日本博物誌 , 2 vols Ikubundo, 1937

Siebold, Catalogue de la Bibliotèque Apportèe au Japon par Siebold, Ikubundo, Tokyo, 1936

Siebold, H., Studien Uber Die Aino, Verlag von Paul Parey, Berlin, 1 1881

Siebold, Conjunctis Studiis Temmnick et Schegel, Fauna Japonica, 4 vols., Lugduni Batavorum, 1833; reprinted in Tokyo by the Shokubutsu Bunken Kankokai in 1934

Siebold, Flora Japonica, 1826; reprinted in Tokyo by the Shokubutsu Bunken Kankokai, 1932

Siebold, Synopsis Plantarum Oeconomicarum per Universum Regnum Japonicum, Batavia, 1830; reprinted in Tokyo by the Shokubutsu Bunken Kankokai, 1938

Siguret, J., Territories et Populations des Confins du Yunnan, Henri Vetch, Peiping, 1937

Silkworms In India, Indian Museum Notes Issued by Trustees Vol. 1, No. 3, Calcutta, 1890

Simon, E.M.H., Riukiu-Inseln, Voigtlanders Verlag, Leipzig, 1914

Sinclair, G.M., Tokyo People,Keibun-kan, Tokyo, 1925

Singer, K., The Life of Ancient Japan, Iwanami Shoten, Tokyo, 1939

Sinnott, E.W., Botany Principles and Problems, McGraw-Hill Book Co., New York, 1935

Sirén, O., The Chinese on the Art of Painting, Henri Vetch, Peiping, 1936

Skeat, W., Specimens of English Literature, The Clarendon Press, Oxford, 1930

No.41

Sladen, D., Queer Things About Japan, Anthony Treherne & Co., London, 1903

Smith, L.P., Words And Idioms In The English Language, Constable & Co London, 1928

Smith, J.C., etc., The Poetical Works of Edmund Spenser, Oxford University Press, London, 1929

Smith, J.A., Tract No. XXXlV Interlanguage, T.C., Macaulay, Artifical Languages, Clarendon Press, 1930

Smith, A.H., Village Life in China (A Study in Sociology), Oliphant Anderson and Ferrier, Edinburgh and London

Smith, A.H., Chinese Characteristics, Fleming H. Revell Co., New York

The Smithsonian Institution, Report of the U.S. National Museum, Government Printing Office, Washington, 1893

Snow, H.J., Notes on the Kuril Islanda, John Murray, London, 1897

Snyder, H.M., The Ma-Jung Manual, Houghton Mofflin, Boston, 1923

Sokolsky, G.E., The Tinder Box of Asia, Doubleday, Doran & Co., New York, 1932

Soothill, W.E., etc., A Dictionary of Chinese Buddhist Terms, Kegan Paul, Trench, Trubner & Co., London, 1937

The Special Population Census of Formosa, Report of the Committee of the Formosan Special Census Investigation, 1909

Spörry, H., Bambus in Japan, Zurcher & Furrer, Zürich, 1903

Sprauger, E., Kulturprobleme Im Gegenwärtigen Japan Und Deutschland, Nichidoku Bunka Kyokai, Tokyo, 1938

Stael-Holstein, On The Sexagenary Cycle Of The Tibetans, (Reprint from Vol. 1, Fasc. 2), 1935 (2 copies)

Stael-Holstein, Monumenta Serica, 6 vols., Henri Vetch, Peiping, 1935-1941

Stanley, A., The Bedside Book,Victor Gollancz, London, 1932

Straelen, H., The Japanese Women Looking Forward, Kyo Bun Kwan, Tokyo, 1940

Starr, F., A Diary : The American On The Tokaido, Dai Nippon Toso Kabushiki Kaisha, Tokyo, 1916

No. 42

Starr, F., Korean Buddhism, (Reprinted from the Journal of Race Development) Vol. 9, No. 1, July, 1918)

Starr, F., The Ainu Group, The Open Court Publishing Co., Chicago, 1904

Starr, F., Korean Buddhism, Marshall Jones Co., Boston, 1918

Stratz, C.H., Die Korperformen In Kunst Und Leben Der Japaner, Verlag Von Ferdinand Enke, Stuttgart, 1904

Stead, A., Japan by the Japanese, William Heinemann, London, 1904

Stead, A., Japanese Patriotism, John Lane the Bodley Head, London

Stein, M.A., Ruins of Desert Cathary, 2 vols., Macmillan & Co., London, 1912

Stein, A., Archaeological Reconnaissances, Macmillan & Co., London

Stein, M.A., Ancient Khotan, 2 vols., The Clarendon Press, Oxford, 1907

Steinhal, H., Geschichte Der Sprachwissenschaft Bei Den Griechen Und Romern, 2 vols., bound together, Dummlers Verlagsbuchhandlung, Berlin, 1890-1891

Steinhal, H., Die Mande-Neger-Sprachen, Dummlers, Berlin

Steinilber-Oberlin, E., etc., Les Sectes Bouddhiques Japonaises, Cres et Cie, Paris

Stephen, L., English Thought in the Eighteenth Century, 2 vols., Smith Elder & co., London, 1876

Stewart, B., Subjects Portrayed In Japanese Colour-Prints, Kegan Paul & Co., London, 1922

Stolz-Schmalz, Lateinische Grammatik, I Beck'sche Verlag, Munchen, 1928

Stolz-Schmalz, Lateinische Grammatik, II Beck'sche Verlag, Munchen, 1928

Strange, E.F., Tools And Materials Illustrating The Japanese Method Of Colour-Printing, The Authority Of Thee Board Of Education, London 1924

Strong, L.A., ed., Eighty Poems : An Anthology, Basil Blackwell, Oxford, 1924

Stuart, R.G.A., Chinese Materia Medica, Presbyterian Mission Press, Shanghai, 1928

No.43

Sung, J.Z.D., The Symbols of Yi King (or the Symbols of the Chinese Logic of Changes), The China Modern Education Co., Shanghai, 1934

Sung, Z.D., The Text of Yi King (Chinese Original with English Translation), The China Modern Education Co., Shanghai, 1935

Sugematsu, The Identity Of The Great Conqueror Genghis Khan, Collingridge, London, 1879

Summers, R.J., The Phoenix, 3 vols., "The Phoemix", London, 1870-1873

Suzuki, D.T., Essays in Zen Buddhism, Luzac & Co., London, 2 vols., 1927, 1933

Suzuki, D.T., Zen Buddhism and its Influence on Japanese Culture, The Eastern BuddhistSociety, Kyoto, 1938

Suzuki, D.T., The Lanka-Vatara, Geogge Routledge & Sons, London, 1932

Suzuki, D.T., Studies in the Lankavatara Sutma, George Routledge & Sons, London, 1930

Synge, J.M., Deirdre Of The Sorrows, George Allen & Unwin, London, 1924

Synopsis Of The Ceremonies Of Ascension To The Throne Of H.M. The Emperor Of Japan

Swift, J., Gulliver's Travels, Humphrey Milford Oxford University Press, London, 1925

Swinburne, A.C., Thomas Middleton, T.Fisher Unwin, London

\- T -

Tada, S., Romazigaki Manyosyu, Maruzen Co., Tokyo, 1934

Taft, H.W., Japan And America : A Journey And A Political Survey, Macmilian Co., New York, 1932

Tagawa, D., Church and State in Modern Japan, Kyo Bun Kwan, Tokyo, 1939

No. 44

Takahashi, M., Catalogue Of Special Books On Christian Missions, Tenri Central Library, Nara, Japan, 1932

Takaki, T., Die Hygieneschen Verhaltnisse Der Insel Formosa, Druck Von Meinhold & Sohhe, Dresden, 1911

Takaki, Y., Japanese Studies In The Universities And Colleges Of The United States : Survey for 1934, Institute of Pacific Relations Honolulu, 1935

Takatsuka, Prince N., Japanese Birds, Board of Tourist Industry, Tokyo, 1941

Takeda, H., Alpine Flowers of Japan, Sanseido, Tokyo, 1938

Takekoshi, Y., Japanese Rule in Formosa, Longmans, Green & Co., London, 1907

Takekoshi, Y., Prince Saionji, Ritsumeikan University, Kyoto, 1933

Takakusu, J.A Pali Chrestomathy, Kinkodo & Co., Tokyo, 1900

Takakusu, J., et Watanabe, K., Hobogirin (Dictionnaire Encyclopedique du Bouddhisme), 2 vols., and supplement, Maison-Franco-Japonaise, Tokyo, 1929-1931

XXXXXXXXXXXXXXX

Taki, S., Japanese Fine Art, Fuzambo for the National Committee on the Intellectual Cooperation of the League of Nations Association of Japan, Tokyo, 1931

Tamura, T., Art of the Landscape Garden in Japan, K.B.S., Tokyo, 1935

Tanakadate, A., La Phonetique Japonaise, Published by the author, Tokyo, 1936

Taranzano, C., Vocabulaire Des Science Mathematiques, Physique Et Naturelles, 2 vols., Imprimerie De La Mission Catholique, Sien-Hsien, 1936

Taranzamo, C., Ouvrages du P.H. Bernard sur L'Extreme-Orient, Hautes Etudes, Tientsin, 1939

Taranzano, C., Supplément Au Vocabulaire Français-Chinois Des Sciences, 2 vols., Imprimerie De La Mission Catholique, Sien-Hsien, 1920

Taut, B., Houses and People of Japan, Sanseido, Tokyo, 12th Yr. of Showa

No.45

Taut, B., Fundamentals of Japanese Architecture, K.B.S., Tokyo, 1936

Tchang Tchen-Ming, B., L'Ecriture Chinoise et le Geste Humain, Librairie de T'ou-Se-We, Changhai,

Tehang, M., Tombeau Des Liang, 2 copies, Imprimerie de la Mission Catholique, Changhai, 1912

Tezuka, K., Japanese Food, Maruzen Co., Tokyo, 1936

Tibetan Tales (Drived from Indian Sources), translated from the Tibetan of the Kahgyur by F.A. von Schiefner, George Routledge & Sons, London

T'ien Hsia, 天下, (Monthly) Vol. 1-6, The Sun Yot-Sen Institute for the Advancement of Culture and Education, Nanking, 1935-1938

Tien-Tsê Chang, Sino-Portuguese Trade from 1514 to 1644 (中葡通商研究) Brill & Co., Leyden, 1934

Thesaurus Linguarum Orientalium, 4 vols., Francisci a Mesguien Meninski Vienne, 1680

Thomas, E.C., The Love of Books : The Philobiblon of Richard de Bury, Chatto & Windus, London, 1925

Thomas, A.F., Japan's National Education, Higher Normal School, 1933

Thompson, A.M., Japan For Week Britain For Ever, John Lane Co., London 1911

Thompson, D.V., The Materials of Medieval Painting, George Allen & Unwin, London, 1936

Thunberg, C.P., Icones Plantarum Japonicarum, 1794 ; reprinted by the Shokubutsu Bunken Kankokai, Tokyo, in the 9th Yr. of Showa

Thunberg, C.P., Flora Japonica, Lipsiae, 1784 ; reprinted by the Shokubutsu Bunken Kankokai, Osaka, 8th Yr. of Showa

Toda, K., The Ryerson Collection of Japanese and Chinese Illustrated Books, Art Institute of Chicago, Chicago, 1931

Toda, K., Japanese Scroll Painting, The University of Chicago Press, Chicago, 1935

Toki, H., Si-Do-In-Dzou (Gestes de L'officiant dans les ceremonies mystiques des Sectes Tendai et Singon)

Tokyo : Capital Of Japan, Tokyo Municipal Office, 1930

No. 46

The Tombs of the Six Dynasties 六朝陵墓調查報告, The National Commission for the Preservation o f Antiques, Nanking, 1935

Tomita, K., etc., Japanese Treasure Tales, Yamanaka & Co., Osaka

Tomita, G., Stranger's Handbook Of The Japanese Language, Kelly & Walsh, Yokohama, 1893

Toynbee, R.J., A Study Of History, Oxford University Press, London, 1939

Toyoda, M., The Composition Class, The Herald Of Asia, Tokyo, 1938

Toyoda, M., Shakespeare In Japan : An Historical Survey, Iwanami Shoten, Tokyo, 1940

Trauts, F.M., Eine Buddhistisch Kunsthandschrift Der Japanischen Fujiwara-Zeit, Die Reichsdruckerei, Berlin, 1926

Treasures of the 7th & 8th Centuries Excavated in Japan 天平地宝, The Imperial Household Museum, Tokyo, 1937

Treat, P.J., Diplomatic Relations Between the United States and Japan 1853-1895, 2 vols., Stanford University Press, Stanford, 1932

Trofimov, M.V., The Pronounciation Of Russian, The University Press, Cambridge, 1923

Trollope, A., Barchester Tower, Dent & Sons, London, 1938

Tschepe, A., Histore du Royaume de T's In, Mission Catholique, Changhai, 1923

Tsiang Un-Kai, K'ouen K'iu, 崑曲, Le Theatre Chinois Ancien, Librairie Ernest Leroux, Paris, 1932

Tsuda, N., Gardens in Japan, 21 plates, K.B.S., Tokyo, 1935

Tsuda, N., Ideals of Japanese Painting, Sanseido, Tokyo, 1940

Tsudzuki, K.,An Episode from the Life of Count Inouye, by the Author, Tokyo, 1912

Tsurumi, Y., Present day Japan, Columbia University Press, New York, 1926

Tucci, G., The Nyayamukha Of Dignaga, The Oldest Buddhist Text On Logic, In Kommission bei Harrassowitz, Heidelberg, 1930

Tureckiya Legendy Svyatoi Sofu, Smirnov, Petersburg, 1898

No. 47

- U -

Uenoda, S., Calender Of Annual Events In Tokyo, Kyo Bun Kwan, Tokyo, 1931

Umemoto, R., Introduction to the Classic Dance of Japan, Sanseido CO. Tokyo, 1935

Underwood, A.C., Shintoism, The Epworth Press, London, 1934

Underwood, H.G., An Introduction to the Korean Spoken Language, Kelly & Walsh, Yokohama, 1890

Ushikubo, D.J.R., Life of Koyetsu, published by the Author,

Utsuki, N., The Shin Sect (A School of Mahayana Buddhism), Bureau of Buddhist Books, Kyoto, 1937

Uyehara, Y., Songs for Children Sung in Japan, Hokseido Press, Tokyo, 1940

- V -

Vale, A.E., Vale and Other Poems, Macmillan & Co., London, 1931

Vechten, V., Nigger Heaven, Alfred A. Knopf, London, 1928

Villamor, I., La Antique Escritura Filipina, Manila, Islus Filipinas, 1922

Vines, S., Yofuku or Japan in Trousers, Wishart & Co., London, 1931

Visser, M.W., The Dragon in China and Japan, Johannes Muller, Amsterdam, 1913

von Mollendorff, P.G., A Manchu Grammar with Analysed Text, printed at the American Presbyterian Mission Press, Shanghai, 1892

Voruz, E., Style Epistolaire Japonais, Tokyo, 1916

Voss, G.S., etc., Kirishito-Ki und Sayo-Yoroku, Sophia University, Tokyo, 1940

No. 48

Vinaza, Escritos De Los Portugueses Y Castellanos Referentes a las lenguas de China Y el Japon (COngreso Internacional De Orientalistas Lisboa, 1892

Voyages de Thunberg, 4 vols., Paris, 1796

Vries, M.G., Reize Naar Japan in 1643, Frederick Muller, Amsterdam, 1858

- W -

Wada, T., American Foreign Policy Towards Japan during the 19th Century, The Toyo Bunko, Tokyo, 1928

Waddell, H., The Wandering Scholars, Constable & Co., London, 1926

Waddell, L.A., The Buddhism of Tibet (Lamaism), Heffer & Sons., Cambridge, 1934

Waddington, C.H., The Scientific Attitude, The Penguin Books, Harmondsworth, 1941

Wakameda, T., Early Japanese Poets (Complete translation of the Kokinshu), The Yuhodo, Tokyo, 1929

Waley, A., An Introduction to the Study of Chinese Painting, Ernest Benn, Londom, 1923

Waley, A., Japanese Poetry (The "Uta"), The Clarendon Press, Oxford 1919

Waley, A., Ch'ang-Ch'un, The Travels of An Alchemist, George Routledge London, 1931

Waley, A., The Way and Its Power (A Study of the Tao Te Ching and its place in Chinese Thought), Houghton Mifflin Co., Boston, 1935

Waley, A., The Pillow Book of Sei Shonagon, George Allen & Unwin, London, 1929

Walleser, M., Jahrbuch des Instituts fur Buddhismus-Kunde, vol. 1., Universitgts-Buchhaudlung, Heidelberg, 1930

Wang Tch'ang Tche, La Philosophie Morale de Wang Yang-Ming, Librairie de Tou-Se-We, Changhai, 1936

No. 49

Ward, F.K., The Land Of The Blue Poppy : Travels Of A Naturalist In Eastern Tibet, University Press, Cambridge, 1913

Warner, L., Buddhist Wall-Paintings, Harvard University Press, Cambridge, Massachusetts, 1938

Warner, L., The Craft of Japanese Sculpture, Mcfarlane, New York, 1936

Watanabe, Y., Bunraku : Japanese Puppet Play, Japan Photo Service, Tokyo, 1939

Watanabe, T., The Treasury of Japanese Literature, Juppo Kaku, Tokyo, 1933

Watey, A., The No Plays Of Japan, George Allen & Unwin, London, 1921

Watson, E., The Principal Articles of Chinese Commerce (The Maritime Customs-China), Statistical Department of the Inspectorate General of Customs, Shanghai, 1930

Watters, I., The Eighteen Lohan Of Chinese Buddhist Temples, Kelly & Walsh, Shanghai, 1925

Wedembybr, A., Japanische Fruhgeschichte, Deutsche Gesellschaft fur Natur-u. Volkerkunde Ostasiens, Tokyo, 1930

Weekley, E., Saxo Grammaticus, Kegan Paul, London, 1930

Wells, H.G., The Mind In The Making, Jonathan Cape, London, 1928

Werner, E.T.C., Chinese Weapons, The Royal Asiatic Society, Shanghai, 1932

Werner, E.T.C., A Dictionary of Chinese Mythology, Kelly & Walsh, Shanghai, 1932

Werner, E.C.T., A History of Chinese Civilization, The Shanghai Times Shanghai, 1940

Werner, E.T.C., The Chinese Idea of the Second Self, The Shanghai Times, Shanghai, 1932

Westermarck, E., The Origin and Development of the Moral Ideas, 2 vols Macmillan & Co., London, 1924, 1926

Wheelwright, W.B., Printing Papers, The University of Chicago Press, 1936

Wherry, E., The Wanderer on a Thousand Hills, Penguin Books, London, 1940

White, W.C., Tomb Tile Pictures of Ancient China, The University of Toronto Press, Toronto, 1939

White, W.C., Tombs of Old Lo-Yang, Kelly & Walsh, Shanghai, 1934

Whitehouse, W., Ochikubo Monogatari : The Tale of the Lady Ochikubo, Thompson & Co., Kobe, 1934

Whither Civilization, Kawase & Sons, Kobe, 1934

Whitney, W.D., A Sanskrit Grammar, Breitkopf & Hartel, Leipzig, 1924

Whitney, W.N., A Concise Dictionary of the Principal Roads, Maruya, Tokyo, 1889

Whymant, N., The Chinese-Japanese Puzzle, Victor Gollancz, London, 1932

Wibong, F.B., Printing Ink, Harper Bros., New York, 1926

Wieger, L., Textes Philosophiques (Confusiisme, Taoisme, Buddhisme) Hien-Lieu, 1930

Wieger, L., La Chine (A Travers les Ages), Hien-Lieu, 1924

Wieger, L., Characteres Chinois, Hien-Lieu, 1932

Wieger, L., Textes Historiques (Histoire Politique de la Chine depuis L'origine jusqu'en 1929), 2 vols., Hien-Lieu, 1929

Wildes, H.M., Aliens in the East (A New History of Japan's Foreign Intercourse), University of Pennsylvania, Philadelphia, 1937

Wilhelm, R., The Secret of the Golden Flower (A Chinese Book of Life- 太乙金華宗旨), Kegan Paul, Trench, Trubner & Co., London, 1931

Wilkinson, H.P., The Family in Classical China, Kelly & Walsh, Shanghai, 1926

Williams, S.W., The Middle Kingdom, Charles Scribner's Sons, New York, 1883

Williams, C.A.S., Outlines of Chinese Symbolism and Art Motives, 中国表记图譜, Kelly & Walsh, Shanghai, 1932

Williamson, J.A., The Voyages of the Cabots and the Discovery of North America under Henry V11 and Henry V111, The Argonant Press, London, 1929

Willoughby-Meade, G., Chinese Ghouls and Goblins, Constable & Co., London, 1928

資料21（タイプ目録・A LIST OF BOOKS TO BE RETURNED BY KEIO UNIVERSITY）

No. 51

Winstedt, R.O., The Malay School Series, No. 2, Fraser & Neave

Wodehouse, P.G., Sam The Sudden, Methuen & Co., London, 1939

Wodehouse, P.G., Blandings Castle, Bernhard Tauchnitz, Leipzig, 1936

Wodehouse, P.G., Lord Emsworth and Others, Bernhard Tauchnitz, Leipzig, 1938

Wodehouse, P.G., Summer Lightning, Bernhard Tauchnitz, Leipzig, 1931

Wolfenden, S.N., Tibeto-Burman Linguistic Morphology, The Royal Asiatic Society, London, 1929

Wong, K.C., and Lieu-Teh, W., History of Chinese Medicine, Tiensin Press, Tientsin

Woodward, A.M.T., The Postage Stamps of Japan and Dependencies, 大日本及全屬土の郵便切手, 2 vols., Harris Publications, London, 1928

Working the Miracle of the Twentieth Century, (By a Japanese), Rimpo Kyokai, Tokyo, 1938

Wright, S.T., China's Struggle for Tariff Autonomy 1843-1938, Kelly & Walsh, Shanghai, 1038

Wroth, L.C., A History of the Printed Book, The Limited Editions Club New York, 1938

Wundt, W., Volkerpsychologie eine Untersuchung der Entwicklungsgesetze Mythus und Sitte, 2 vols., Alfred Kroner Verlag, Stuttgart, 1921-1922

Wyld, H.C., A Short History of English, John Murray, London, 1927

Wyld, H.C., A History of Modern Colloquial English, T.Fisher Unwin, London, 1919

Wylie, A., Notes on Chinese Literature (On the Progressive Advancement of the Art), The French Bookstore, Peking, 1939

Wylie, A., Chinese Researches, Shanghai, 1897 : reprinted and published by Buntenkaku, Peiping, 1936

- Y -

Yamada, W., The Social Status of Japanese Women, K.B.S., Tokyo, 1935

Yamada, M., Genko : The Mongol Invasion of Japan, Smith Elder & Co., London, 1916

Yamamoto, Y., Japanese Postage Stamps, Board of Tourist Industry, Tokyo, 1940

Yanagi, S., Folk-Crafts in Japan, K.B.S., Tokyo, 1936

Yang Yu-Hsun, La Calligraphie Chinoise depuis les Han, Librarie Orientaliste Paul Geuthner, Paris, 1937

The Yenching Journal of Social Studies, 2 vols., Yenching University Peking, 1938, 1939

Young, C.W., Japanese Jurisdiction in the South Manchurian Railway Areas, John Hopkins Press, Baltimore, 1931

Young, C.W., The International Legal Status of the Kwantung Leased Territory, John Hopkins Press, Baltimore, 1931

Young, C.W., Japan's Special Position in Manchuria (Its Assertion, Legal Interpretation and Present Meaning), John Hopkins, Baltimore, 1931

Young, M., Japan under Taisho Tenno 1912-1926, George Allen & Unwin, London, 1928

The Young East : Buddhism and Japanese Culture, The Imternational Buddhist Society, Tokyo, 1938

The Young East : Autumn, The International Buddhist Society, Tokyo, 1935

The Young East : Autumn, The International Buddhist Society, Tokyo, 1936

The Young East : Winter, The International Buddhist Society, Tokyo, 1936

Young Forever and Five Other Novelettes by Contemporary Japanese Authors, translated into English by Members of the Japan Writers Society, The Hokuseido, Tokyo, 1941

Yoshida, H., Japanese Wood-Block Printing, The Sanseido Co., Tokyo, 1939

Yoshitake, S., The Phonetic System of Ancient Japanese, The Royal Asiatic Society, London, 1934

資料21（タイプ目録・A LIST OF BOOKS TO BE RETURNED BY KEIO UNIVERSITY）

No 53

Yuasa, M., How To Write And Read Japanese Correctly, Okazakiya Shoten, Tokyo, 1929

Yoshino, Y., The Japanese Abacus, Kyo Bun Kwan, Tokyo, 1937

Yoshitake, S., Ex Actorum Orientalium Volumire 13 Excerptum, The Royal Asiatic Society, London, 1934

Yu-lan Fung, Chuang Tzu (Exposition of the philosophy of Kuo Hsiang) The Commercial Press, Shanghai, 1933

- Z -

Zach, E., Lexicographische Beitrage, bounded in one, Peking, 1902-1906

Zakharoff, I., Complete Manchu-Russian Dictionary, Henri Vetch, The French Bookstore, Peking, 1939

Zi, E., Pratique des Examens Militaires en Chime, Imprimerie de la Mission Catholique, Changhai, 1896

- - - - - - - - - - - -.

-AN ADITION-

Ichikawa, The Kenkyusha's Dictionary of English Philology, Kenkyusha, Tokyo, 1940

Institute, Vol. 54, Imprensa da Universidade, Coimbra, 1907

Kipling, R., The Years Between, Methuen & Co., London, 1919

List of Chinese Medicine, Shanghai, 1889

Lowell, P., The Soul of the Far East, The Macmillan Co., New York, 1920

Martin, W.A.P., The Lore of Cathay (or the Intellect of China), Oliphant, Anderson & Ferrier, Edinburgh, 1901

Meerdervoort, J.L.C., Vijf Jaren in Japan 1857-1863, 2 vols., Leiden, 1867-1868

Morse, H., The Gilds of China, Kelly & Walsh, Shanghai, 1932

Muller, F.W.K., In Memoriam, Druck, Berlin, 1930

A New Dictionary of Military Terms, English-Japanese, Japanese-English, Tonansha, Tokyo, 1919

Ojima, K., The National Language Readers of Japan, 13 vols., Sanko-sha, Tokyo, 1929-1939

Paris, J., A Japanese Don Juan and Other Poems, W.Collins Sons & Co., London, 1926

Ponsonby-Fane, R., Kashima Jinguki, Kyoto, 1937

Rockhill, W., Tibet, 文殿閣書荘影印 1939

Scott, W., Old Mortality, Dent & Sons., London, 1932

Steinthal, H., and Misteli, F., Abriss Der Sprachwissenschaft, Berlin

Sansom, G.B., Japan (A Short Cultural History), Cresset Press, London, 1931

The Japan Year Book, 4 vols., (1919-'20, 1920-'21, 1921-'22, 1924-'25) The Japan Year Book Co., Tokyo, 1919-1925

Journal Asiatique, Paris, Vol. for 1922 in 4 parts

Kwon Ki Chiu, The Second Conversation Book, Shanghai, 1885

Kyoto University Economic Review, Nos. 8-13, Kyoto University Department of Economic, Kyoto

-AN ADITION-

Ichikawa, The Kenkyusha's Dictionary of English Philology, Kenkyusha, Tokyo, 1940

Institute, Vol. 54, Imprensa Da Universidade, Coimbra, 1907

Kipling, R., The Years Between, Methuen & Co., London, 1919

List of Chinese Medicine, Shanghai, 1889

Lowell, P., The Soul of the Far East, The Macmillan Co., New York, 1920

Martin, W.A.P., The Lore of Cathay (or the Intellect of China), Oliphant, Anderson & Ferrier, Edinburgh, 1901

Meerdervoort, J.L.C., Vijf Jaren in Japan 1857-1863, 2 vols., Leiden, 1867-1868

Morse, H., The Gilds of China, Kelly & Walsh, Shanghai, 1932

Muller, F.W.K., In Memoriam, Druck, Berlin, 1930

A New Dictionary of Military Terms, English-Japanese, Japanese-English Tonansha, Tokyo, 1919

Ojima, K., The National Language Readers of Japan, 13 vols., Sanko-sh Tokyo, 1929-1939

Paris, J., A Japanese Don Juan and Other Poems, W.Collins Sons & Co., London, 1926

Ponsonby-Fane, R., Kashima Jinguki, Kyoto, 1937

Rockhill, W., Tibet, 文殿閣書荘(影印)1939

Scott, W., Old Mortality, Dent & Sons., London, 1932

Steinthal, H., and Misteli, F., Abriss Der Sprachwissensahaft, Berlin

Sansom, G.B., Japan (A Short Cultural History), Cresset Press, London, 1931

The Japan Year Book, 4 vols., (1919-'20, 1920-'21, 1921-'22, 1924-'25) The Japan Year Book Co., Tokyo, 1919-1925

Journal Asiatique, Paris, Vol. for 1922 in 4 parts

Kwon Ki Chiu, The Second Conversation Book, Shanghai, 1885

Kyoto University Economic Review, Nos. 8-13, Kyoto University Department of Economic, Kyoto

-AN ADITION-

Ichikawa, The Kenkyusha's Dictionary of English Philology, Kenkyusha, Tokyo, 1940

Institute, Vol. 54, Imprensa Da Universidade, Coimbra, 1907

Kipling, R., The Years Between, Methuen & Co., London, 1919

List of Chinese Medicine, Shanghai, 1889

Lowell, P., The Soul of the Far East, The Macmillan Co., New York, 1920

Martin, W.A.P., The Lore of Cathay (or the Intellect of China), Oliphant, Anderson & Ferrier, Edinburgh, 1901

Meerdervoort, J.L.C., Vijf Jaren in Japan 1857-1863, 2 vols., Leiden, 1867-1868

Morse, H., The Gilds of China, Kelly & Walsh, Shanghai, 1932

Muller, F.W.K., In Memoriam, Druck, Berlin, 1930

A New Dictionary of Military Terms, English-Japanese, Japanese-English Tonansha, Tokyo, 1919

Ojima, K., The National Language Readers of Japan, 13 vols., Sanko-sh Tokyo, 1929-1939

Paris, J., A Japanese Don Juan and Other Poems, W.Collins Sons & Co., London, 1926

Ponsonby-Fane, R., Kashima Jinguki, Kyoto, 1937

Rockhill, W., Tibet,文殿閣書荘(影印) 1939

Scott, W., Old Mortality, Dent & Sons., London, 1932

Steinthal, H., and Misteli, F., Abriss Der Sprachwissensahaft, Berlin

Sansom, G.B., Japan (A Short Cultural History), Cresset Press, London, 1931

The Japan Year Book, 4 vols., (1919-'20, 1920-'21, 1921-'22, 1924-'25) The Japan Year Book Co., Tokyo, 1919-1925

Journal Asiatique, Paris, Vol. for 1922 in 4 parts

Kwon Ki Chiu, The Second Conversation Book, Shanghai, 1885

Kyoto University Economic Review, Nos. 8-13, Kyoto University Department of Economic, Kyoto

資料22（タイプ目録・Merryweather, F.S.Biliomania）

資料22（タイプ目録・Merryweather, F.S.Biliomania）

Hawley's copy

324.	Bb	Merryweather, F.S. Biliomania in the Middle Ages, The Woodstock Press, London, 1933	¥2,000.-
528.	Jy	Midzukami, H., A Collection of Japanese Proverbs and Sayings, The Kairyudo Press, Tokyo, 1940	¥300.-
833.	Po	Milford, H.S., The Oxford Book Of Regency Verse, The Clarendon Press, Oxford, 1928	¥600.-
813.	Ta	Miller, L. L., The Chinese Girl, Peiyang Press, Tientsin, 1932	¥1,200.-
522.	Gr	Millman, R.M., The Verb of the Japanese Written Language, Kyo Bun Kwan, Tokyo, 10th Yr. of Taisho	¥600.-
1043.	St	Mills, E.H.F., The Tragedy Of Ab Qui And Other Modern Chinese Stories, George Routledge & Son, London, 1930	¥500.-
1158.	Po	Milton, Paradise Lost, Ginn & Co., Boston, 1879	¥200.-
644.	Pc	Minakawa, M., Four No- Plays, (2 copies) Sekibundo, Tokyo, 1934	¥1,000.-
15.	At	Minamoto, H. and Henderson, H. G., An Illustrated History of Japanese Art, Hoshino Shoten, Kyoto, 10th Yr. of Showa	¥6,000.-
1062.	Tp	Mitsui, T., An Outline History Of The Transportation And Communication Systems In Japan, Society for the Study of International Communication, Tokyo, 1925	¥500.-
1338.	Fl (D)	Mittheilungen Der Deutschen Gesellschaft Fur Natur-Und Volkerkundo Ostasieps, vols. 1-6.	¥200,000.-
939.	Fl	Mitteilungen der Deutschen Gesellschaft fur Natur-Und Volkerhunde Ostasiens, 10 Vols. 7-18, and 16 thin pamphlets, Tokyo,	
715.	La	Miyake, M., An Outline of the Japanese Judiciary, The Japan Times & Mail, Tokyo, 1935	¥300.-
1093.	By	Miyamori, A., A Life Of Mr. Yukichi Fukuzawa, Maruya & Co., Tokyo, 1902	¥800.-
658.	Dm	Miyamori, A., Masterpieces Of Chikamatsu, The Japanese Shakespeare, Kegan Paul, Trench, Trubner & Co. New York, 1926	¥1,500.-

- 1 -

564. Po Miyamori, A., An Anthology of Haiku Ancient and Modern, Maruzen, Tokyo, 1932 ¥2,000.-

830. So Miyaoka, T., Le Progres Des Institutions Liberales Au Japon, Imprimere De J. Dumoulin, Paris, 1921 500.-

1205. Jr Miyoshi, M., Journal Of The College Of Science, The Imperial University Of Tokyo, Tokyo, 1916 1,200.-

338. Tr M'Leod, J., Voyage of the Alceste to the Island of Lewchew, John Murray, London, 1818 3,000.-

~~1425. By Modern Industrial Technique In China, 燕京大学版 , 3vol~~

~~part 1 林則徐 Lin Tse-Hsu, Pioneer Promoter of the Adoption of Western Means Of Maritime Defense In China, 陳其田 , 1934~~

~~part 2 曾国藩 Tseng Kuo-Fan, Pioneer Promoter of The Steamship In China, 陳其田 1935~~

~~part 3 左宗棠 Tso Tsung T'ang, Pioneer Promoter of The Woolen Mill In China, 陳其田 , 1938~~

1432. Ms Moens, J. L., Çrivijiaya, Yava en Kataha, The Asiatic Review Vol. XXVIII No. 93, 1932 500.-

606. Gr Mollendorff, P. G., A Manchu Grammar, The American Presbyterian Mission Press, Shanghai, 1812 2,000.-

1459. At (D) Monatsberichte über Kunstwissenschaft und Kunsthandel, Fahrgang 2,1-2, Verlag der Vereingten Dreuckereien & Kunstanstalten, Munchen, 1,000.-

771. Dc Monier-Williams, M., A Sanskrit-English Dictionary, The Clarendon Press, Oxford, 1899 ~~4,500~~ 5,000.-

961. Rn Montague, Wm. P., Belief Unbound, Yale University Press, New Heaven, 200 -

778. Es Monumenta Nipponica, (Vol. 4 Semi-Annual No. 2) Sophia University, Tokyo, 1941

779. Es Monumenta Nipponica, (Vol.4 Semi-Annual No. 1), Sophia University, Tokyo, 1941

780. Es Monumenta Nipponica, Vol. 1-3, Sophia University, Tokyo, 1938-1940

(778–780 together) 15,000.-

1332.	Jr	Moore, G., Journal Of The American Oriental Society, Vol. 21 First Half, The American Oriental Society, Connecticut, 1902 (Index To The Journal of The American Oriental Society)	500.—
1088.	Dc	Morgan, E., Chinese New Terms Revised And Enlarged, Kelly& Walsh, Shanghai, 1932	1,000.—
448.	Si Es	Morgan, E., Tao the Great Luminant, Kelly & Walsh, Shanghai	2,000.—
517 .	Lg	Mori, M. G., The Pronunciation of Japanese, The Herald-Sha, Tokyo, 1929	1,000.—
50.	Bu	Mori, M. G., Buddhism and Faith, Herald-Sha, Tokyo, 1928	400.—
976.	Lg	Morris, R., etc., Specimens Of Early English, 2 vols., The Clarendon Press, Oxford, 1926	1,000.—
598 .	Pa	Morrison, A., The Painters of Japan, 2vols., T.C.&.E.C. Jack, London, 1911	18,000—
507.	Cm	Morse, H., The Gilds of China, Kelly & Walsh, Shanghai, 1932	1,200—
24.	Ar	Morse, E.S., Iijima, I., etc., Shell Mounds of Omori and Hitachi, University of Tokyo, Tokyo, 1879, 2 vols.	5,000—
18.	Jy	Morse, E.S., Japanese Homes and their Surroudings, Harper& Bros., New York, 1889	5,000—
189.	Me	Morse, W. R., Chinese Medicine, Paul B. Hoeber Inc., New York, 1938	800—
370.	Cl Jy	Morse, E.S., Japan Day by Day, Kobunsha, Tokyo, 1936	3,000—
201.	Jr	Mencken (H.L.) -The American Mercury-107 (Nov. 1932) - 124 (Apr. 1934) - 145 (Jan. 1936), New York, 19 vols.	1,000—
996.	Dc	Moseley, C.B., An English-Japanese Vocabulary Of Theological Biblical And Other Terms, Methodist Publishing House(Kyo Bun Kwan), Tokyo, 1897	1,000—
1307.	Jy	Mossman, S., New Japan, John Murray, London, 1873	2,500—
985.	Lg	Motti, P., Russian Conversation-Grammar, David Nutt, London, 1901	500—

- 3 -

¥

407. Fi Moulton, H. G., Japan (An Economic and Financial Ap-
praisal), The Bookings Institution, Washington, D.C.,
1931 2,000.—

1176. Po Moult, T., The Best Poems of 1926,
Harcount, Brace & Co., New York, 200.—

1101. Hy Mounsey, A.H., The Satsuma Rebellion,
John Murray, London, 1879 2,000.—

415. Lg Mullie, J., The Structural Principles of the Chinese
Language, 2 vols., The Bureau of Engtaving and Printing,
Peiping, 1932 10,000.—

880. Mi Munro, N. G., Prehistoric Japan,
Yokohama, 1911 9,000.—

1209. Lt Murakami, N., ed., Letters Written By The English Residents
In Japan,
The Sanko-sha, Tokyo, 1900 6,000.—

738. At Murakami, K., Representative Flower Arrangement Of
Present-Day Japan, ~~Vol.3,~~ 3 vols.
Nippon Flower Arrangement Society, Kyoto, 1839 1,000—

1259. Ms Murakami, N., Diary of Richard Cocks, (2 copies),
Sankosha, Tokyo, 1899 8,000.—

929. Dr Muratsu, M., Glossary Of The Back Slang,
Kinkodo, Tokyo, 1887 1,000.—

394. Hy Murdoch, J., A History of Japan, 3 vols., Kegan Paul,
Trench, Trubner& Co., London, 1925-1926 6,500—

308. Bb Murray, D., Bibliography: Its Scope and Methods, James
Macelhose & Sons, Glasgow, 1917 1,000—

~~785. Bm The museum of Far Eastern Antiquites, Bulletin Nos., 1-12,
Stockholm, 1929-1940 38,000.~~

~~145. Hy Muto, C., A Short History of Anglo-Japanese Relations, Hokuseido,
Tokyo, 1936 400.~~

877. Tr Mutsu, I., Kamakura Fact & Legend,
Times Publishing Co., Tokyo, 1930 900.—

15. Gr Garfield Mcilroy- Chamberlain's Japanese grammar. 1,200.—

資料22（タイプ目録・Merryweather, F.S.Biliomania）

¥

45.	Fi(F)	K. Matsuoka- L'ètalon de change or en Extrème- Orient.	200.-
~~61.~~	~~Lg(F)~~	~~Meillet et Marcel Cohen- Les langues du monde.~~	
436.	Hy	Nachod, O., Geschichte von Japan, ~~Die [illegible]~~, Friedrich Andreas Perthes Aktiengesellschaft, Gotha, 1906	10,000-
1300.	Dp (F)	Nagaoka, H., Histoire Des Relations Du Japon Avec L'Europe, (2 copies), Henri Jouve, Paris, 1905	1,600.-
1039.	Dc	Naito, N., A New Dictionary Of Nautical Terms, Yuhodo, Tokyo, 1917	800.-
736.	At	Nakahara, K., Selected Flower Arrangement Of The Ohara School, Nippon Flower Arrangement Society, Kyoto, 1937	500.-
328.	Dc	Nakamura, K. and others, Dictionary Of English, Chinese and Japanese, 2 vols., Yamanouchi, F., Tokuo, 12th Yr. of Meiji	1,000.-
1243.	Si	Nakayama, K., Sinological Researches in Contemporary Japan, Japan Council of The Institute of Pacific Relations, 1931	200.-
1089.	Dc	Nash,V., Trindex, An Index to Three Dictionaries, Index Press, Yenching University, Peking	1,000.-
1029.	Nv	Nakazato, K., Dai-Bosatsu Toge, Shunju Sha, Tokyo, 1927	250.-
1097.	Nv	Natsume, S., Kokoro,(transl ated by Sato, I.), The Kokuseido Press, Tokyo, 1941	250.-
477.	Jy	Nehru, S. S., Money, Men and Women in Japan, Kokusai Shuppan Insatsusha, Tokyo, 1936	600.-
1229.	St (D)	Netto, C., etc., Japanischen Humor, F.A. Brockhaus, Leipzig, 1901	5,000.-
1111.	Dc	A New Dictionary Of Military Terms, English-Japanese, Japanese English-English, Published by The Zu(To)nansha , Tokyo, 1919	1,800.-
35.	Ga	Newsom, S., Japanese Garden Construction, Domoto, Kumagawa & Perkins, Tokyo, 1939	20,000.-
100.	Tr	Newton, A. P., Travel and Travellers of the Middle Ages, Kegan Paul, Trench, Trubner& Co., London, 1930	900.-

- 5-

1136. St Nicol, H., Microbes By The Million, 50.—
The Penguin Books, London,1939

942. Li Nicholson, R.A., A Literary History of The Arabs, 1,200.—
T. Fisher Unwin,London, 1907

~~1427. Dc Nielsen, K., Lappisk Ordbok (Lapp Dictionary), 1. A-E,~~
~~H. Aschehoug & Co., Oslo, 1932~~

809. Ta The Nightless City,
An English Student Of Sociology, Maruya& Co., Yokohama, 5,000.—
1899

968. Rn Nisbet, The New Testament In scots, 3 vols., 6,000.—
William Blackwood & Co., Edinburgh, 1901, 1903, 1905

39. Ca Nishi, K., The Monthly Calendear of Floral Japan, Yoshikawa 500.—
Bookstore, Yokohama.

732. At Nishikawa, I., Floral Art Of Japam, Tourist Library:11, 100.—
Japanese Goverment Railways, Tokyo, 1938

895. In Nishimura, S., A Study Of The Ancient Ships Of Japam,
part 3, Ancient Rafts Of Japan, ,
The Society of Naval Architects, Tokyo, 1922 3,000.—

894. In Nishimura, S., A Study Of The Ancient Ships Of Japan,
, part 1-2, The Kumano-no-Morota-Bune, or
The Massy-Paddle-Ship Of Kumano: The Hisago-Bune Or The
Gourd-ship,
The Society Of Naval Architects, ,Tokyo, 1920

471. Jy Nitobe, I., Western Influences in Modern Japan, The University 800.—
of Chicago Press, Chicago,

1074. Cl Nitobe,I., Bushido:The Soul Of Japan, 900.—
G.P.Putnams Sons, New York, 1905

1168. Po Nobunaga, S., etc., Obiter Dicta On Japanese Odes, 400.—
Ginseisha, Tokyo, 1931

656. Pc Nogami, T., Masks Of Japan, 200.—
Kokusai Bunka Shinkokai, Tokyo, 1935

657. Pc Nogami, T., Masks Of Japan (The Gigaku, Bugaku, and 200.—
Noh Masks),
Kokusai Bunka Shinkokai, Tokyo, 1935

861. Po Noguchi, Y., The Spirit Of Japanese Poetry, 400.—
John Murray, London, 1914

7

1038. Es Noguchi, Y., Seen& Unseen, 800.—
The Crientalia, New York, 1920

638. Pa Noguchi, Y., Hiroshige, 2 vols., lchitsu, 12,000.—
Maruzen Co., Tokyo, 1940

1167. St Noguchi,Y., The American Diary Of A Japanese Girl, 600.—
Fuzanbo & Co., Tokyo,

642. Pt Noguchi, Y., The Ukiyoye Prinutives, 1 vol, 1 chitsu, 10,000.—
(Privately Published) Tokyo, 1933

650 . Pt Noguchi, Y., Harunobu, 1 vol.,1 chitsu, 10,000.—
Yoshikawa, Yokohama, 1940

883. Pc The Noh Drama, (2 copies), 500.—
Kokusai Bunka Shinkokai, Tokyo, 1937

884. Pc Noh Programme; (Friday,August 6, 1937) 200.—
Kokusai Bunka Shinkokai, Tokyo, 1937

38. Cl Conrad Nielsen-Instituttet for Sammenlignende Kultur-forsk- 400.—
ning. (Serie B: Skrifter), Oslo, 1932.

464. Jy Norman, E. H., Japan's Emergence as a Modern State, Institute 800.—
of Pacific Relations, New York, 1940

3,000.— ~~2,000.~~—
1224. Hy Notes On the History Of The Yoshiwara Of Yedo,
Yokohama, 1894

1325. Jr Notes And Queries,
(From The Journal Of The North China Branch Of The Royal 200.—
Asiatic Society, Vol. 48, 1917)
5,000.— ~~4,000.~~

87 . At Nasu-The fundaments Of Japanese archery, 2 vols.

78. Jy Dp Nitobe - Japanese traits & foreign influences, Kegan Paul, 600.—
London, 1927.

905. Gr Kr. Nyrop, Grammaire Historique De La Langue Francaise, ~~10,000.~~
(F) 6 vols., 12,000.—
Alphouse Picard & Fils, Paris,

~~94. Td Dp Oskar Nachod - Die Beziehungen der Niederlandischen Ostin-
dischen Kompagnie zu Japan in Siebzehn Jahrhundert, Rob. Fries,
Leipzig, 1897.~~

~~100. Gu(A) G. Netto - Papier- Schmetteringe Aus Japan (~~),
~~Weigel, Leipzig, 1888.~~

- 7 -

56,100

¥

459. Po Obata, S., The Works of Li-Po, the Chinese Poet, Hokuseido Press, Tokyo, 1936 — 600.-

233. Ct The Official Catagloue issued by the Kyoto Commercial Museum, 1910 — 500.-

347. Li Ogden, C. K., Bentham's Theory of Fictions, Kegan Paul, Trench, Trubner & Co., London, 1932 — 1,800.-

348. Li Ogden, C. K. and Richards, I.A., The Meaning of Meaning, Kegan Paul, Trench, Trubner & Co., London, 1930 — 900.-

867. Ms Ogden, C. K., Debabelization, Kegan Paul, London, 1931 — 500.-

~~735. At Ohara, H., Selected Flower Arrangement Of The Ohara School, Vol. 2, Nippon Flower Arrangement Society, Kyoto, 1938~~

733. At Ohashi, S., Japanese Floral Arrangement, Gei-en-sha, Osaka, (Yamanaka Co., New York) 1936 — 500.-

555. Lg Ojima, K., The National Language Readers of Japan, 13 vols., Sankosha, Tokyo, 1929-39 — 8,000.-

~~1401. Lg Ojima, K., The National Language Readers Of Japan, 6vols., Sanko-sha, Tokyo, 1929-1932 (vols. 1, 4-8)~~

~~1404. Lg Ojima, K., What Is The Japanese Language ?, Sanko-sha, Tokyo, 1929~~

227. Zo Okada, Y., A Catalogue of Vertebrates of Japan, Maruzen Co., Tokyo, 1938 — 1,000.-

1443. Zo Okada, Y., Amphibia And Replilia Of Jehol, Report Of The First Scientific Expedition To Manchokuo, Waseda University, Tokyo, 1935 — 600.-

796. At Okakura, K., The Heart Of Heaven, Nippon-Bijutsuin, Tokyo, 1922 — 2,000.-

863. At Okakura, K., The Book Of Tea, Angus & Robertson, Australia, 1932 — 300.-

1030. So Okakura, Y., The Life And Thought Of Japan, J.M.Dent & Sons, London, 1913 — 300.-

17,000

7

1204. La Okamatsu, S., Provisional Report On Investigation Of Laws And Customs In The Island Of Formosa, The 'Kobe Herald' Office, Kobe 400.—

392. Pu Oriental Pamphlets (Various articles bound in 2 vols.)
393. Pu Lg Oriental and Linguistic Pamphlets bound in 1 volume. } 3,000.—

899. Jr Ostasiatische Zeitschrift, 4 ~~numbers~~ vols Verlag von Walter de Gruyter, Berlin, 193/ seqq. ¥13,000.—

1238. Pt Oswald, J. C., A History Of Printing, D. Appleton & Co., New York, 1928 2,800.—

240. By Otani, R., etc., Tadataka Ino, The Japanese Land-Surveyor, The Yamato Society, Tokyo, 1932 800.—

~~898. Jr Otto Kummel, Ostasialische Zeitschrift, 4 numbers, Oesterheld & Co.,Verlag, Berlin,~~

349. Ps Oursel-Masson, P., Comparative Philosophy, Kegan Paul, Trench, Trubner & Co., London, 1926 900.—

1102. Nv Ozaki, K., The Gold Demon : Konjki Yasha, 3 vols., (Rewritten In English by A.M. Lloyd), The Yurakusha, Tokyo, 1905 600.—

~~56. Lg K. Ojima- National language readers of Japan, Vol I & supplement, Vol. IV-VIII, Sankosha, Tokyo, 1929-39, Total 7vols.~~

8. Dc Okakura - Kenkyusha's New English-Japanese Dictionary. 600.—

1298. Dc (F) Pagés, L., Dictionaire Japonais Français, Fermin Didit Freres, Paris, 1868 10,000.—

671. Rn (F) Pagés, L., Histoire De La Religion Chretienne, 2 vols., Charles Dounial, Paris, 1869 ~~12,000.~~ 15,000.—

695. Bb (F) Pages, L., Bibliographia Japonaise Ou Catalogue Des Ouvrages Relatifs Au Japon, Benjamin Daprat, Paris, 1859 8,000.—

927. By (F) Pages, L., Benjamin Duprat, Bibliographie Japonaise: Ou Catalogue Des Ouvrages Relatifs Au Japon, Librairie De L'Institut Impérial De France, Paris, 1859 8,000.—

896. Gr (F) Pages L. Benjamin Duprat, Essai De Grammaire Japonaise, Libraire de L'Institut Imperial de France, Paris, 1861 ~~6,000.~~ 8,000.—

- 9 -

70,500

¥

553. Lg Palmer, H. E., The Principles of Romanization, Maruzen, Tokyo, 1931 — 1,500.-

1058. Ta Paris, J., Kimono, W. Collins Sons & Co., London, — 200.-

964. Po Paris,J., A Japanese Don Juan And Other Poems, W. Collins Sons & Co., London, 1926 — 350.-

513. Dc Parker, C. K., A Dictionary of Japanese Compound Verbs, Maruzen Co., Tokyo, 1939 — 3,000.-

1258. Rn Paske-Smith, M., Japanese Traditions Of Christianity, J.L.Thompson & Co., Kobe, 1930 — 1,500.-

704. Rn Paske-Smith, M.,Japanese Traditions Of Christianity, Thompson & Co., Kobe, 1930 — 1,500.-

849. Lg Paulham, F., La Double Fonction Du Langage, Librairie Felix Alcan, Paris, 1929 — 500.-

915. Lg Pedersen, H., Sprakvetenskapen Under Nittonde Arhundradet, P.A. Norstedt& Soners, Stockholm, — 1,600.-

901. Tr (F) Pelliot, P., Le Premier Voyage De L'Amphitrite En Chine, Librairie Orientaliste, Paul Geuthner, Paris, 1930 — 2,000.-

181. By Pe. Joao de Loureiro (Missionario e BotânicoJose Maria Braga), Escola Tipografica do Orfanato, Macau, 1938 — 600.-

~~668. Hy (F) Pere De Charlevoix, Histoire Du Japon, 6 vols., Rollin, Paris, 1754~~

676 . Pc (F) Peri, N., Cinq Nô, Editions Bossard, Paris, 1921 — 800.-

652. Pc (D) Perzynski, F., Japanische Masken, 2 vols., Verlag Von Walter De Gruyter & Co., Berlin, 1925 — 25,000.-

1416. Li (F) Petillou, C., Allusions Litteraires, 2 parts (No. 8, 13,) Imprimerie de la Mission Cathôlique, Changhai, 1909-1921 — 6,000.- ~~5,000.-~~

62. Pa Petrucci, R., Chinese Painters, Brentans' Publishers, New York, 1920 — 1,500.-

680. Rn (F) Pfister, L., Notices Sur Les Jesuites De L'Ancienne Mission De Chine, 2 vols., Imprimere De La Mission Catholique, Chang-Hai, 1934 — 9,000.-

55,150

¥

~~66. Tr Samual Purchas - Purchas, his pilgrim in Japan.~~

Gu

~~3. Dc M. Alderton Pink - A dictionary of correct English.~~

889. Lg (D) Pfizmaier, A., Die Poetischen Ausdrücke der Japanischen Sprache,
In Commission Bei Karl Gerold's Sohn, Wien, 1873

890. Lg (D) Pfizmaier, A., Die Poetischen Ausdrucke der Japanischen Sprache,
In Commission Bei Karl Gerold's Sohn, Wien, 1874

(889–890) 2,000.-

592. Po Pierson, Dr. J.L., The Manyosu, 4 vols., E.J. Brill, Leyden, 1929-1936 5,500.-

554. Ms Piggott, Capt. F.S.G., The Elements Of Sosho, kelly & Walsh, Yokohama, 2nd Year of Taisho 6,000.-

1228. At Piggott, F.T., The Music And Musical Instruments Of Japan, Kelly & Walsh, Yokohama, 1909 10,000.-

1164. Rn Pike, E.R., Slayers Of Superstition, Watts & Co., London, 1931 100.-

802. Fl Lg Pilsudski, B., Materials For The Study Of The Ainu Language And Folklore,
Spolka Wydawnicza Polska, Cracow, 1912 4,000.-

1013. Gy (F) Planchet, J.M., L'Empirr Chinois, 2 vols,,
Imprimerie Des Nazaristes, Pekin, 1926 4,500.-

1014. Tr Planchet, J.M., Souvenirs D'Un Voyage Dans La Tartaricc Et Le Thibet, 2 vols.,
Imprimerie des Nazaristes, Pekin, 1924 5,000.-

1458. Hy (P) A Plano Colonial de Affonsa de Albuquerque, Lisboa, 1929 100.-

210. Po Plants from China, Formosa, 3 vols. (The Journal ofthe Linnean Society), 1886-1905 25,000.- ~~18,000.-~~

1095. Ta Plomer, W., Paper Houses, The Hogarth Press, London, 1929 600.-

~~1344. Fl (D) Ploss, H., Das Weih in der Natur-und Vӧlkerkunde, 3 vols., Neufeld & Henius Verlag, Berlin, 1927~~

526. Lg Pocket Handbook of Colloquial Japanese, Nippon-no-Romazi-sya, Tokyo, 3rd Year of Showa 100.-

- 11 -

63,900

7

955. Po The Poetical Works of Robert Herrick, 4 vols., The Cressent Press, London, 1928 — 6,000.—

117. By Pompe van Meerdervoort, J.L.C., Vijf Jaren in Japan 1857-1863 2 vols., Leiden, 1867-68 — 6,000.—

690. Jy Ponsonby-Fane, R., The Imperial Family Of Japan, Japan Chronicle, Kobe, 1915 — 800.—

633. Rn Ponsonby-Fane, R., Suminoe No Ohokami, Kyoto, 1935 — 600.—

628. Rn Ponsonby-Fane, R., Kashima Jinguki, Kyoto, 1937 — 600.—

625. Rn Ponsonby-Fane, R., Divine Spirits Of Shinto And Hirota Jinja, Kyoto, 1934 — 700.—

578. Na Porter, W. N., The Tosa Dairy, Henry Frowde, London, 1912 — 200.—

581. Li Porter, W.N., The Miscellany of a Japanese Priest (Tsure-Zure Gusa), Humphrey Milford, London, 1914 — 200.—

453. Pi Postage Stamps of Manchoukuo, The Manchoukuo Postal Society, Hsinking, 1940 — 2,000.—

57. At (F) Poupees Japonaises, K.B.S. Tokyo — 100.—

114. Bu Pratt, J. B., The Pilgrimage of Buddhism and a Buddhist Pilgrimage, The Macmillan Co., New York, 1928 — 800.—

255. In Preservation Of Leather Bookbindings, Leaflet No. 69, The United States Department of Agriculture, Washington, D.C. — 100.—

~~444. Rs Bretschneider, E., Mediaeval Researches (From Eastern Asiatic Sources), 2 vols., KeganPaul, Trench, Trubner& Co., London, 1910; reprinted and published by Buntenkaku, Peiping, 1937 — 1,500.~~

953. Pt Price, F.W., tr., Sun Yat-Sen, San Min Chu I: The Three Principles Of The People, The Commercial Press, Shanghai, 1928 — 1,000.—

235. In Priest, A. and Simmons, P., Chinese Textiles (An Introduction to the Study of their History, Sources, Technique, Symbolism, and Use), The Metropolitan Museum of Art, New York, 1934 — 1,700.—

3. Bu Prip-Moller, J., Chinese Buddhist Monasteries, O.U.P., London etc., 1937 — 25,000.—

45,800

資料22（タイプ目録・Merryweather, F.S.Biliomania）

			¥
217.	Rs	Prishvin, M., Jen Sheng (The Root of Life). translated by George Waltonand Philip Gibbons, Andrews Melrose, London, 1936	600.—
104.	Hy	Pritchard, E. H., Anglo-Chinese Relations During the 17th & 18yh Centuries, University of Illinois, Urbana,1929	1,600.—
1311.	Bb	Professor Dr. F.W.K.Müller,(In Memoriam), Druck, Oskar Puchalt, Berlin, 1930	2,000.—
195.	Nh	Pryer, H., Butterflies of Japan, published by the Author in Yokohama; reprinted in Tokyo by the Shokubutsu Bunken Kanko-Kai in the 10th Yr. of Showa	4,500.—
1320.	Pt	Perkins, P.D., The Paper Industry and Printing in Japan, Japan Reference Library, New York, 1940	600.—
68.	Hy	Peter Pratt - History of Japan, 1822.	2,500.—
205.	Rn	Alekcie Pojatniev - About Jesus Christ in Kamik language,Translated from Greek, St.Petersburg, 1887	4,000.—
~~17.~~	~~Dc Hy Gy~~	~~E. Papinot -Dictionaty of history andgeography of Japan.~~	
~~133.~~	~~La Dp~~	~~M.J.Pergament-The diplomatic quater in Peking, China Booksellers, Peking, 1927.~~	
~~86.~~	~~Cu Le~~	~~C.Pfoundes -Fu-so Mimi Bukuro ( ), a budget of Japanese notes, Japan Mail, Yokohama, 1875.~~	
1255.	Ct	Quaritch, B., A Catalogue Of Books, London,1868	500.—
309.	Bb	Quarterly Bulletin of Chinese Bibliography, 9 vols., The Chinese National Committee on Intellectual Co-operation, Shanghai, 1934-1941	9,000.— (309–310)
310.	Bb	Quarterly Bulletin of Chinese Bibliography Title Page,one envelope	
399.	Tr	Quennell, P., A Superficial Journey through Tokyo and Peking, Faber & Faber Ltd., London	800.—
1288.	Pt	Quigley, H.S., Japanese Government And Politics, The Century Co., London, 1932	2,500.—
~~834.~~	~~Po~~	~~Quiller-Couch, A., The Oxford Book Of Ballads, The Clarendon Press, Oxford, 1927~~	

- 13 -

26,100

7

~~136. Ms The Queen's Book of the Red Cross, Hodder & Stoughton, London 1939~~

ケサナイデ

~~720. Do (D) Redloff, W., Die Alttürkischen Inschriften Der Mongolei, (Vol.1-3) 2 vols., St. Petersburg, 1895~~ 10,000.-

1214. Rn (F) Rahder, J., La Gnose Bounddhique, Librairie D'Amerique Et D'Orient, Paris, 1937 2,000.-

1048. Ta Raicat, T., The Honourable Picnic, John Lane, London, 1931 600.-

~~360. Dc Raquet, E. et Ono, T., Dictionnaire Francais-Japonais, Sansaisha, Tokyo, 1905~~

379. Jy Rathgen, K., Staat und Kultur der Japaner (Monographien zur Weltgeschichte XXVII), Verlag , Leipzig, 1907 1,500.-

200. Bo Read, B.E. and Liu, J. C., Plantae Medicinalis Sinensis ( ), Peking Union Medical University in collaboration with the Peking Laboratory of Marural History, Peking, 1927 4,000.-

201. Bo Read, B.E., Botanical, Chemical and Pharmacological Reference List to Chinese Materia Medica, Peking Union Medical College, Peking, 1923 2,000.-

202. Bo Read, B. E., Chinese Medical Plants from the Pen Ts'ao Kang Mu ( ), Peking Matural History Bulletin, Peking, 1936 3,000.-

243. Me Read, B. E., Chinese Materia Mdeica - Animal Drugs, Peking Natural History Bulletin, Peking, 1931 4,000.-

244. Me Read, B. E., Chinese Materia Medica - Dragon and Snake Drugs, The Peking Natural History Bulletin, Peking 3,000.-

245. Me Read, B.E., Chinese Materia Medica - Turtle and Shellfish Drugs, The Peking Natural History Bulletin, Peking, 1937 3,000.-

247. Me Read, B. E. and Pak, G., Minerals and Stones (A Compendium of Minerals and Stones used in Chinese Medicine from the Pen Ts'ao Kang Mu), The Peking Natural History Bulletin, Peking, 1936 3,000.-

246. Me Read, B. E., Chinese Materia Medica: Avian Drugs, The Peking Natural History Bulletin, Peking, 1932 3,000.-

39,100

資料22（タイプ目録・Merryweather, F.S.Biliomania）

251. Me Read, B. E. and Liu,J. C., A Review of the Scientific Work done on Chinese Materia Médica, Peking Union Medical College, Peking 3,000.—

190. Nh Read, B. E., Common Food Fishes of Shanghai, The North China Branch of theRoyal Asiatic Society, Shanghai, 1939 1,500.—

178. Rp Read, B., Shanghai Foods, The Chinese Medical Association, Shanghai, 1937 1,000.—

~~1239. Rn Recherches Sur Les Superstitions En Chine, 5 bands, (F) Imprimerie De T'ou-se-we, Chang-hai, 1912-1938~~

152. Dp The Record of Townsend Harris in Japan 200.—

1079. Le Redesdale, L., Tales Of Old Japan, Macmillan & Co., London, 1928 350.—

1173. Ay Rhys, E., etc., chosen, A Century of English Essays an Anthology, J.M.Dent & Sons, London, 1925 200.—

166. Bu Reichelt, K. L., Truth and Tradition in Chinese Buddhism (   ), The Commercial Press, Shanghai, 1934 2,000.—

1303. Jy (D) Rein, J.J., Japan, 2 vols., Verlag von Wilhelm Engelmann,Leipzig, 1886 9,000.—

424. Hy Jy Reishauer,R.K., Early Japanese History, 2vols., Princeton University Press, Princeton, 1937 3,500.—

158. Bu Reischauer, A. K., Studies in Japanese Buddhism, The Macmillan Co., New York, 1925 2,000.—

490. Tr REnandot, E., Ancient Accounts of India and China (by two Mohammedan Travellers), translated from the Arabic, Sam Harding (Bible and Anchor on the Pavement), London, 1733 6,000.—

53. Py Renou, L., Les Mäitres de la philologie Védique, Paul Geuthner, Paris, 1928 1,500.—

1281. Dp The Report Of The League Commission On The Sino-Japanese Dispute, 1932 100.—

188. Mp Rand-Mc Nally- Handy allas of the world, 1922. 500.—

1440. Rp Report Of The International Secretariat To The Pacific Council 1933-36 Yosemite National Park, California, 1936 300.—

Remy, Ch.: Notes médicales sur ~~la~~ le ~~Chine~~ Japon, 1883. 4,000.—

- 15 -

35,150

~~271. Rp Report on the Control of the Aborginies in Formosa, Bureau of Aborginial Affairs, The Government of Formosa, Taihoku, 1911.~~

1199. Jr ~~Report of The Council Of The China Branch Of The Royal~~ Asiatic Society, For The Year 1882, Journal, New Series, Vol. 17 Part 2, Noronha & Sons, Shanghai, 1884

1247. Rp, Ed Report Of The Minister of State for Education (56 th), The Department of Education, Tokyo. 1934

1212. Bn Reprinted from the Bulletin Of The School Of Oriental Studies, Vol. 6 part 3

1248. Rp, Ed Report Of The Minister of State for Education (59 th), The Department Of Education, Tokyo, 1938.

284. Rs Research Review of the Osaka Asiatic Society (No. 11 - Oct. ~~1933), The Osaka Asiatic Society, Osaka.~~

1087. So Resident Orientals On The American Pacific Coast, Institute Of Pacific Relations, New York. 500.—

678. Bb (E) Retana, W.E., Aparato Bibliografico De La Historia General De Filipinas, 3 vols., Imprenta de la Sucesora de M. Minuesa de los Pios, Madrid, 1906 200,000.— ~~150,000~~

1179. Es Retrospect And Prospect, Kawase & Sons., Kobe, 1928 300.—

~~647. Pt Revon, M., Etude Sur Hodusai, Société Française D'imprimerie Et De Librairie, Paris, 1896.~~

332. La Riasanovsky, V.A., Customary Law of the Nomadic Tribes of Siberia, Tientsin, 1938. 3,500.—

1413. La Riasanovsky, V.A., Customary Law Of The Mangol Tribes, 3 (vols) Artistic Printinghouse, Harbin, 1929. 15,000.—

352. Mo Richards, I. A., Mencius on the Mind, Kegan Paul. Trench, Trubner & Co., London, 1932. 800.—

1177. Ms Robertson, J.M., Ernest Renan, Watts & Co.,London, 1924. 200.—

103. Na Rockhill, W.W., The Journey of William Rubruck, Hakluyt Society, London, 1900. 7,000.—

920. Lg (D) Rogge, C., Der Notstand Der Heutigen Sprachwissenschaft, Max Hueber Verlag, München, 1929. 1,000.—

 228,300

			¥
688.	Lg	Romaji, No. 35 Maki Dai 8-9-Go, Romaji-Hirome-Kai, Tokyo. 1940.	200.-
810.	Ta, Nv	Romanne-James, O Toyo Writes Home, Herbert Jenkins, London, 1926.	500.-
1336.	Lg	Rose-Innes, A., Conversational Japanesé For Beginners, K. Yoshikawa & Co., Yokohama, 1926.	400.-
1337.	Lg	Rose-Innes, A., Japanese Reading For Beginners, 5 vols., K. Yoshikawa & Co., Yokohama, 1930.	4,000.-
1141.	Lg	Rose-Innes, A., Japanese Phrase-Book For Beginners And Tourists, Yoshikawa & Co., Yokohama,	400.-
1000.	Dc	Rose-Innes, A., Beginners' Dictionary Of Chinese-Japanese Characters, Yoshikawa Shoten, Yokohama, 1927.	2,000.-
76.	Bu	Rosenberg, O., Introduction to the Study of Buddhism according to material preserved in Japan and China ( ), Faculty of Oriental Languages of the Imperial University of Petrograd, Tokyo, 1916.	8,000.-
~~1389.~~	~~Hy~~ ~~(F)~~	~~Rosny, L., Histoire Des Dynasties Divines, 3 vols.,~~ ~~Ernest Leroux, Editeur, Paris, 1887.~~	
783.	Es Rp (F)	Rosny, M.L., Discours Et Rapports, 2 vols., Maisonneuve Et C,Libraire-Editeur, Paris, 1862-1878.	2,000.-
279.	Zo	Rostovtzeff, Animal Style in South Russia and China, Princeton University Press, Princeton, 1929.	3,500.-
758.	Gr. (D)	Roth, P.L., Han-Moun Hilfsbuch Zur Grammatik der Koreanischen Sprache, Abtei, St. Benedikt, Tokwon, Korea, 1937.	2,000.-
757.	Lg (D)	Roth, P.L., Grammatik der Koreanischen Sprache, Abtei St. Benedikt, Tokwon, Korea, 1936.	2,000.-
1057.	An Jy	Rouveyre, Annuaire De La Societe Des Etudes Japonaises, Libraire de la Societe, Paris, 1881.	1,000.-
1398.	Rn	Rowe, N.A., The Missionary Menace, Wishart & Co., 1932.	200.-
36.	At	Rowland, B. Jr., Outline and Bibliographies of Oriental Art. 1 envelope, Harvard University Press, Cambridge, Mass., 1940.	1,460.-

- 17 -

27,600

¥

1099. So Rudd, H., Chinese Social Origins, 800.—
The University Of Chicago Press, Chicago, 1928.

1233. Po Rudyard Kipling's Verse, (Inclusive Edition 1885-1926), 1,000.—
Hodder & Stoughton, London, 1931.

639. At Pt Rumpf, F., Meister Des Japanischen Farbenholzschnittes, 3,000.—
Walter De Gruyter & Co., Leipzig, 1924.

~~21. Li Rumpf, Ise Monogatari, Wurfel Verlag, Berlin, 1932.~~

~~80. At Pa Fritz Rumpf - Sharaku. ( ).~~

~~43. Lg(F) Ernest Renan - De l'origin du Language, Paris, 1925.~~

~~130. Bl(F) Rouveyee - Connaissances necessaires a un bibliophile, Paris, I-X, Total 5 vols.~~

~~132. Ay J. Ross - The origin of the Chinese people, Oliphants, London, 1916.~~

113. Bn Pl Royal Asiatic Society, North China Branch, XXIII (1888) & XXIII (1889), Vol. 25 (1890-91), Kelly & Walsh, Shanghai, Total 3 vols. 2,000.—

~~95. Dc Lg W. Radloff - Versuch einer worterbuches der Turk-Dialecte, St. Petersburg, 4 vols.~~

114. Bn Pl Royal Asiatic Society of Great Britain & Ireland, London, 1932 (2 vols), 1921 (1 vol.), Total 3 vols. 2,500.—

~~183. Mp (D) W. Radloff - Atlas der Alterthumer der Mongolie, 1892. (Size, 51 x 35,5 x 4.5 cm.)~~

191. Lg Rose-Innes(A) - English-Japanese conversation dictionary 1,000.—
Japanese phrase-book for beginners and tourist,
Yoshikawa, Yokohama, 1935, 2 vols.

1251. Tr Russell, L., America To Japan, 500.—
G.P. Putnam's Sons, New York, 1915.

843. Mo Russell, B., The Conquest Of Happiness, 400.—
George Allen And Unwin, London, 1930.

~~1449. (R) In the Russian Language, 1885.~~

~~1450. (R) Russian Magazine, 4 parts, No.6-12, 1931.~~

- 18 -

11,200

y

~~1450. (R) Russian Magazine, 4 Parts, No. 7,8,9,11, 1931.~~

~~461. Hy (In the Russian language), 1916.~~

~~138. Ap (D) F. F. v. Reitzenstein -Das Weib, anthropologischen studien, 3 vols.~~

202. Nieder- Gr (D) Raveket (Hendk),- Gramatica of Nederdentsce Spraakkunst), Leyden, 1822.

203. Nieder- Gr (D) -,,- - Syntaxis of Nederdeutsche Woordvoecing), Leyden 1810.

} 2,000.—

~~29. Lg Rogets - Thesaurus of English words and phrases.~~

~~368. Na Sachan, E.C., Alberuni's India, 2 vols., Kegan Paul. Trench Trubner & Co., London, 1910.~~

632. Rn The Sacred Scriptures Of Konkokyo, Konkokyo Hombu, Okayama, 1933. 1,000.—

~~577. Na Sadler, A.L., The Ten-Ft. Square Hut and Tales of the Heike, Angus & Robertson Ltd., Sydney, 1928.~~

ケサナイデ

~~661. Po Sadler, A.L., Japanese Plays, Angus & Robertson, Sydney, 1934.~~ 1,000

624. Ms Sadler, A.L., etc., Kocho (The Emperor Go-Mizuno-In's), The Meiji Japan Society, Tokyo, 1922. 1,000.—

1118. Li Saintsbury, G., A History Of English Prose Rhythm, Mcmillan & Co., London, 1922. 1,600.—

1175. Po Saintsbury, G., ed., John Dryden, T. Fisher Unwin, London, 800.—

1150, By Saintsbury, G., John Dryden, Ernest Benn, London. 800.—

259. Pu Saito, S., Bookplates in Japan, Meiji Shobo, Tokyo 1,500.—

689. Po Saito, H., A Voice Out Of The Serene, :The Poetical Works of His Late Majesty Meiji Tenno, Tokyo, the First Year of Taisho. 3,500.—

665. Rn Cl Saito, S., A Study of the Influence of Christianity Upon, Japanese Culture, The Japan Council of The Lnstitute of Pacific Relation. Tokyo, 1931. 200.—

13,400

- 19 -

651. Pc Sakanishi, S., Kyogen, 1,500.—
Marshall Jones Co., Boston, 1938.

59. Pa Sakanishi, S., The Spirit of the Brush, John Murray, London. 300.—
1939.

659. Dm Sakanishi, S., Etc., A List Of Translation Of Japanese
Drama Into English, French And German, 1 vol., 1 chitsu, 2,000.—
American Council Of Learned Societies, Washingt/on, 1935.

154. Jr Sakanishi, S., A Private Journal of John Glendy Sproston, 1,000.—
U.A/S.N., Sophia University, Tokyo, 1940.

1452. Rn Samtanantrasiddhi Dharamakârti Samtanantara siddhitika, 6,000.—
(F) (Bibliotheca Buddhica XIX),
1916.

1033. Jr Samuel Coling, Edited, The New China Review, (4 vols.), 28,000.—
(Nos. 1-24),
Kelly & Walsh, Hongkong, 1919-1922.

234. In Sanjonishi, K.,Notes on Dyeing and Weaving in Ancient Japan. 300.—
Nippon Bunka Chuo Renmei, Tokyo, 1940.

897. Hy Sarton, G., Introduction To The History Of Science, Vol. 1, 3,600.—
(From Homer To Omarkhyyam),
Published for The Carnegie Institution Of Washignton by
The Williams & Wilkins Co., Baltimore, 1927.

366. Hy Sansom, G.B., Japan (A Short Cultural History), Cresset 1,500.—
Press, London, 1931.

1027. Nv Sasaki, U., Tr., Kusamakura And Buncho, 500.—
Iwanami-Shoten, Tokyo, 1927.

789. Ed Sasaki, H., Moral-Erziehung in Japan, 1,000.—
(D) Akademische Verlagagesellschaft, Leipzig, 1926

60,000.—
385. Rp Sashau, Dr. E., Mittheilungen des Seminars fur orientalische
Sprachen au der Koniglichen Friederich Wilhelms, I-XVII, ~~6,000.—~~
Universitat zu Berlin, Berlin, 1898-1914

941. Ta Sassoon, S., Memoirs Of An Infantry Officer, 300.—
Faber & Faber Ltd., London

1431. Hy Satow, E.M., tr., Kinse Shiriaku : A History Of Japan, 1,000.—
Japan Mail Office, 1873

743. Gr Satow, E.M., List of Korean Geographical Names, 3,000.—
"Japan Mail" Office, Yokohama, 1884

1036, Lg Satoh, H., etc., Anglo-Japanese Conversation Lessons, 200.—
Tokyo, 1896.

109.800

926. Tr Satow, E.M., The Voyage Of Captin John Saris To Japan,
1613,
Printed For The Haklnyt Society, London, 1900 8,000.—

862. Nv Satow, E.M., Japan 1853 - 1864 : Genji Yume Monogatari, 1,500.—
Naigai Shuppan Kyokai, Tokyo, 1905

866. By Satoh, H., Agitated Japan : The Life Of Baron Ii Kamon- 500.—
No - Kami Naosuke,
Maruya Co., Tokyo, 1896

1069. Lg (F) Satow, E., Kuaiwa Hen Vingh-Cinq Exercices, 3 vols., 4,000.—
Shiobido, Tokyo

1070. Ms Sato, K., Amanojaku's Outspoken Comments, 200.—
Kenkyusha, Tokyo, 1930

1208. Dp Satoh, H., Lord Hotta, The Pioneer Diplomat Of Japan, 600.—
Hakubunkan, Tokyo, 1908

1299. Rn Satow, E.M., The Jesuit Mission Press In Japan, 10,000.—
Privately Printed, [redacted] 1888

681. Rn Satow, E.M., The Jesuit Mission Press In Japan, 1,000.—
Keisei-sha-soten, Tokyo, 1888 (reprint)

86. Hy Satow, E.M., Kinse Shiriaku (A History of Japan of Commodore
Perry in 1853 to the Capture of Hakodate by the Mikado Forces
in 1869), F. R. Wetmore & Co., Yokohama, 1876 1,500.—

987. Lg (D) Sauer, Schlussel zur Italienischen Konversation-Grammatik, 100.—
Julius Groos, Heidelberg, 1928

869. Rn Saunders, K., Buddhism, 1,000.—
Ernest Benn, London, 1929

224. Ml Savatier, Dr. L., Livres Kwa-Wi (Traduits du Japonais), 3,500.—
Libraire de La Societe Botanique de France, Paris, 1873

767. Pt (D) Schierlitz, E., Zur Technik Der Holatypendruche Aus Dem 100.—
Wu-Ying-Tien In Peking,
(Reprint from Vol. 1 Fasc. 1, Oct.,1935)

788. Ed (D) Schilling, K., Das Schulwesen der Jesuiten in Japan, 2,000.—
Druck der Regensbergschen Buchdruckerei, Munster, 1931

1217. Dc (D) Schmidt, I.J., Mongolisch-Deutsch-Pussisches Worterbuch. 15,000.—
St. Petersburg, 1835

1411. Hy (D) Schmidt, I. J., Geschichte der Ost-Mongolen und ihres 1,200.—
Furstenhauses.
[redacted]

882. Es (D) Schmidt, W., Neue Wege Zur Erforschung Der Ethnologischen
Stellung Japans,
Kokusai Bunka Shinkokai, Tokyo, 1935 200.—

- 21 -

50,400

608. Gr Schmidt, I. J., Grammatik Der Mongolischen Sprache. St. - Petersburg, 1891 5,000.—

904. By (F) Schrijinen, J., Essai de Bibliographic de Geograpic Linguistique Generale, N.V. Dekker & van de Vegten J. W. van Leeuwen, Nimegue, 1933 2,500.—

165. Bu Schulemann, G., Die Geschichte der Dalailamas, Carl Winter's Universitatsbuchhandlung, Heidelberg, 1911 1,000.—

476. In Schumpeter, E.B., The Industrialization of Japan and Manchukuo, The Macmillan Company, New York, 1940 3,000.—

613. Rn Schurhammer, G., Shintô, Kurt Schroeder Bonn, 1923 2,000.—

1046. Ta Scidmore, E.R., Jinrikisha Days In Japan, Harper & Brothers, New Work, 500.—

1146. Ar Scott, W., The Antiquary, J.M.Dent & Sons, London, 1923 100.—

1394. Li Scott, W., Old Mortality, J.M.Dent & Sons, London, 1932 100.—

1172. Ms Scott. W., Kenilworth, J.M.Dent & Sons, London, 1923 100.—

741. Dc Scott, J., English- Corean Dictionary, Church Of England Mission Press, Corea, 1891 4,000.—

70. Sp Sculptural Forms in Terra Cotta from Chinese Tombs, The Toledo Museum of Art, Toledo, Ohio 2,000.—

965. Ta Seabrook, W.B., The Magic Island, The Literary Guild Of Amerisa, New York, 1929 200.—

646. Pt (D) Seidlitz, W., Geschichte Der Japanischen Farbenholzsch-nitts, Verlag Von Wolfgang Jess, Dresden, 1921 2,800.—

1399. Po Selected Poems Of Francis Thompson, Jonathan Cape, London, 1929 600.—

472. Mr Selections from Inazo Nitobe's Writings, The Nitobe Memorial Fund, Tokyo, 1936 2,000.—

672. Mr (F) Senart, etc., Memoires Consernant L'asie Orientale, Ernest Lerout, Paris, 1913 60,000.—

85,900

1343. In Sericultural Industry in Japan, 300.—
The Japan Sericultural Association, Tokyo, 1910

212. Zo Serrurier, L., Encyclopedie Japonaise ( ), 1,500.—
E. J. Brill, Leyde, 1875

693. Bb Serrurier, L., Bibliotheque Japonaise, 2,500.—
(F) Imprimerie ci-devant E. J. Brill, Leyde, 1896

928. Gr Serrus, Ch., Le Parallelisme Logico-Grammatical, 800.—
(F) Librairie Felix Alcan, Paris, 1933

1063. Le The Seven Deities Of Good Luck Santaro, 200.—
The Taisho Eibunsha, Tokyo, 1925

95. Bu Shacklock, F., Some Aspects of the Influence of Western Philosophy
Upon Japanese Buddhism, Kyo Bun Kwan, Tokyo, 14th Yr. Of Showa 300.—

842. Cu Shaw, G., Osaka Sketches, 200.—
The Hokuseido Press, Tokyo, 1926

855. Jy Shaw, G., Japanese Scrap-Book, 200.—
The Hokuseido Press, Tokyo, 1932

177. Rp Shaw, N., Silk (Replies from Commissioners of Customs to 2,000.—
Inspector General's Circular No. 103), The Maritime Customs
China, Shanghai, 1917

300.—
1112. Lg Sheba, S., Japanese in 3 Weeks,
The ~~H~~Japan Times & Mail, Tokyo, 1930

1124. Pa Shibui, K., Idealisme Et Realisme Dans L'Estampe Erotique
Primitif Du Japon, 2 vols.
Des Ateliers Photo-Mecaniques, Otsuka, M., 6 Plates and
8 sheets, 64 pages of catalogue in the 1st part, 1926,
62 plates & 3 sheets 24 pages of catalogue, 1928
(returned in mutilated condition) 8,000.—

462. Hy Shimmi, K., Die Geschichte der Dukeherrschaft in Japan. 1,000.—
Braus-Riggenbach, Basel, 1939

814. Cu Shimomura, J., Life Of The Japanese Women Of To-Day, 700.—
Kenkyusha, Tokyo, 1930

532. Dc Shinoda, M., Kotoba no Hayashi, Maruzen & Co., Tokyo, 1895 800.—

1100. Ta Shioya, S., Chushingura, An Exposition, 600.—
The Hokuseido Press, Tokyo, 1940

856. Nv Shioya, S., tr., Namiko : A realistic novel by Kenjiro 600.—
Tokutomi,
The Yurakusha, Tokyo, 1905

- 23 -

20,000

10

7

268. Sc Shirokogoroff, S.M., Anthropology of Eastern China and Kwangtung Province, The Commercial Press, Shanghai, 1925 2,500.-

1200. Sc Shirokogoroff, S.M., Anthropology Of Northern China, Shanghai, 1923 (Royal Asiatic Society : North China Branch Extra Vol. 2) 3,000.-

241. Jy A Short Bibliography on Japan, K.B.S., Tokyo, 1934 100.-

364. Es Shryock, J. K., The Study of Human Abilities (The Jen Wu Cbif of Liu Shao), American Oriental Society, NewnHeaven, 1937. 2,800.-

449. Te Shryock, J. K., The Origin and Development of the States Cult of Confucius, The Century Co., New York and London 2,600.-

120. Nh Siebold. Ph. Fr. de, De Historiae Naturalis in Japonica Statu ( ). 2 vols., Ikubundo, 12th Yr. of Showa 2,000.-

121. Ct Siebold, Ph. Fr. de, Catalogue de la Biblioteque Apportee au Japon par Siebold, Ikubundo, Tokyo. 11th Yr. of Showa 2,000.-

832. Cu (D) Siebold, H., Studien Uder Die Aino, Verlag Von Paul Parey, Berlin, 1881. 2,500.-

191. Nh Siebold, Ph. Fr. de., conjunctis studiis Temmnick et Schegel, Fauna Japonica, 4 vols., Lugduni Batavorum, 1833; Reprinted in Tokyo by the Shokubutsu Bunken Kankokai in the 9th Yr. of Showa 20,000.-

198. Bo Siebold, P.F. de. and Zuccarini, J. G., Flora Japonica, 1826; reprinted in Tokyo by the Shokubutsu Bunken Kankokai in the 7th Yr. of Showa 9,000.-

199. Bo Siebold, P.F. de, Synopsis Plantarum Oeconomicarum per Universum Regnum Japonicum, Batavia, 1830; reprinted in Tokyo by the Shokubutsu Bunken Kankokai in the 8th Yr. of Showa 5,000.-

334. G Siguret, J., Territories et populations des Confins du Yunnan, Henri Vetch, Peiping, 1937 4,500.-

1435. Zo Silkworms In India, Indian Museum Notes Issued By Trustees Vol.1, No.3, Calcutta, 1890. 2,000.-

336. Tr Simon, E.M.H., Riukiu-Inseln, R. Voigtlanders Verlag, Leipzig, 1914. 3,000.-

857. Cu Sinclair, G.M., Tokyo People, Keibunkan, Tokyo, 1925. 200.-

61,200

584. Cu Singer, K., The Life of Ancient Japan, Iwanami Shoten, Tokyo, 1939. 1,000.—

1291. Bo Sinnott, E.W., Botany Principles And Problems, McGraw-Hill Book Co., New York, 1935. 800.—

29. Pa Siren, O., The Chinese on the Art of Painting, Henri Vetch, Peiping, 1936. 2,000.—

977. Li Skeat, W., Specimens of English Literature, The Clarendon Press, Oxford, 1930. 500.—

398. Na Sladen, D., Queer Things About Japan, Anthony Treherne & Co., London, 1903. 900.—

1174. Lg Smith, L.P., Words And Idioms In The English Language, Constable & Co., London, 1928. 400.—

1285. Po Smith, J.C., etc., The Poetical Works of Edmund Spenser, Oxford University Press, London, 1929, 3,000.—

907. Lg Smith, J.A., S.P.E. Tract No. xxxlv Interlanguage, T.C. Macaulay, Artifical Languages, Clarendon Press, 1930. 800.—

454. Cu So Smith, A.H., Village Life in China (A Study in Sociology), Oliphant, Anderson and Ferrier, Edinburgh and London. 1,000.—

455. Si Smith, A.H., Chinese Characteristics, Fleming H. Revell Co., New York. 1,200.—

674. Pri The Smithsonian Institution, Report Of The U.S. National Museum, Government Printing Office, Washington, 1893. 1,500.—

274. Gy Snow, H.J., Notes on the Kuril Islands, John Murray, London, 1897. 3,000.—

1092. Ms Snyder, H.M., The Ma-Jung Manual, Houghton Mifflin Co., Boston, 1923. 600.—

491. Na Sokolsky, G. E., The Tinder Box of Asia, Doubleday, Doran & Co., New York, 1932. 900.—

75. Bu Soothill, W.E., etc., A Dictionary of Chinese Buddhist Terms, Kegan Paul, Trench, Trubner & Co., London, 1937. 7,000.—

1289. Sta The Special Population Census Of Formosa, Report of The Committee of the Formosan Special Census Investigation, 1909. 800.—

- 25 -

24,900

221. Bo Sporry, H., Bambus in Japan, Zurcher & Furrer, Zurich, 1903. 1,500.-

1447. Rs (R) Spalvin, In the Russian Language "Japanese Army", 3 Parts.
, , 1909. 5,000.-

1448. Lg (R) Spalvin, Practical Japanese Conversation In the Russian Language,
, 1910. 3,000.-

1055. Cl (D) Sprauger, E., Kulturprobleme Im Gegenwartigen Japan Und Dentschland,
Nichidoku Bunka Kyokai, Tokyo. 1938. 600.-

1387. Fl Ssetsen, S., Geschichte Der Ost-Mongolen und Ihres Furstenhauses,
St. Petersburg, 1829. 15,000.-

768. Cu Stael-Holstein, On The Sexagenary Cycle Of The Tibetans,
(Reprint From Vol. 1. Fasc. 2,1935, 2 copies). 300.-

765. Es Jr Stael-Holstein, Monvmenta Serica, 6 vols.,
Henri Vetch, Peiping, 1935-1941. 35,000.-

1184. St Stanley, A., The Bedside Book,
Victor Gollancz, London, 1932. 500.-

816. Cu Straelen, H., The Japanese Women Looking Forward,
Kyo Bun Kwan, Tokyo, 1940. 800.-

1076. Tr Starr, F., A Diary, The American On The Tokaido,
Dai Nippon Tosho Kabushiki Kaisha, Tokyo, 1916. 1,000.-

1330. Rn Starr, F., Korean Buddhism,
(Reprinted from The Journal of Race Development, Vol. 9, No. 1, July, 1918) 800.-

831. Cu Starr, F., The Ainu Group,
The Open Court Publishing Co., Chicago, 1904. 1,200.-

746. Rn Starr, F., Korean Buddhism,
Marshall Jones Co., Boston, 1918. 1,200.-

812. Cu At (D) Stratz, C.H., Die Korperformen In Kunst Und Leben Der Japaner,
Verlag Von Ferdinand Enke, Stuttgart, 1904. 3,600.-

480. Jy Stead, A., Japan by the Japanese, William Heinemann, London, 1904. 1,500.-

466. Jy Stead, A., Japanese Patriotism, John Lane the Bodley Head. London. 1,500.-

71,900

9,000.—

935. Hy Stein, M.A., Ruins Of Desert Cathary, 2 vols., ~~7,000.~~
Macmillan & Co., London, 1912.

773. At Stein, A., Archaeological Reconnaissances, 8,000.—
Macmillan & Co., London.

726. Rs Stein, M.A., Ancient Khotan, 2 vols., 70,000.—
The Clarendon Press, Oxford, 1907.

923. Lg (D) Steinhal, H., Geschichte Der Sprachwissenschaft Bei Den Grischen Und Romern, (2 vols. bound together), 15,000.—
Ferd. Dummlers Verlagsbuchhandlung, Berlin, 1890-1891.

924. Lg (D) Steinthal, H., Die Mande-Neger-Sprachen, 10,000.—
Ferd. Dummlers, Berlin.

925. Lg (D) Steinthal, H., 1881 and Misteli, F., 1893, Abriss Der 8,000.—
Sprachwissenschaft, Ferd. Dummlers, Berlin.

139. Bu Steinilber-Oberlin, E., etc., Les Sectes Boudhiques Japonaises,
G. Cres et Cie, Paris 2,500.—

353. Ps Stephen, L., English Thought in the Eighteenth Century, 6,000.—
2 vols., Smith Elder & Co., London, 1876

643. Pt Stewart, B., Subjects Portrayed In Japanese Colour-Prints, 10,000.—
Kegan Paul & Co., London, 1922

1006. Gr (D) Stolz-Schmalz, Lateinische Grammatik, 2,300.—
C.H. Beck'sche Verlag, Munchen, 1928

995. Gr (D) Stolz-Schmalz, Lateinische Grammatik II, 1,500.—
C.H. Beck'sche Verlagsbuchhandlung, Munchen, 1928

612. Pt Strange, E.F., Tools And Materials Illustrating The Japanese Method Of Colour-Printing, 700.—
The Authority Of The Board Of Education, London, 1924

1169. Po Strong, L.A., ed., Eighty Poems : An Anthology, 300.—
Basil Blackwell, Oxford, 1924

219. Bo Me Stuart, Rev. G.A., Chinese Materia Medica, Presbyterian 3,000.—
Mission Press, Shanghai, 1928

534. Lg The Study of the Japanese Language, British Association of 200.—
Japan, 1935

486. Si Sung, J. Z. D., The Symbols of Yi King (or the Symbols of 2,000.—
the Chinese Logic of Changes), The China Modern Education
Co., Shanghai, 1934

- 27 -

148,500

487.	Si	Sung, Z.D., The Text of Yi King (Chinese original with English translation), The China Modern Education Co., Shanghai, 1935	1,500.-
1090.	Hy	Sugematsu, The Identity Of The Great Conqueror Genghis Khan, W.H. & L.Collingridge, London, 1879	5,000.-
828.	Pe	Sugiyama, M., Fujima,K.An Outline History Of The Japanese Dance, Kokusai Bunda Shinkokai, Tokyo, 1937	200.-
361.	Ms	Summers, Rev. J., The Phoenix, 3 vols., "The Phoenix", London, 1870-1873	15,000.-
160.	Bu	Suzuki,D.T., Essays in Zen Buddhism, Luzac & Co., London, 2 vols., 1927 and 1933.	4,000.-
168.	Bu	Suzuki,D.T.,Zen Buddhism and its Influence of Japanese Culture, The Eastern Buddhist Society, Kyoto, 1938	600.-
170.	Bu	Suzuki, D.T., The Lanka-Vatara Sutra, George Routledge & Sons Ltd., London, 1932	1,800.-
171.	Bu	Suzuki, D.T., Studies in the Lankavatara Sutra, George Routledge & Sons Ltd., London, 1930	1,800.-
1148.	St	Synge, J.M., Deirdre Of The Sorrows, George Alleh & Unwin, London, 1924	600.-
629.	Jy	Synopsis Of The Ceremonies Of Ascension To The Throne Of H.M. The Emperor Of Japan.	200.-
1147.	St	Swift, J., Gulliver's Travels, Humphrey Milford Oxford University Press, London, 1925	250.-
1180.	St	Swinburne, A.C., Thomas Middleton, T.Fisher Unwin, London,	400.-
65.	Es Mr	Sophia University -Monumenta Nipponica, Vol V, semi-annual No. 1 (1942).	800.-
145.	Jy Av (D)	Siebold - Nippon, Archiv Zur Beschreibung, Heft 1-20 ~~[illegible] 11-12, 13-14, [illegible]~~, Leiden, 1832, Total 5 vols.	100,000.-
81.	So	S.M. Shirokogoroff - Social organization of the Manchus (Royal Asiatic Society), Shanghai, 1924.	2,500.-
70.	Pt	C.M. Salwey-The island dependencies of Hapan, Eugene L. Morice, London, 1913	700.-

133,550

131. Rs (D) Bruno Schindler & c. - Asia Major, Verlag der Asia Major, Lipsiae, 1924-7, [illegible] vols, complete. 75,000.-

146. Jy Av (L) Siebold - Catalogus librorum et manuscriptorum Japonicorum, Lugduni-Batavorum, 1845 25,000.-

112. Ps (F) Sakurazawa - Philosophie d'extreme orient, Libraire Philosophique, Paris, 1931

107. Tr Sadler - Saka's diary of a phlgrim to Ise ( ), Meiji Japan Society, Tokyo, 1940

31. Dc (H) G. Schlegel-Nederlandisch-Chineesch Woordenboek ( ), J. Brill, Leiden, 1886-1890

10. Gr Samson - Historical grammar of Japanese, The Clarendon Press, Oxford, 1928.

98. Ta Gy Stein - Innermost Asia, The Clarendon Press, Oxford, 1928, 4 vols.

139. Hy Gy (D) Leopold v. Schrenck - Die Volker des Amuf Landes.

71. Es J.A.B. Scherer - Japan, whither ?

21. Gr Sloman - A Latin grammar.

118. Es Scherer - America, pageants & personalities.

91. Rn Po A. von Stael-Holsten - Sanskrit hymn translated with Chinese characters.

122. Hy (D) I.J. Schmidt - Geschichte der Ost-Mongolien.

1. Dc E.M. Satow-English-Japanese dictionary of the spoken language, Sanseido, 4th edition.

2. Dc E.M. Satow-English-Japanese-Dictionary of the spoken language, Sanseido, 4th edition.

853. Po Tada, S., Romazigaki Manyosyu, Maruzen Co., Tokyo, 1934 600.-

973. Dp Taft, H.W., Japan And America : A Journey And A Political Survey, Macmillan Co., New York, 1932 300.-

709. Rn Tagawa, D., Church and State in Modern Japan, Kyo Bun Kwan, Tokyo, 1939 600.-

26,500

682. Rn Takahashi, M., Catalogue Of Special Books On Christian Missions,
Tenri Central Library, Nara, Japan. 1932 4,000.-

1294. Ml (D) Takaki, T., Die Hygieneschen Verhaltnisse der Insel Formosa,
Druck Von C.C. Meinhold & Sohne, Dresden, 1911 1,000.-

914. Lg Takaki, Y., Japanese Studies In The Universities And
Colleges Of The United States : Survey for 1934,
Institute Of Pacific Relations, Honolulu, 1935 600.-

229. Zo Takatsuka, Prince N., Japanese Birds, Board of Tourist Industry,
Tokyo, 1941 200.-

230. Bo Takada, H., Alpine Flowers of Japan, Sanseido, Tokyo, 1938 800.-

272. Cu Takekoshi, Y., Japanese Rule in Formosa, Longmans, Green &
Co., London, 1907 1,000.-

786. By Takekoshi, Y., Prince Saionji,
Ritsumeikan University, Kyoto, 1933 1,000.-

1268. Rn Takakusu, J., A Pali Chrestomathy,
Kinkodo & Co., Tokyo. 1900 600.-

138. Ra Takakusu, J.et Watanabe, K., Hobogirin (Dictionnaire Encyclopedique du Bouddhisme), 2 vols. and supplement, Maison-Franco-Japonaise, Tokyo, 1929-1931 2,000.-

1395. Dc Takenobu, Y., The Japan Year Book, 1926.
The Japan Year Book Office, Tokyo, 1926, 800.-

173. At Taki, S., Japanese Fine Art, Fuzambo for the National Committee on the Intellectual Cooperation of the League of Nations Association of Japan, Tokyo, 1931 1,500.-

115. Ga Tamura, T., Art of the Landscape Garden in Japan, K.B.S., Tokyo,
1935 2,500.-

557. Lg Tanakadate, A., La Phonetique Japonaise, published by the
author, Tokyo, 1936 700.-

1273. Dc Taranzano, C., Vocabulaire Des Science Mathematiques,
Physiquee Et Naturelles, 2 vols.,
Imprimerie De La Mission Catholoque, Sien-Hsien, 1936 6,000.-

132. Taranzano, R.P.C., Ouvrages du P.H. Bernard sur l'Extreme-Orient, Hautes Etudes, Tientsin, 1939 900.-

1279. Dc (F) Taranzano, C., Supplement Au Vocarulaire Français-Chinois
Des Sciences,
Imprimerie De La Mission Catholique, Sien-Hsien, 1920 1,500.-

25,100

No.	Code	Entry	Price
20.	Cu	Taut, B., Houses and People of Japan, Sanseido, Tokyo. 12th Yr. of Showa	3,000.-
19.	Ac	Taut, B., Fundamentals of Japanese Architecture, K.B.S., Tokyo, 1936	300.-
538.	Li Si	Tchang Tchen-Ming, B., L'Ecriture Chinoise et Le Geste Humain, Librairie de T'ou-Se-We, Changhai,	1,200.-
1417.	Ms	Tchang, M., Tombeau Des Ling, Imprimerie de la Mission Catholique, Changhai, 1912	5,000.-
216.	Cu	Tesuka, K., Japanese Food, Maruzen Company, Tokyo, 1936	200.-
1012.	Gy	Tibet, Rockhill, W.W., 1891 ( ), Peking, 1939	600.-
38.	Ta	Tibetan Tales (Derived from Indian Sources), Translated from the Tibetan of the Kahgyur by F. Anton von Schiefner, George Routledge & Sons, London	1,200.-
742.	Jr	T'ien Hsia, , (Monthly) Vol, 1-6, The Sun Yot-sen Institute for the Advancement of Culture and Education, Nanking, 1935-1938	18,000.-
93.	Hy	Tien-Tse Chang, Sino-Portuguese Trade from 1514 to 1644 ( ), Late E. J. Brill & Co., Leyden, 1934	1,800.-
~~573.~~	~~Lg~~	~~Thesaurus Linguarum Orientalium, 4 cols., Francisci a Mesguien Meninski, Vienna; 1680~~	
313.	Bb	Thomas, E.C., The Love of Books: The Philobiblon of Richard de Bury, Chatto & Windus, London, 1925	300.-
794.	Ed	Thomas, A.F., Japan's National Education, Higher Normal School, 1933	1,000.-
686.	Jy	Thompson, A. M., Japan For A Week Britain For Ever, John Lane Co., London, 1911	500.-
232.	Pa	Thompson, D. V., The Materials of Medieval Painting, George Allen & Unwin Ltd., London, 1936	800.-
194.	Bo	Thunberg, C. P., Icones Plantarum Japonicarum, 1794; reprinted by the Shokubutsu Bunken Kankokai, Tokyo, in the 9th Year of Showa	2,000.-
252.	Bo	Thunberg, C P., Flora Japonica, Lipsiae, 1784; Reprinted by the Shokubutsu Bunken Kankokai, Osaka, 8th Yr, of Showa	3,000.-
294.	Pa	Toda, K., The Ryerson Collection of Japanese and Chinese Illustrated Books, Art Institute of Chicago, Chicago, 1931	3,000.-

- 31 -

41,900

33. Pt Toda, K., Japanese Scroll Painting, The University of Chicago Press, Chicago, 1935 — 2,500.-

99. Bu Toki, H., Si-Do-In-Dzou (Gested de L'officiant dans les cermonies mystiques des Sectes Tendai et Singon) — 5,000.-

1283. Tr Tokyo : Capital Of Japan, Tokyo Municipal Office, 1930 — 300.-

54. Rs The Tombs of the Six Dynasties ( ), The National Commission for the Preservation of Antiques, Nanking, 1935 — 7,000.-

1287. Ta Tomita, K., etc., Japanese Treasure Tales, Yamanaka & Co., Osaka — 800.-

1098. Lg Tomita, G., Stranger's Handbook Of The Japanese Language. Kelly & Walsh, Yokohama, 1893 — 200.-

1117. Hy Toynbee, R.J., A Study Of History, Oxford University Press, London, 1939 — 8,000.-

1077. Nv Toyoda, M., The Composition Class, The Herald Of Asia, Tokyo, 1938 — 100.-

782. Li Toyoda, M., Shakespeare In Japan : An Historical Survey. Iwanami Shoten, Tokyo, 1940 — 400.-

282. Jr The Transactions of the Asiatic Society of Japan, 19 vols. (Second Series - I*Iv, VI-XIX, and Vol. I - Reprints, Dec. 1925). Kyo Bun Kwan, Tokyo — 38,000.-

744. Es Transactions Of The Korea Branch Of The Royal Asiatic Society, , Vol. 23-30, Y.M.C.A. Press, Seoul, Korea, 1934-1940

745. Es Transactions Of The Korea Branch Of The R.A.S., Vol.1-23., Hon, Librarian, Seoul, Korea, 1900-1934

(744–745:) 80,000.-

1328. Rp Transactions of the Korea Branch of the Royal Asiatic Society , 4 vols., (Vols. 10 & 11, two copies) Christian Literature Society Of Korea, 1919-1920 — 4,500.-

1323. Rp Transactions Of The Asiatic Society Of Japan, 6 vols., Kelly & Walsh, Yokohama, 1906-1912

1187. Jr Transactions Of The Asiatic Society Of Japan, Second Series Supplement To Vol.1. December, 1924

1188. Jr Transactions Of The Asiatic Society Of Japan, (binded), Vol. No. 12. 18. 19. 31. 34, 35. 45. 46. 47. 48. 49. 50. 1883-1922, Kelly & Walsh, Yokohama

146,800

1189. Jr Transactions Of The Asiatic Society Of Japan,
(parts), Vol. No. 2. 3. 7. 14. 20. 27. 29. 30. 32. 16. 33.
35. 38, 1882-1911,
Kelly & Walsh, Yokojama

1190. Jr Transactions Of The Asiatic Society Of Japan, (unbinded),
Vol. 50,
Keio-hijiku, Tokyo, 1922

1191. Jr Transactions Of The Asiatác Society Of Japan, Vols., 1-30
(except Cols. 17. 18), 28 vols.,
Kelly & Co., Yokohama, 1895-1901

1192. Jr Transactions Of The Asiatác Society Of Japan, Vol. 8 part 1-2
to Vol. 14 part 1-2, Vol.11,
Mieklijohn & Co., Yokohama

1372. Jr Transactions Of The Asiatic Society Of Japan, (Extracted
from the), Vol. 17, part 1, 500,000.-
(Parker, E.H.)

1373. Jr Transactions Of The Asiatic Society Of Japan, (Extracted
from the), Vol.18, part 1,
(Batchelor, J.)

1359. Rp Transactions Of The Asiatic Society Of Japan, Vol. 24.
(Ainu Words As Illustrative Of Customs And Matters
Pathologival, Psychological And Religious)

1195. Jr Transactions Of The Asiatic Society Of Japan, Vol. No. 3,
9. 10, 18, 19(2 copies), 30, 32, 33, 34, 36, 37(2 copies),
38(2 copies), 41, 49, 23 parts,
Kelly & Walsh, Yokohama, 1875-1922

442. Rs Transactions of the Asiatic Society of Japan (Supplement
of Vol. XXXII - The Japanese Chronology), Kelly & Walsh,
Tokyo. 1910

1241. Cal, Trautz, F.M., Eine Buddhistisch Kunsthandschrift der
At Japanischen Fujiwara-Zeit, 1,500.—
(D) Die Reichsdruckerei, Berlin, 1926

11. At Treasures of the 7th & 8th Centuries Excavated in Japan ( ).
Ar The Imperial Household Museum, Tokyo, 1937 1,000.—

109. Dp Treat, P.J., Diplomatic Relations Between the United States and
Japan 1853-1895, 2 vols., Stanford University Press, Stanford, 500.—
1932

980. Lg Trofimov, M.V., The Pronounciation Of Russian, 600.—
The University Press, Cambridge, 1923

- 33 -

508,100

1156. St Trollope, A., Barchester Tower, 200.-
J.M.Dent & Sons, London, 1938

422. Si Tschepe, A., Histoire du Royaume de T's In, Mission Catholique, 3,000.-
Hy Changhai, 1923

799. Dm Tsiang Un-Kai, K'ouen K'iu, , Le Theatre Chinois 3,500.-
(F) Ancien,
Librairie Ernest Leroux, Paris, 1932

22. Ga Tsuda, N., Gardens in Japan, 21 plates, K.B.S., Tokyo. 1935 3,000.-

44. Pa Tsuda, N., Ideals of Japanese Painting, Sanseido, Tokyo, 1940 4,000.-

1016. By Tsudzuki, K., An Episode From The Life of Count Inouye, 500.-
by the Author, Tokyo, 1912

1044. Gl Tsurumi, Y., Present day Japan, 1,000.-
Columbia University Press, New York, 1926

1464. Rn Tucci, G., The Nyayamukha Of Dignaga, The Oldest Buddhist 1,200.-
Text On Logic,
In Kommission bei O Harrassowitz, Heidelberg, 1930

597. Ms Tureckiya Legendy o Svyatoi Sofu, Smirnov, Petersburg, 1981 3,000.-
1898

~~292. Cu Tun Li-Ch'en and Bodde, D., Annual Customs and Festivals in~~
~~Peking, Henri-Vetch, Peking, 1936~~

~~500. Ps T'ung-Su des Ceu-Tsi (Ein Beitrag zur Kenntnis der Chinesischen~~
~~Philosophie), Verlag Asia Major, Leipzig, 1932~~

~~156. (R) Two volumes in the Russian Language~~

1316. Rp T'ien Hsia, 17 numbers(Vol.VII, No,1- Vol.X,No.2)
Published under the auspices of the Sun Yat-sen Institute of 15,000.-
for the Advancement of Culture and Education, Kelly &
Walsh, Shanghai, 1938-1940

1317. Rp T'ien Hsia, , 200.-
Reprint from August, 1936

184. Sct The Tibetan, Mongolian & Manchurian Buddhist scriptures, 6 25,000.-
vols.

~~85. At Pa Katsuki Takahashi - Wall paintings of Horyuji temple.~~

9. Dc Takenobu - New Japanese-English dictionary ( ), 700.-
Kenkyusha.

- 34 -

43,800

~~99. Dc Meninski - Thesaurus Ling. Orientalium, Turcicae, Arabicae,~~
~~Lg Persicae, 4 vols.~~

~~160. Nv A. Trollope - Barcherter Towers, London, 1938.~~

~~103. Pri The Times - Printing in 20th Century, London, 1929.~~

~~74. Cu Naomi Tamura - The Japanese bride, Harper & Brothers, N.Y.,~~
~~Ta 1893.~~

190. Jr Transaction of the Asiatic Society of Japan, Tokyo, odd Volumes (unbound), 1872-1912, 57 vols (3 packages). 90,000.-

~~105. Tr Terry's - Guide to the Japanese Empire including Japan,~~
~~Gy Korea & Formose, Houghton Mifflin, Boston, 1933.~~

~~93. At Noritake Tsuda - Hand-book of Japanese art, Sanseido, Tokyo, 1938.~~

~~63. Li Kyoson Tsuchida - Contemporary thought of Japan and China, Williams & Norgate, London. 1929.~~

~~185. Pa The thousand Buddhas (Paintings recovered by A. Stoin & with essey by L. Binyon) - Ancient paintings from the cave-temples of Tun-Huang (   ), Bernard Quaritch, London, 1921. (Contained in a box). Collection by the Orchou-Expedition.~~

854. Ca Uenoda, S., Calender of Annual Events In Tokyo,
Kyo Bun Kwan, Tokyo, 1931 500.-

805. Pc Umemoto, R., Introduction to The Classic Dance of Japan,
Sanseido Co., Tokyo, 1935 500.-

655. Rn Underwood, A.C., Shintoism,
The Epworth Press, London, 1934 400.-

751. Lg Underwood, H.C., An Introduction To The Korean Spoken Language,
Kelly & Walsh, Yokohama, 1890 2,000.-

~~260. By Ushikubo, D.J.R., life of Koyetsu, Published by the Author,~~

96. Bu Utsuki, N., The Shin Sect (A School of Mahayana Buddhism),
Bureau of Buddhist Books, Kyoto, 1937 600.-

401. Jy Uyehara, Y., Songs for Children Sung in Japan, Hokuseido Press, Tokyo, 1940 700.-

~~126. Tr Vida de Joao de Barros, Indice geral das quatro Decada da~~
~~(P) Sua Asia, Lisboa, 1778.~~

~~127. Tr -,,- Decada un decima da Asia, Lisboa,~~
~~(P) 1778.~~

- 35 -

94,700

~~128. Tr — ", " — Indice geral des Decados de Couto,~~
~~(P) Lisboa, 1778.~~

1163. Po A. E. Vale And Other Poems, 300.-
Macmillan & Co., London, 1931

1181. St Vechten, V., Nigger Heaven, 200.-
Alfred A. Knopf, London, 1928

893. Do Villamor, I., La Antique Escritura Filipina, 1,800.-
(E) Manila, Islus Filipinas,1922

1094. Ts Vines, S., Yofuku Or Japan In Trousers, 700.-
Wishart & Co., London, 1931

137. Fl Visser, M.W. de, The Dragon in China and Japan, Johannes 4,500.-
Muller, Amsterdam, 1913.

519. Li Voruz, E., Style Epistolaire Japonais, Tokyo, 5th Year of 1,800.-
Lt Taisho

711. Rn Voss, G.S., etc., Kirishito-ki und Sayo-Yoroku, 1,000.-
(D) Sophia University, Tokyo, 1940

712. Si, Vinaza, Escritos De Los Portugueses Y Castellanos 5,000.-
Jy referentes a las lenguas de China Y El Japon (Congre
(P) so Internacional De Orientalistas),
Lisboa, 1892

146. Voyages de Thumberg, 4 cols., Paris, 1796 20,000.-

147. Rp Vries, M. G., Reize Naar Japan in 111643, Frederick Muller, 9,000.-
Amsterdam, 1858

~~340. Tr Voyages de Francois Bernier, 2 vols., Paul Marret, Amsterdam,~~
~~1709~~

27. Dc A vocabulary of chemical terms ( ).
Sc

23. Dc Vigario Apostologio Japonise- Lexicon Latino-Iaponicum.

28. Hy Vendryes - A linguistic introduction to history.
Lg

200. Rs Van Gulik (R. H.) - Hayagriva - The mantrayanic aspect of horse
- Cult in China nad Japan. (with 14 illustrations), E.J.Brill,
Leiden, 1935.

180. Dc Gerth Van Wijk - Dictionary of plant-names, Martinno Nij-
Bo hoff, The Hague, 1911.

187. Dc
(R) V.V. Velyaminov-Zernov-Slovar Dzagataisko-Turetskij, St. 20,000.-
Petersburg, 1868.

- 36 -

64,300

106. Hy Wada, T., American Foreign Policy Towards Japan during the 19th Century, The Toyo Bunko, Tokyo, 1928 2,000.—

950. Ta Waddell, H., The Wandering Scholars, Constable & Co., London, 1926 800.-

161. Bu Waddell, L.A., The Buddhism of Tibet (Lamaism), W. Heffer & Sons Ltd., Cambridge, 1934 900.-

183. Sc Waddington, C.H., The Scientific Attitude, The Penguin Books, Harmondsworth, 1941. 100.-

576. Po Wakameda, T., Early Japanese Poets (Complete translation of the Kokinshu), The Yuhodo, Tokyo, 4th Yr. of Showa 500.-

937. Pa Waley, A., An Introduction To The Study Of Chinese Painting, Ernest Benn, London, 1923 20,000.-

594. Po Waley, A., Japanese Poetry (The "Uta"), The Clarendon Press, Oxford, 1919 600.—

1050. Tr Waley, A., Ch'ang-Ch'un, The Travels Of An Alchemist, George Routledge & Sons, London, 1931 900.—

494. Te Si Waley, A., The Way and Its Power (A Study of the Tao Te Ching and its Place in Chinese Thought), Houghton Mifflin Company. Boston, 1935 800.—

546. Li Na Waley, A., The Pillow Book of Sei Shonagon, George Allen Unwin Ltd., London, 1929 800.—

1465. Rn (D) Walleser, M., Jahrbuch des Instituts fur Buddhismus-Kunde, Vol.1., U Universitats-Buchhaudlung, Heideldcrg, 1930 1,000.—

1194. Jr Walter, N., etc., The Asiatic Society Of Japan : Index to Chamberlain's Kojiki, (Vol. X, Supplement), Tokyo, 1906 400.—

419. Ps Wang Tch'ang Tche, La Philosophie Morale de Wang Yang-Ming, Librairie de Tou-Se-We, Shanghai, 1936 2,000.—

913. Tr Ward, F.K., The Land Of The Blue Poppy : Travels Of A Naturalist In Eastern Tibet, University Press, Cambridge, 1913 900.—

774. Pa Warner, L., Buddhist Wall-Paintings, Harvard University Press, Cambridge, Massachusetts, 1938 1,800.—

- 37 -

33,500

113. Sp Warner, L., The Cradt of Japanese Sculpture, McFarlane, Warde, McFarlane, New York, 1936 4,000.—

684. Pc Watanabe, Y., Bunraku : Japanese Puppet Play. Japan Photo Service, Tokyo, 1939 400.—

579. Li Watanabe, T., The Treasury of Japanese Literature, Juppo Kaku, Tokyo. 8th Year of Showa 500.—

675. Pc Watey, A., The No Plays Of Japan, George Allen & Unwin, London, 1921 1,300.—

179. Cm Watson, E., The Principal Articles of Chinese Commerce (The Maritime Customs - China), Statistical Department of the Inspectorate General of Customs, Shanghai, 1930 4,000.—

1060. Rn Watters, I., The Enghteen Lohan Of Chinese Buddhist Tmples, Kelly & Walsh, Shanghai, 1925 1,600.—

~~162. Tr Watters, T., etc., On Yuan Chwang's Travels in India 629-645 A. D., 2 vols., Royal Asiatic Society, London, 1904-1905~~

434. Wedembybr, A., Japanische Fruhgeschichte, Deutsche Gesellschaft fur Natur-u. Volkerkunde Ostasiens, Tokyo, 1930 2,800.—

1152. Lg Weekley, E., Saxo Gfammaticus, Kegan Paul, Trench, Trubner & Co;London, 1930 250.—

1166. Te Wells, H.G., The Mind In The Making, Janathan Cape, London, 1928 300.—

267. Rs Werner, E.T.C., Chinese Weapons, The Royal Asiatic Society, Shanghai, 1932 1,600.—

52. Dc Werner, E.T. C., A Dictionary of Chinese Mythology, Kelly & Walsh Ltd., Shanghai, 1932 4,000.—

445. Cl Werner, E. C. T., A History of Chinese Civilization, The Shanghai Times, Shanghai, 1940 4,000.—

427. Ps Werner, E. T. C., The Chinese Idea of the Second Self. The Shanghai Times, Shanghai, 1932 700.—

351. Mo Westermarck, E., The Origin and Development of the Moral Ideas, 2 vols., Macmillan & Co., London, 1924 and 1926 3,000.—

1120. Pa Wheelwright, W. B., Printing Papers, The University of Chicago Press, 1936 1,600.—

29450

100.—

1129. St Wherry, E., The Wanderer On A Thousand Hills,
Penguin Books, London, 1940

26. Pa White, W. C., Tomb Tile Pictures of Ancient China, The University
of Tronto Press, Toronto, 1939 64,000.—

80. Tr White, W. C., Tombs of Old Lo-Yang, Kelly & Walsh Ltd., Shanghai,
1934 10,000.—

404. Li Whitehouse, W., Ochikubo Monogatari, or the Tale of
the Lady Ochikubo, J.L. Thompson & Co., Kobe, 1934 1,500.—

1162. St Whither Civilization, 100.—
Kawase & Sons, Kobe, 1934

172. Gr Whitney, W. D., A Sanskrit Grammar, Breitkopf & Hartel, Leipzig,
1924 3,000.—

851. Dr Whitney, W. N., A Concise Dictionary Of The Principal Roads, 2,500.—
Maruya & Co., Tokyo, 1889

1028. Cu Whymant, N., The Chinse-Japanese Puzzle, 200.—
Victor Gollancz, London, 1932

323. Pri Wibong, F. B., Printing Ink, Harper Bros., New York, 1926 1,000.—

375. Ps Wieger, L., Textes Philosophiques (Confusiisme Taoisme 4,000.—
Buddhisme), Hien-Lieu, 1930

376. Si Wieger, L. La Chine (A Travers les Ages), Hien-Lieu, 1924 3,000.—

377. Lg Wieger, L., Characteres Chinois, Hien-Lieu, 1932 5,000.—

374. Hy Wieger, L., Textes Historiques (Histoire Politique de la
Chine depuis l'origine jusqu'en 1929), 2 vols., Hien-Lieu, 8,000.—
1929

134. Dp Wildes, H. B., Aliens in the East (A New History of Japan's 3,000.—
Foreign Intercourse), University of Pennsylvania, Philadelphia,
1937

77. Cu Wilhelm, R., The Secret of the Golden Flower (A Chinese Book 1,000.—
of Life -), Kegan Paul, Trench, Trubner & Co.,
London, 1931

447. Si Wilkinson, H. P., The Family in Classical China, Kelly & 1,800.—
Cu Walsh, Shanghai, 1926

508. Si Williams, S. W., The Middle Kingdom, Charles Scribner's Cons,
New York, 1883 4,500.—

- 39 -

44.100

25. At Williams, C.A.S., Outlines of Chinese Symbolism and Art Motives (   ), Kelly & Walsh Ltd., Shanghai, 1932 4,000.-

83. Tr Williamson, J.A., The Voyages of the Cabots and the Discovery of North America under Henry VII and Henry VIII, The Argonaut Press, London, 1929 4,500.-

402. Na Willoughby-Meade, G., Chinese Ghouls and Goblins, Constable & Co., London, 1928 4,000.-

1456. Lg Winstedt, R.O., The Malay School Series, No.2, Fraser & Neave, 200.-

1139. St Wodehouse, P.G., Sam The Sudden, Methuen & Co., London 1939 100.-

1134. St Wodehouse, P.G., Blandings Castle, Bernhard Tauchnitz, Leipzig, 1936 100.-

1135. St Wodehouse, P.G., Lord Emsworth And Others, Bernhard Tauchnitz, Leipzig, 1938 100.-

1133. St Wodehouse, Q.G., Summer Lightning, Bernhard Tauchnitz, Leipzig, 1931 100.-

167. Lg Wolfenden S.N., Tibeto-Burman Linguistic Morphology, The Royal Asiatic Society, London, 1929 1,800.-

~~203. Me Wong, K.C. and Lieu-Teh, W., History of Chinese Medicine, Tientsin Press Ltd., Tientsin~~

13. Pi Woodward, A.M.T., The Postage Stamps of Japan and Dependencies (   ), 2 vols., Harris Publications Ltd., London, 1928 55,000.-

1080. Es Working the Miracle of The Twentieth Century, (By a Japanese), Rimpo Kyokai, Tokyo, 1938 300.-

389. Dp Wright, S. T., China's Struggle for Tariff Autonomy 1843-1938. Kelly & Walsh, Shanghai, 1938 1,200.-

295. Pri Wroth, L.C., A History of the Printed Book, The Limited Editions Club, New York, 1938 4,000.-

931. Lg (D) Wundt, W., Volkerpsychologie eine Untersuchung der Entwicklungsgesetze von Sprache, Mythus und Sitte, 2 vols Alfred Kroner Verlag, Stuttgart, 1921-1922 2,800.-

962. Lg Wyld, H. C., A Short History Of English, John Murray, London, 1927 700.-

78,900

944. Lg Wyld, H.C., A History Of Modern Colloquial English, 900.—
T. Fisher Unwin Ltd., London, 1919

250. Li Wylie, A., Notes on Chinese Literature (On the Progressive 2,000.—
At Advancement of the Art), The French Bookstore, Peking, 1939

471. Si Wylie, A., Chinese Researches, Shanghai, 1897; reprinted 1,500.—
Rs and published by Buntenkaku, Peiping, 1936

~~34. Dc H.C. Wyld-The universal English dectionary.~~

~~35. Dc H.C. Wyld-The Universal English dictionary.~~

150. Nv P.G. Wodehouse - A gentleman of leisure. 100.—

163. Nv Wodehouse - Mr. Mulliner speaking, N.Y., 1930 100.—

153. Nv Wodehouse - Carry on, Jeeves, New York, 1927 100.—

115. Nv P.C. Wodehouse - A century of Humour. 500.—

159. H.F. Wood - A collection of Brifish authors, "The passen- 100.—
Li ger from Scotland Yard". Leipzig, 1888.

~~83. Ed Louis Wertheimber - Muramasa blade, a story of feudalism~~
~~Ad in old Japan, Ticker & Co., Boston, 1887~~

4. Lg Dc Michael West - New method of English dictionary, Longmans,
Green & Co., London, 1936.

5. Lg Dc Michale West - New Method of English dictionary, Longmans,
Green & Co., London, 1940

140. Gy(H) Nicholaas Witsen - Noord en oost Tartaryen, Gewesten, Asi-
~~en en Europa, Amsterdam, 1785, 2 vols.~~

823. Cu Yamada, W., The Social Status Of Japanese Women, 300.—
Kokusai Bunka Shinkokai, Tokyo, 1935

1015. Hy Yamada, M., Ghenko: The Mongol Invasion Of Japan, 800.
Smith Elder & Co., London, 1916

451. Pi Yamamoto, Y., Japanese Postage Stamps, Board of Tourist 200.—
Industry, Tokyo, 1940

1246. Fl Yanagi, S., Folk-Crafts In Japan, 200.—
K.B.S., Tokyo, 1936

558. Cal Yang Yu-Hsun, La Calligraphie Chinoise depuis les Han, 3,000.—
Librairie Orientaliste Paul Geuthner, Paris, 1937

281. So The Yenching Journal of Social Studies, 2 vols., Yenching 2,500.—
Jr University, Peking, 1938 and 1939.

- 41 -

3000

12,300

411. La Young, C. W., Japanese Jurisdiction in the South Manchurian Railway Areas, John Hopkins Press, Baltimore, 1931 1,200.-

412. La Young, C. W., The International Legal Status of the Kwantung Leased Territory, John Hopkins Press, Baltimore, 1931 1,200.-

413. Pt Young, C. W., Japan's Special Position in Manchuria (Its Assertion, Legal Interpretation and Present Meaning), John Hopkins Press, Baltimore, 1931 1,200.-

474. Jy Young, M., Japan under Taisho Tenno 1912-1926, George Allen & Unwin, London, 1928 1,000.-

837. Rn Cl The Young East : Buddhism and Japanese Culture, The International Buddhist Society, Tokyo, 1938

838. Rn Cl The Young East : Autumn, The International Buddhist Society, Tokyo, 1935

839. Rn Cl The Young East : Autumn, The International Buddhist Society, Tokyo, 1936

840. Rn Cl The Young East : Winter, The International Buddhist Society, Tokyo, 1936

(837–840) 2,000.-

1104. Nv Young Forever And Five Other Novelettes by Contemporary Japanese Authors, Translated into English by Members of The Japan Writers Society, The Hokuseido Press, Tokyo, 1941 300.-

688. Pt Yoshida, H., Japanese Wood- Block Printing, The Sanseido Co., Tokyo, 1939 5,000.-

524. Lg Yoshitake, S., The Phonetic System of Ancient Japanese, The Royal Asiatic Society, London, 1934 1,000.-

213. Sc Yoshino, Y., The Japanese Abacus, Kyobunkwan, Tokyo, 1937 500.-

1242. Es Yoshitake, S., Ex Actorum Orientalium Volumire 13 Excerptum, The Royal Asiatic Society, London, 1934 1,000.-

850. Lg Yuasa, M., How To Write And Read Japanese Correctly, Okazakiya Shoten, Tokyo, 1929 200.-

498. Ps Yu-lan Fung, Chuang Tzu (Exposition of the Philosophy of Kuo Hsiang), The Commercial Press, Shanghai, 1933 2,000.-

437. Tr Yule, Sir H., Travels of Marco Polo, 2 vols, John Murray, London 7,000.-

3000

23,600

297. Bb Yu, P.Y. and Gillis, I.V., Title Index to the Ssu K'u
Ch'uan Shu, Peiping, 1934

72. Es (F) Kikou Yamada - Japan, derniere heure.

67. Cu Shway Yoe - The Burman, his life & nations, Macmillan, London
1910.

168. Es Hy Sir Henry Yule - Cathay and the Way thither, Being a col-
lection of mediᵉval notice of China, London, 1915, 5 vols.

363. Dc Zach, E., Lexicographische Beitrage, Hound in one., Peking,
1902-1906 15,000.—

607. Dc Zakharoff, I., Complete Manchu - Russian Dictionart,
Henre Vetch, The French Boodstore, Peking, 1939 15,000.—

423. Si Cu Zi, E., Pratique des Examens Militaires en Chine, Imprimerie
de la Mission Catholoque, Changhai, 1896 4,000.—

1261. Ce Labor And Porcelain In Japan,
The "Japan Gazette" Office, Yokohama, 1882 3,000.—

865. Jy Lachin, M., Japan 1934,
Gallimard, Paris, 1934 200.—

1132, St Lady Bell, The Letters Of Gertrude Bell,
Penguin Books, London, 1939 100.—

1178. Pt Lajos, I., GermanY's War Chances,
Victor Gollancz, London, 1939 100.—

1207. Lg (F) Lamasse, H., Sin Kouo Wen,
Imprimerie De La Societe Des Missions-Etrangeres, Hong-Kong,
1922 6,000—

182. Fl Lamb, C. etc., Chinese Festive Board, Henri Vetch, Peking, 1938 1,200.

666. Gr (F) Landresse, M.B., Elements De la Grammaire Japonaise,
La Societe Asiatique, Paris, 1825 10,000.—

1335. Lg Lange, R., Thesaurus Japonicus, 3 vols.,
Walter De Gruyter & Co., Berlin, 1919 25,000.—

988. Lg (D) Lange, R., XV Einfuhrung In Die Japanische Schrift,
Walter De Gruyter & Co., Berlin, 1922 3,000.—

343. Lg Langles, L., Alphabet Mantchou, De L'Imprimerie Imperiale,
1807 6,000.—

1457. Bo (F) La Pivoine, Reine Des Fleurs En Chine, 4 parts,
Henri Imbert, Politique De Pekin, Pekin, 1922 2,000.—

3000

-43-

90,600

1455. Ps Laplace, P.A., Essai Philosophique Sur Les Probabilites,
2 vols.,
Gauthier-Villars Et C , Editeure, Paris, 1921 2,000.—

~~696. De Laponiae, V. A., Lexicon Latino-Japonicum,~~
~~(I) Typis & C. De Propaganda Fide, Romae, 1870~~

1032. Cu La Poupee Japonaise, 200.—
(F) Kokusai Bunka Shinkokai, Tokyo.

1351. Ta Larguier, L., L'Apres-Midi Chez L'Antiquaire, 500.—
(F) L'Edition, Paris, 1922

184. Es Laskins, C.H., Renaissance of the Twelfth Century, Harvard 2,000.—
University Press, Cambridge, 1928

185. Sc Haskins, C.H., Mediaeval Science, Harvard University Press, 2,400.—
Cambridge, 1927

492. Fl Lattimore, O., The Mongols of Manchuria, George Allen & 2,000.—
Unwin, London

286. Pri Laufer, B., Paper Printing in Ancient China, The Carton 4,000.—
Club, Chicago, 1931

~~2. Pa Laufer, B., T'ang, Sung and Yuan Paintings Belonging to Various~~
~~Chinese Collectors, G. Van Oest & Co., Paris, etc., 1924~~

47. Sp Laufer, B., Chinese Grave-Sculptures of the Han Poriod, E. L.
Morice, London, 1911 2,800.—

687. Jd Laures, T., An Ancient Document of the Early Intercourse
between Japan and the Philippine Islands, 200.—
Culture Social, Manila, 1941

204. Nh Laufer, B., Sino-Iranica (Chinese Contributions to the History
Hy Of Civilization in Ancient Iran), Field Museum of Natural
History, Chicago, 1919 3,600.—

1280. Rn Laures, J., Kirishitan Bunko : A Manual of Books and 2,200.—
Documents on the Early Christiam Mission in Japan,
Sophia University, Tokyo, 1940

718. La Leang K'i-Tch'ao, La Conception De La Loi Et Les
(F) Theories Des Legestes A La Veille Des Ts'In, 2,500.—
China Booksellers, Pekin, 1926

1305. Jy Leavenworth, C.S., The Loochoo Islands, 800.—
"North-China Herald", Shangjai, 1905

1467. Rn Lebi, S., Sphutartha Abhidharmako-Çavyakhya The Work Of
(R) Yacomitra First Koçasthana, 5,000.—
In Russia, 1918

- 44 -

3000

30,200

775. At Le Coq, Bilderatlas Zur Kunst und Kullurgeschichte 2,500.–
Cl Mittelasien,
(D) Dietrich Reimer, Berlin, 1925

1021. Ca Lee, F.H., Tokyo Calendar, 200.–
Hokuseido Press, Tokyo, 1934

418. Ps Le Gall, S., Le Philosophe Tchou Hi, sa Doctrine, son 3,000.–
Influence, Mission Catholique, Changhai, 1923

1322. Li Legge, J., The Chinese Classics, vols. 1–8, 5,500.–
Wen Tien ko, Peking, 1939
1 , 2 , 3 , 4 ,
5 , 6 , 7 , 8 .

488. Po Legge, J., The Book of Poetry (Chinese Text with English 700.–
translation), The Chinese Book Co., Shanghai

1035. Te Legge, J., etc., English-Japanese Confucian Analects, 300.–
Fumikodo Shoten, Tokyo, 1922

362. Si Legge, J., The Chinese Classics, 4 vols:
Vol. I: Confucian Analects,etc., The Clarendon
Press, Oxford, 1893
" II: The Work of Mencius, The Clarendon Press,
London, 1895
" III: The Shoo King or the Book of Historical 30,000.–
Documents, Trubner & Co., London, 1865
" IV: The She King or the Book of Poetry, Henry
Frowde, London

989. Lg Lehrbucher Des Seminars Fur Orientalische Sprachen zu
(D) Berlin, 2,000.–
Walter De Gruyter & Co., Berlin, 1922

841. Cu Les Caracteres Ou Les Moeurs De Ce Siecle,
(F) Rene Hilsum, Editeur A Paris, 1896 200.–

1442. Dc Levy, C., Dictionnaire Coreen-Francais, Les Missionnaires
de Coree, 25,000.–
Imprimeur-Libraire, Yokohama, 1880

1407. Ar Leyden, E.J., Annual Bibliography Of Indian Archaeology For
The Year 1926 Kern Institute, 1,800.–
Brill, Leyden, 1928

441. Jr Lin Yutang, A History of the Press and Public Opinion in 1,500.–
Hy China, Kelly & Walsh, Shanghai, 1937

560. Lg Liggins, Rev. J., Familiar Phrases in English and Romanized
Japanese, London Mission Press, Shanghai, 1860 3,000.–

- 45 -

3000

75,700

225. Bo Linnaei Genera Plantarum Holmiae, 1754; Reprinted by the Shokubutsu Bunken Kankokai, Tokyo, 1939 2,000.—

1314. Rp The Library Of Congress, 18 numbers., Government Printing Office, Washington. 1928-1939 3,500.—

1408. Me List Of Chinese Medicines, Shanghai, 1889 4,000.—

1312. Lg Lockhart, L.W., Word Economy, Kegan Paul, London, 1931 600.—

660. Dm Lombard, F.A., An Outline History Of The Japanese Drama, George Allen & Unwin, London, 1928 2,500.—

543. By Lorenzen, A., Hitomaro, L. Friederichsen & Co., Hamburg, 1927 1,800.—

24. Do Lowell, P., Chosen : The Land Of The Morning Calm, Tickner And Company, Boston, 1886 4,000.—

1025. Gy Lowell, P., Noto : An Unexplored Corner Of Japan, Houghton Mifflin & Co., Boston 2,000.—

1049. Rs Lowell, P., The Soul Of The Far East, The Macmillan Co., New York, 1920 1,200.—

836. By Ludovici, A.M., Nietzsche His Life and Works, Dodge Publishing Co., New York, 600.—

~~1415. Ta Yule & Cordier, Cathay And The Way Thither, 4 vols., , Peking, 1938-1939~~

1351. St Lyall, A., It Isn't Done, Kegan Paul, Trench, Trubner &Co., London, 1930 300.—

700. Pe Lloyd, A., Imperial Songs, The Kinkodo Publishing Co., Tokyo, 1905 3,500.—

~~173. Bt Te James Legge - The Four Books ( ), The Chinese Books Co., Shanghai. 1930~~

77. Ed Lombard - Pre-Meiji education in Japan, Kyobunkan, Tokio, Tokyo, 1914.

101. Bn Pl (F) La Societe Academique Indo-Chinoise - Bulletin, Au siege de la Societe, Paris, 1878-1890, 6 vols.

39. Dc Ram Narain Lal - The student's practical dictionary of Hindustani-urdu-English (Persia), 1940

102. Mr (F) L'Academie des Sciences de L'Urss, 1928-30 (classe des humanites), 2 vols.

3000

26,000

206. Hy(Siamese) The list of Chau Phaya in Ratana Kosintra, Bamrung Nuk-ulkit, 2461 (Tai Era), 1918, A.D. 2,000.—

59. Lg Rudolf Lange - A text book of colloquial Japanese, revised English edition by C. Noss, Kyobunkan. 1,200.—

~~12. Dc (F) Jam Lemarechal - Dictionnaire Japonais-Francais.~~

~~22. Dc Lewis - A Latin dictionary for schools.~~

~~42. Lg Linguistic Society of America, vol IV, [illegible].~~ ~~complete 35,000.—~~
~~set 7 publications, 1-7.~~

~~6. Lg Lyell - Slang, phrase and idiom in English.~~

1429. Ms O Institute, col.54,
Imprensa Da Universidade, Coimbra, 1907 2,000.—

981. Lg Ahn, F., First German Course,
Allman & Son, London 200.—

515. Lg Aim and Method of the Romaji Kai, Romaji-Kai, Tokyo, 1885 500.—

1107. By Akimoto. S., Lord Ii Naosuke And New Japan, (Translated from Ii Tairo To Kaiko by Nakamura, K.)
Published by Nakamura, K., Tokyo, 1909 500.—

1096. Tr Akiyama, A., A Complete Guide To Nara,
Published by the Author, Zushi, 1937 400.—

420. Li Allusions Litteraires: Corentin Petillon, Mission Catholique, Changhai, 1909, 2 vols. 5,000.—

620. Rn Anesaki, M., History Of Japanese Religion,
Kegan Paul, Trench, Trubner & Co., London, 1930 1,500.—

912. Rp Annual Report of The American Council of The Institute of Pacific Relations Incorporated, 1940-1941 400.—

1113. Ms Arber, E., Areopagitica, by John Milton,
Constable & Co., London, 1925 200 —

1215. Rn Asakawa, K., The Life Of A Monastic Sho In Medieval Japan,
Government Printing Office, Washington, 1919 1,000.—

1231. Hy Asakawa, K., Some Of The Contribution Of Feudal Japan To The New Japan,
(Reprinted from The Journal of Race Development, Vol. 3, No. 1, July, 1912) 800.—

293. Gy Asia Major, Schindler, B. and Weller, F. etc.,
Verlag der Asia Major, 1924-1932, 10 vols. 80,000.—

536. Gr Aston, W. G., Japanese Grammar, Office of the "Phoenix",
London, 1872 6,000.—

101.700

1019. Hy Aston, W. G., Hideyoshi's Invation Of Korea, Ryubun-Kwan, Tokyo, 1907 600.—

983. Lg Aston, W., A Grammar Of The Japanese Written Language, Luzac & Co., London, 1904 1,500.—

1468. Sc Atkinson, R.W., Memoirs Of The Science Departments, Tokyo Daigaku, No.6, The Chemistry Of Sake-Brewing, Tokyo Daigaku, Tokyo, 1881 1,200.—

1054. Cu (D) Balz, E., Uder Die Todesverachtung der Japaner, J.Engelhorns Nachf Stuttgart, 400.—

354. Ps Balfour, A. J., A Defence of Philosophic Doubt, Hodder and Stoughton, London 700.—

1171. Po Baring, M., Selected Poems, William Heinemann, London, 1930 500.—

705. B Baty, T., The Private International Law Of Japan, "Pyrsos" Ltd., Athens, 1939 1,000.—

990. Lg Becker, Japanese Self Taught, Kelly & Walsh, Yokohama 200.—

301. Bb The Best Hundred Japanese Books, The Isseido Bookstore, Tokyo, 1930 200.—

1284. Li (D) Bezzenberger, A., etc., Die Osteuropaischen Literaturen, Druck Und Verlag Von B.C. Teubner, Berlin, 1908 1,500.—

1469. Rn Bibliotheca Buddhica. 7 parts 6,000.—

257. By Bibliographie von Japan, 3 vols., Hans Praesent, Oskar Nachod, etc., Verlag Karl W. Hiersemann, Leipzig, 1937

258. By Bibliography of Japan, 4 vols, Fr. von Wenckstern, Oskar Nachod, etc., Verlag Karl W. Hiersemann, Leipzig, etc., 1928

(257–258) 20,000.—

242. Bb Bibliographie Abregee des Livres Relatifs au Japon en Francais, Italien, Espagnol, et Portugais, K.B.S., Tokyo, 1936 200.—

320. Bb K.B.S. Bibliographical Register of Important Works Written in Japanese on Japan and the Far East, 2 vols., K.B.S., Tokyo, 1937-1938 1,000.—

1227. At Binyon. L., etc., Japanese Art. The Encyclopaedia Britannica Co., London, 1933 1,800.—

357. Cu Biot, F.E., Le Tcheou-Li ou Rites des Tcheou, 3 vols., L'Imprimerie Nationale, Paris, 1851; Reprinted at Wen Tien Ko, Peking, Mingoku 29th Yr. 3,000.—

39,800

456. Cu Le Bogan, M.L.C., Manchu Customs and Superstitions, China Booksellers Ltd.,Tientsin, 1928 — 1,500.—

291. Bu Bohner, H., Legenden aus der Frubzeit des Japanischen Buddhismus (Nippon Koku Gembo Zenaku Ryo-i-Ki), 2 vols., Deutsche Gesellschaft Fur Natur-und Volkerkunde Ostasiens, Tokyo, 1934-1935 — 1,800.—

1441. Rn Boletin Ecclesiastico Da Diocese De Macaw, Nos.394-452 — 30,000.—

933. Lg Bolling, G.M., edited, Language Journal Of The Linguistic Society Of America, vols. 1,2,3,4,5,6,7,8. Waverly Press, Baltimore, 1925-1929 — 45,000.—

1221. Lg Bolling, G.M., Language Dissertations, Nos. 7-11, 5 vols., Linguistic Society Of America, Philadelphia, 1932 — 10,000.—

1222. Lg Bolling, G.M., Language Monographies, Nos. 8-12, 5 vols., Waverly Press, Baltimore, U.S.A., 1931-1932 — 10,000.—

1211. Pt Bonar, H.A., On Maritime Enterprise In Japan, (Read February 9th, 1887) — 500.—

1271. Pe (F) Bonneau, G., Rythmes Japonais, 4 vols., Librairie Orientaliste Paul Geuthner, Paris, 1933-1934 — 4,000.—

1272. Pe (F) Bonneau, G., L'Expression Poetique Dans Le Folk-Lore Japonais, 3 vols., Librairie Paul Geuthner, Paris, 1933 — 2,500.—

249. Ct Books from Japan (Catalogue of Important Publications), Tokyo Shuppan Kyokai, Tokyo, 1937 — 300.—

770. Bb Book Reviews, (Reprint from Vol. 1 Fasc. 1, 1935) — 100.—

1103. Dc Bourgois, G., Dictionary And Glossary For The Practical Study Of The Japanese Ideographs, Kelly & Walsh, Yokohama, 1916 — 1,800.—

28. At Bowie, H.P., On the Laws of Japanese Painting, Paul Elder & Co., San Francisco, 1911 — 2,500.—

852. Sc (D) Bloch, I., Sexualpsychologische Bibliothek, Erste Serie, Louis Marcus Verlagsbu-chhandlung, Berlin, — 2,000.—

685. Ct (F) Brandt, J., Catalogue Des Principaux Ouvrages Sortis Des Presses Des Lazarites, Societe Francaise De Librairie Et D'Edition, Pekin, 1937 — 4,000.—

954. Lg Bright, J.W., An Anglo-Saxon Reader And Grammer, George Allen & Unwin Ltd., London, 1917 — 600.—

- 49 -

116,600

549. Ar Britton, R., S., Yin Bone Rubbings, Chalfant Publication Fund, New York, 1937 1,000.—

550. Ar Britton, R. S., Yin Bone Photographs, Chalfant Publication Fund, New York, 1935 1,000.—

1234. Po Brophy, J., etc., Soldiers' Songs And Slang, Eric Partridge, London, 1931 500.—

1333. Jr Brown, W.N., Supplement To The Journal Of The American Oriental Society, 3 parts (1, 2, 4) The American Oriental Society, Maryland, 1925-1939 3,000.—

367. Si Pt Brunnert, H. S. and others, Present Day Political Organization of China, translated from the Russian by Beltchenko, A., Kelly & Walsh, Shanghai, 1912 3,000.—

~~1144. Cl (F) Bruyere, Les Caracteres Ou Les Moeurs De Ce Siecle, Froidcuoux, Paris.~~ ~~200~~

859. Cl Bryan, J.I., The Civilization Of Japan, Thornton Butterworth, London, 1929 200.—

860. Li Bryan, J.I., The Literature Of Japan, Thornton Butterworth, London, 1929 200.—

769. Po (D) Buch, V., Aus Der Gedichten Tu Fu's, (Reprint from Vol. 1. Fasc. 1, Oct., 1935) 200.—

1202. Rn Bulletin of the Catholic University of Peking, 9 parts. 4,500.—

327. Bn Bulletin de L'ecole Francaise d'Extreme-Orient, 42 vols., Hanoi, 1901-1930 220,000.—

1430. Bn (F) Bulletin de la Societe Franco-Japonaise de Paris XXVI-XXII, Juin-Septembre (1 part) 1912, Palais du Louvre-Pavillon de Marsan, Paris 500.—

~~878. Rn Bulletin of The School of Oriental Studies, London Institution, 38 parts. The School of Oriental Studies, London Institution, London, 1917-1940~~

858. Ps Bury, J.B., A History Of Freedom Of Thought, Thornton Butterworth, London, 1928 200.—

1321. Hy Becker, J.E., Notes On The Mongol Invasion Of Japan, "Japan Gazette" Press, Yokohama 1,000.—

- 50 -

235,300

147.	Hy (I)	Gino Bottiglioni - Atlante linguistico etnografico italiano della Corsica, Pisa, 1932	1,000.–
55.	Bb Li	G. Bonneau - Bibliographie de la litterature japonaise contemporaine, Maison Franco-Japonaise, 1938	1,000.–
48.	Jy Cl (F)	Henri Bernard - Les premiers rapports de la culture européenne avec la civilisation Japonaise.	500.–
710.	Rn (P)	Camara Manovel, J.P.A., Missoes Das Jesuitas No Oriente, Impresa Nacional, Lisbon, 1894	2,000.–
1267.	Ct	Catalogue Of The K.B.S. Library, K.B.S., Tokyo, 1938	200.–
316.	Bb	Catalogue of the Library of S. Ichikawa, Privately printed, Tokyo, 1924	1,000.–
321.	Ct Bb	Catalogue of Periodicals written in European Languages and Published in Japan, K.B.S., Tokyo, 1936	200.–
322.	Ct	Catalogue of Books written in European Languages and Published in Japan, K.B.S., Tokyo, 1936	200.–
1293.	Ct	Catalogue Of Marine, Freshwater And Land Shells Of Japan, Imperial Geological Survey Of Japan, Tokyo, 1931	500.–
58.	Pa	Catalogue of Paintings recovered from Tun-Huang by Sir Aurel Stein, Waley, A., The British Museum of the Government of India, London, 1931	4,000.–
1045.	Ms	Cautata, Kaido-Tosei, Nippon Bunka Chuo Renmei, Tokyo, 1941	200.–
844.	Tr	Chamberlain, B.H., A Handbook For Travellers In Japan, John Murray, London, 1894	1,000.–
469.	Jy	Chamberlain, B.H., Things Japanese, arranged for College use, Daito Shono, Tokyo, 1933	200.–
358.		Chavannes, E., Les Memoires Historiques de Se-Ma Ts'ien, 6 vols., Ernest Leroux, Paris, 1895-1905 (one vol. only returned)	50,000.–
1155.	St	Chesterton, G.K., All Things Considered, Methuen & Co., London, 1928	300.–
722.	D (F)	Chevalier, H., Annales Du Musee Guiment, Ernest Leroux, Editeur, Paris, 1897	3,000.–
400.	Tr	Chiang Yee, The Silent Traveller in War Time	500.–

- 51 -

65,800

1185. St Cleland, J., Memories Of Fanny Hill, 1,000.-
London, 1949.

90. Hy Cohen, G., Some Early Russo-Chinese Relations, "The National 300.-
Review" Office, Shanghai, 1914

23. The Collection of Old Bronzes of Baron Sumitomo ( ), 1,200.-
Kichizaemon Sumitomo, Kyoto, 1934

1138. St Collis, M., Siamese White, 200.-
Penguin Books, 1941

78. Bu A Comparative Analytical Catalogue of the Kanjur Division of 2,500.-
the Tibetan Tripitaka ( ),
Otani Daigaku Library., Kyoto 1930-32

110. Jr The Complete Journal of Townsend Harris, Doubleday Doran & Co., 2,600.-
for the Japan Society, New York, 1930

734. At Conder, J., The Theory of Japanese Flower Arrangements 800.-
Thompson & Co., Kobe, 1935

1225. Jr Contemporary Japan, Vol.1 No. 1-4,
The Foreign Affairs Association Of Japan, Tokyo, 1932-1933 10,000.-

1438. Do Contemporary Japan, 26 parts,
The Foreign Affairs Association Of Japan, Tokyo,

1446. Jr Cecil, H.G., ed., The Oriental Magazine, 1st No.5, 200.-
Orientalia, New York, 1927-1928

283. Si The Couling - Chalfant Collection of Inscribed Oracle Bone 2,000.-
( ), edited by Britton, R.S., The Com-
mercial Press, Shanghai, 1935

1462. Si Courant, M., De L'Utilite Des Etudes Chinoises, 700.-
(F) Librairie Chevalier-Marescq, Paris, 1899

1418. Hy Couvreur, S., Tch'ouen Ts'iou Et Tso Tchouan, 6,500.-
(F) 3 vols.,
Imprimerie de la Mission Catholique, Ho Kien Fou,
1914

821. Cu Cranmer- Byng, etc., Women And Wisdom Of Japan, 300.-
John Murray, London, 1914

663. Po Cranmer-Byng, L., etc., Nogaku, Japanese No Plays, 300.-
John Murray, London, 1932

1067. Ms Crooke, W., Hobson-Jobson, 4,500.-
John Murry, London, 1903

33,100

1165.	Ml	Crookshank, F.G., Individual Diaghosis, Kegan Paul, Trench, Trubner & Co., London, 1930	250.–
~~195.~~	~~Jr~~	~~Samuel Couling ^ The New China review, Complete~~ ~~Nor., 1920. Kelly & Walsh, Shanghai, 4 vols.~~	
1315.	Jr	China Review, 73 vols., China Mail Office, Honkong, 1875-1901	100,000.–
205.	Sc	Davis, T.L. and Chao Yun-Ts'ung, Essay on the Understanding of the Truth (Chinese Alchemy), The American Academy of Arts and Sciences, 1939	1,000.–
49.	Bu	Davids, Mrs. R., Sakya or Buddhist Origins, Kegan Paul, Trench, Trubner & CO., London, 1931	1,500.–
55.	Le	De Milloue, L. and Kawamoura, S., Coffre A Tresor, Ernest Leroux, Paris, 1896	3,500–
278.	Ed	De Harlez, C., La Siao Hio ou Morale de la Jeunesse, Ernest Leroux, Paris, 1889	2,500.–
208.	Zo	De Rosny, L., Education des vers a Soie au Japon ( ), Department de L'Agriculture, Paris, 1868	5,000.–
670.	Rn	D'Elia, P.M., The Catholic Mission In China, The Commercial Press, Shanghai, 1934	800.–
1149.	By	Dickinson, T.H., Robert Green, T. Fisher Unwin, London,	500.–
403.	Li	Diaries of Court Ladies of Old Japan, Translated by Annie Shepley Omori and Kochi Doi, Kenkyusha, Tokyo, 1935	1,000.–
1066.	Ta	Dickins, F.V., Chinshingura Or The Loyal League, Gowan & Gray, London, 1930	200–
960.	So	Dodge, R., etc., The Craving For Superiority, Yale University Press, New Heaven, 1931	400.–
440.	Rp Rn	Dossier de la Commission Synodale, Commissio Synodalis in Sinis, Peiping, 1938	600.–
978.	Lg (F)	Dombrowski, Methode Pratique De Russe, Librairie Garnier Freres, Paris, 1920	300.–
677.	Cl	Doi, K., Journal Of The Sendai International Cultural Society, Sendai International Cultural Society, 1940	400.–

- 53 -

117,950

1412. Hy (D) Dohi, K., Beitrage zur Geschichte der Syphilis, Verlag von Nankodo, Tokyo, 1923 1,200.-

387. Hy Si Dubs, H. H.and others , The History of the Former Han Dynasty: Pan Ku, Waverly Press, Baltimore, 1938 3,000.-

1108. Ms Duddington, N.A., December The Fourtheenth, by Mereshkovsky, (Translated from Russian), Jonathan Cape, London 200.-

149. Hy Dudgeon, J., Historical Sketch of the Ecclesiastical, Political and Commercial Relations of Russia with China ( ). Wen Tien Ko, Peking, 1940 300.-

68. Sp East Indian Sculpture (From the 12th Century to the 18th Century), The Toledo Museum of Art, Toledo, Ohio. 500.-

1153. Ms Edinger, G., Pons Asinorum, Kegan Paul, Trench, Trubner & Co., London, 1929 200.-

791. Ed Education In Japan, The Foreign Affairs Association of Japan, Tokyo, 1938 200.-

940. Ta Edward Dowden, edited, The Tragedy Of Romeo And Juliet, Methuen & Co., London 300.-

784. Es. Rp Elisseeff, S., etc., Harvard Journal Of Asiatic Studies, 13 vols., Yenching Institute, Harvard, 1936-1939, 4 vols complete. 16,000.-

238. Me English-Chinese Hospital Dialogue (Outline of Chinese Medical History and Bernard E. Read), The French Bookstore, Peking, 1930 600.-

1119. Na English Short Stories Of Today, Published for the English Association by the Oxford University Press, London, 1939 200.-

1327. La English Transaction of The Korean Laws etc., 1909 1,000.-

959. Lg Entwistle, W.J., The Year's Work In Modern Language Studies, Volume 1., Oxford University Press, London, 1931 600.-

525. Lg Exercises in the Yokohama Dialect, compiled from original and reliable sources, Yokohama, 1874 2,000.-

603. Zo Ezaki, T., Zur Einfuhrung in Ph. Fr. von Siebolds (Fauna Japonica), Shokubutsu Bunken Kankokai, Tokyo, 1935 1,000.-

27,300

198. Cu The Kisho Shuppan sha (   ) - Marriage customs in Japan, with descriptions of the Imperial Wedding, Tokyo, 1904 (37). 600.-

156. Nv May Edginton - Life isn't so bad, London. 100-

463. Pt Fahs, C. B., Political Groups in the Japanese House of Peers; Reprinted from the American Political Science Review, Vol. XXXIV, No. 5, October 1940 500.-

876. Tr Fane, P., Kyoto, Rumford Printing Press, Hong Kong, 1931 3,000.-

982. Lg (D) Fick, R., Praktische Grammatik der Sanskrit-Sprache fur den Selbstnnterricht, A Hartleben's Verlag, Wien. 1,500.-

329. Fi An Financial and Economic Annual of Japan, 19 vols., Dept. of Finance, 1901-1930 (returned imperfect, with the rare vols removed) 6,000.-

1464. Rn (F) Finot, L., Rastrapalapariprocha, Sutra Du Mahayana, Commissionnaire de L'Academie Imperial des Sciences, St.-Petersbourg, 1901 4,000.-

1056. La The First Japanese Constitution, (A Lecture by Sir George Samour), Asiatic Society Of Japan, Tokyo, 1938. 200.-

777. Es (D) Forke, A., Abhandlungen aus dem Gebiet der Auslandskunde, Band 46, Friederichsen, De Gruyter & Co., Hamburg, 1934 6,000.-

1040. Dc Fowler, H.W., A Dictionary Of Modern English Usage, The Clarendon Press, Oxford, 500.-

220. Bo Ga Freeman-Mitford, A B., The Bamboo Garden, Macmillan & Co., London, 1896 1,500.-

936. Dp The French Yellw Book: Diplomatic Documents 1938-1939, Hutchinsen & Co., London 100.-

269. Tr Gy Fujinami, K., Hot Springs in Japan, Maruzen Co., Tokyo, 1936 100.-

432. Lg Fu Liu, Les Mouvements de la Langue National en Chine, Press de I'Universite Nationale de Pekin, 1925 1,500.-

365. Ps Fung Yu-Lan, A History of Chinese Philosophy (   ), translated by Bodde, D., Henre Vetch, Peiping, 1937 3,500.-

1114. Ms Galsworthy, J., The Forsyte Saga, William Henemann, London, 1922 200.-

- 55 -

29,300

1193. Jr General Index To The Transactions Of The Asiatic Society
Of Japan, Vols. 1-23,
Kelly & Walsh, Yokohama 500.-

1203. Ct, Bb General Index of Subjects Contained in The Twenty Volumes of
The Chinese Repository, Vol. 20,
Shanghai, 1940 500.-

1083. Gy Geographical Review, July 1937,
The American Geographical Society Of New York, New York. 300.-

373. Rp Grigorieff, W. W., Travaux de la Troisieme Session du
Congres International des Orientalistes, St. Petersbourg, 25,000.-

~~296. Bb Giles, L., Index to the Chinese Encyclopaedia, The British
Museum, London, 1911~~

1130. St Gibbons, S., Nightingale Wood,
Penguin Books, London, 1940 100.-

568. Cu Fl (F) Gillis, I. V. and Pai Ping-Ch'i, Japanese Surnames, Hwa
Hsing Press, Peking, 1939 3,500.-

708. Rn A Golden Jubilee 1865-1915 : General View Of Catholicism
In Japan,
L.G. of the Foreign Mission of Paris, Nagasaki, 1914 500.-

1339. An (D) Gragger, R., Ungaresche Jahbucher, Band 6,
Walter De Gruyter & Co., Berlin, 1926 1,000.-

740. Gr (F) Grammaire Coreenne Et Exercise Gradues,
Les Missionnaires De Coree, Yokohama, 1881 15,000.-

388. M Gray, L.H. and others, The Mythology of All Races,
Marshall Jones Co., Boston, 1917 3,000.-

1105. Jy A Guide To Japanese Studies,
Kokusai Bunka Shinkokai, Tokyo, 1937 1,000.-

143. Rs van Gulik, R. H., Monumenta Serica (Journal of Oriental Studies
of the Catholic University of Peking), Henri Vetch, Peking, 100.-

280. Hy Van Gulik, R. H., Monumenta Serica, Henri Vetch, Peking 100.-

67. Van Gulik, R. H., Mi Fu on Ink Stones, Henri Vetch, Peking,
1938 2,000.-

798. At Gulik, R. H., The Lore Of The Chinese Lute,
Sophia University, Tokyo, 1940 1,600.-

- 56 -

54,200

829. At Gulik, R.H., Hsi K'ang And His Poetical Essay On The Lute, 1,000.—
Sophia University, Tokyo, 1941

45. At Van Gulik, R.H., The Mounted Scroll in China and Japan, 500.—
Reprinted from T'ien Hsia Monthly, Aug-Sept. 1941

872. Ta Gyp, Celui qu'on aime, 100.—
(F) Flammarion,

452. Pi Haag-Pedersen, J., The Postage Stamps of Manchoukuo with 2,000.—
Varieties, published by the author, Mukden, 1940

196. Mh Hachisuka, M.U., The Birds of Japan and the British Isles, 800.—
Cambridge University Press, Cambridge, 1925

969. So Haire, N., Sexual Reform Congress, 1,600.—
Kegan Paul, Trench, Trubner & Co., London, 1930

335. Tr Hall, B., Voyage to West Coast of Corea and the Great Loochoo 6,000.—
Island, John Murray, London, 1818

91. Hy Hallberg, I., L'extreme Orient, Wald Zachrissons, Goteborg, 5,000.—
1906

345. Tr Halloran, A. L., Eight Months' Journal to Japan, Loo- 1,000.—
choo, etc., Longman, Brown, Green, Longmans & Roberts.
London, 1856

1439. Dp Halot, M., Conference Sur L'Ile Formosa, 1,000.—
(F) Imprimerie E Cagniard, Rouen, 1910

1154. Te Hamerton, P.G., Human Intercourse, 500.—
Macmillan & Co., London, 1928

871. Cu Hamerton, P.G., The Intellectual Life, 500.—
The Hokuseido Press, Tokyo, 1925

1137. St Hampden, J., Great English Short Stories, Vol. 100.—
Penguin Books, London, 1940

1313. Es Hanazono, K., Journalism In Japan And Its Early Pioneers, 400.—
Osaka Shuppan-sha, Osaka, 1926

1216. Es Hanazono, K., The Development of Japanese Journalism, 400.—
Osaka Mainichi, Osaka, 1924

618. Rn Handbook of The Old Shrines And Temples And Their Treasures 600.—
In Japan,
Bureau Of Religions Department Of Education, Tokyo, 1920

71. At Handbook of the Department of Oriental Art, The Art Institute 500.—
of Chicago, Chicago, 1933

- 57 -

22,000

645. Pt Happer, J.S. Japanese Sketches And Japanese Prints, Kairyudo, Tokyo, 1934 500.-

356. St Hara, K., An Introduction to the Story of Japan, G.P. Putnam's Sons, New York, 1920 2,000.-

262. Ct Harada, J., English Catalogue of Treasures in the Imperial Repository Shosoin, The Imperial Household Museum, Tokyo, 1932 2,000.-

5. At Harada, J., A Glimpse of Japanese Ideals, Kokusai Bunka Shinkokai, Tokyo, 1937 4,000.-

6. Ga Harada, J., The Gardens of Japan, The Studio Ltd., London, 1928 3,000.-

983. B Harkness, A., A Latin grammar for Schools Colleges, American Book Company, New York 500.-

1053. Tr Harrington, J.P., Tobacco Among The Karuk Indians Of California, United States Government Printing Office, Washington, 1932 800.-

1445. Rn Havret, H., T'Ien-Tchon, , Imprimerie De La Mission Catholique, Chang-Hai, 1909 2,000.-

870. Pt Hastings, ClH., Printed Cards L.C. : How To Order And Use Them, Government Ptinting Office, Washington, 1925 500.-

307. Bb Hayakawa, S., Symbolae ex Libris, Herbarium Hayakawa, Tokyo, 1929 500.-

193. Ct Hayakawa, S. Symbolae ex Librie Hayakawa ( ), Herbarium Hayakawa, Tokyo, 1929 500.-

~~640. Pa Hirano.C., Kiyonaga,~~ ~~25,000.-~~

1257. Jy Hearn, L., Kokoro : Hints And Echoes Of Japanese Inner Life, Houghton Mifflin Co., Boston, 1893 1,200.-

133. Na Heco, J., The Narrative of a Japanese (What he has seen and the People he has met in the coufse of the last 40 years), 2 vols., Maruzen, Tokyo, 28th Yr, Of Meiji 5,500.-

266. Tr Hedin, S., Jehol, City of Emperors, Kegan Paul, Trench, Trubner & Co., London, 1932 1,200.-

1182. Lg Henderson, B.L.K., Chats About Our Mother Tongue, Macdonald And Evans, London, 1927 600.-

1071. Ta Henderson, B., Wonder Tales Of Older Japan, Frederick A. Stokes Co., New York, 500.-

25,300

641. Jy Henderson, H.G., Etc., The Surviving Works Of Sharaku, The Society For Japanese Studies, New York, 1939 3,600.—

580. Po Henderson, H.G., The Bamboo Broom (An Introduction to Japanese Haiku), J.L. Thompson (Retail) & Co., Kobe, 8th Year of Showa 1,000.—

623. Rn Hepner, C.W., The Kurozumi Sect Of Shinto, The Meiji Japan Society, Tokyo, 1935 1,000.—

835. Po Herbert, A.P., A Book Of Ballads, Ernest Benn, London, 1931 100.—

1159. St Hebert, A.P., The Secret Battle, Methuen & Co., London, 1930 100.—

1160. St Herbert, A.P., Wisdom For The Wise, Methuen & Co., London, 1930 100.—

1186. Ms Hergesheimer, J., Tampico, Bernhard Tauchnitz, Leipzig, 1926 100.—

369. Jy History of the Empire of Japan, translated for the Imperial Japanese Commission of the World's Columbian Exposition, Chicago, 1893, by order of the Department of Education, Dai Nippon Tosho K.K., Tokyo 3,500.—

421. Si Hy Histoire des trois Royaumes Han, Wei et Tchao, by Tschepe, A., Mission Catholique, Changhai, 1910 4,000.—

180. Rs Hirth, F. and Rockhill, W.W., Chau Ju-Kua (-His works on the Chinese and Arab trades in the 12th and 13th centuries, entitled Chu-Fan-Chi), The Imperial Academy of Sciences, St, Petersburg, 1912. 10,000.—

~~209. Bo E Higgins, V., The Naming of Plants, Edward Arnold & Co., London, 1937.~~

460. Te E Hiroike, S., Moralogy, The Institute of Moralogy, Chiba, 1937 1,000.—

457. Hy Hirth, F., The Ancient History of China (To the end of the Chou Dynasty). Columbia University Press, New York, 1923 3,500.—

501. Li Si Hirth, F., Notes on the Chinese Documentary Style, Kelly & Walsh, Shanghai, 1909 1,500.—

615. Rn Hibino, Y., Nippon Shinbo Ron, The University Press, Cambridge, 1928 800.—

1125. Pa Hirano, C., Kiyonaga, A Study Of His Life And Works, 8 coloured prints & 138 plates in 1 chitsu, The Harvard University Press, Cambridge, 1939 30,000.—

- 59 -

60.300

1254. Jy Hildreth, R., Japan As It Was And Is, 3,000.-
The Sanshusha, Tokyo, 1905

~~1250. Hy Histoire De La Chine,~~
(F)

1434. Hy House, E.H., Japanese Expedition To Formosa, 3,000.-
Tokyo, 1875

706. Cu Hozumi, N., Ancestor- Worship And Japanese Law, 600.-
La The Marusen Co., Tokyo, 1912

346. Ms Hobhouse, L. T., Morals in Evolution, Chapman & Hall, 700.-
London, 1925

223. Bo Hoffmann, J. et Schultes, H., Noms Indigenes d'un Choix de 2,000.-
Plantes du Japon et de la Chine, E. J. Brill, Leyde, 1864;

304. Bb Holden, J.A., The Bookman's Glossary, R. R. Bowker Co., 1,800.-
N.Y., 1931

497. By Holth, S., Micius (A Brief Outline of his Life and Ideas), 1,200.-
The Commercial Press, Shanghai, 1935

631. Jy Holtom, D.C., The Japanese Enthronement Ceremonies, 200.-
The Kyo Bun Kwan, Tokyo, 1928

747. Lg Hodge, J.W., The Stranger's Handbook Of The Corean
Language, 1,000.-
The Seoul Press-Hodge & Co., Seoul, 1902

1310. Bb Honjo, E., A Bibliography of Japanese Economic History 1,000.-
written by some European Languages,
Kyoto, 1933

1424. Hy Howorth, H.H., History of the Mongols, vols. 1-5, 3,500.-
, Peking

716. Ad Hoang, P.P., Melanges Sur L'Administration, 4,000.-
(F) Imprimerie De La Mission Catholique, Chan-Hai, 1902

902. Ps Hochstetter, Studien zur Metaphysik und Erkenntnislehre
(D) Wilhelms von Ockham, 2,000.-
Walter de Gruyter & Co., Berlin, 1927

1031. Cl Hodons, L., Careers For Students Of Chinese Language And
Civilivation, 1,500.-
The University Of Chicago Press, Chicago, 1933

1086. Po Housman, A.C., Last Poems, ~~[illegible]~~
Great Richards, London, 1922
3,000.-

28,500

1240. Ar Hopkins, L.C., The Honan Relics : A new investigator and some results,
From the Journal of The Royal Asiatic Society, Jan., 1921 300.—

1276. Hy Holmes, R., Caesar De Bello Gallico,
The Clarendon Press, Oxford, 1914 400.—

1297. Dc Hoffmann, J.J., Japanese-English Dictionary,
The Dutch Government, Leyden, 1881-1892 7,000.—

1277. Bo (D) Hochschulen, Lehrbuch Der Botanik,
Verlag Von Gustav Fischer, Jena, 1921 2,000.—

1307. Fin The House Of Mitsui,
Mitsui Gomei Kaisha, Tokyo, 1933 500.—

910. Cl (F) Huart, C., La Perse Antique et La Civilisation Iranienne
La Renaissance du Livre, Paris, 1925 1,500.—

1256. Es Hudson, W.H., The Land's End.
J.M. Dent & Sons, London, 1926 500.—

123. Dp Hudson, C. F., Europe and China (A Survey of their Relations from the Earliest Times to 1800), Edward Arnold & Co., London,
1931 800.—

825. Cu Huggins, H.C., etc., Love And Society In Japan,
Tokyo, 1932 3,000.—

808. Ta Huggins, H., etc., Intimate Tales of Old Japan,
Nichibei-Insatsu-Sha, Yokohama, 1929 4,000.—

1059. Li Hughes, G., Three Women Poets Of Modern Japan,
University Of Washington Book Store, Seattle, 1930 1,200.—

728. Hy Hulbert, H.B., The Passing Of Korea,
William Heinemann, London, 1906 10,000.—

431. By Hummel, A. W., The Autobiography of a Chinese Historian
(   ), Late E. J. Brill Ltd., Leyden, 1931 2,000.—

481. Si Hunter, W. C., The "Fan Kwae" at Canton before Treaty Days
1825-1844, Oriental Affairs, Shanghai, 1,800.—

1400. Po Huntley, F. L., The Study Of English Poetry,
Kaitakusha, Tokyo, 1932 200.—

483. Ps Hu Shih (Suh Hu), The Development of the Logical Method in
Ancient China, The Oriental Book Co., Shanghai, 1922 2,000.—

- 61 -

31,200

484. Ps Hu Shih (Suh Hu), The Development of the Logical Method in Ancient China, The Oriental Book Co., Shanghai, 1928 2,000.-

1131. St Huxley, J., We Europeans, Penguin Boods, London, 1939 100.-

529. Jy Huzii, O., Japanese Prowerbs, Board of Tourist Industry, Japanese Government Railways, 1940 100.-

222. Ed Huzimoto, H. and others, Science Education in Japan, The 7th Word Conferense of the World Federation of Education Association, 1937 500.-

381. Dc Ichikawa, S., The Kenkyusha Dictionary of English Philology, Kenkyusha, Tokyo, 1940 1,500.-

1042. Ta Ichikawa, H., Japanese Lady In Europe, Extracts from Press Reviews, Kenkyusha, Tokyog 1937 500.-

237. Rp Ichikawa, S., The Ichikawa Mineral Laboratory Summawy Reports, 2 vols., Ichikawa Mineral Laboratory, Fukui-ken, 1934 & 1935 2,000.-

1017. Ta Ichikawa, H., Japanese Lady In America, Kenkyusha & Co., Tokyo, 1938 500.-

1018. Ta Ichikawa, H., Japanese Lady In Europe, Kenkyusha & Co., Tokyo, 1937 500.-

707. Cu. La (D) Ikeda, R., Die Hauserbfolge In Japan, Mayer & Muller, Berlin, 1903 1,500.-

~~416. Pt Imbert, H., Collection de la politique de pekin, 4 vols. in 1 chitsu, Pekin, 1921-1922~~

514. Gr Imbrie, Wm., Wa and Ga, Kyo Bun Kwan, Tokyo, 1914 1,000.-

991. Lg Imbrie, W., English-Japanese Etymology, 1st edition, T.Ishikawa & Son, Tokyo, 1884 800.-

992. Lg Imbrie, W., English-Japanese Etymology, second edition, Z.P. Maruya & Co., Tokyo, 1889 800.-

795. Ed The Imperial Rescript On Education, Translated IntonChinese, English, French & German, The Department of Education, Tokyo, 1907 600.-

630. Jy The Imperial Ordinanse Relating To The Ascension To The Throne, 800.-

- 62 -

13,200

359. Dp The Imperial Japanese Mission to the United States, Carnegie Endowment for International Peace, Washington, D. C., 1918 — 1,000.-

518. Lg Inagaki, M., Language Text of Nippon, 2 vols., Kyobunkwan, Tokyo, 1938 and 1939 — 1,000.-

1331. Jr Journal Of The American Oriental Society, 80 vols., American Oriental Society, Connecticut, 1924 — 35,000.-

817. Cu Inouye, J., Sketches Of Tokyo Life, Kurata Naka, Yokohama, 1895 — 2,000.-

822. Cu Inouye, J., Home Life In Tokyo, 1 vol. 1 chitsu, Tokyo, 1910 — 1,500.-

527. Lg Interim Report on Vocabulary Selection for the Teaching of English as a Foreign Language, P.S. King & Son Ltd., London, 1936 — 500.-

561. Li Introduction to Contemporary Japanese Literature, K.B.S., Tokyo, 1939 — 800.-

574. Po Isobe, Y., The Poetical Journey in Old Japan (Oku-no-Hoso-Michi- Basho), San Kaku Sha, Tokyo, 8th Yr. of Showa — 300.-

511. Na Itakura, J., The Ho-Jo-Ki (Private Papers of Kamo-no-Chomei of the Ten Foot Square Hut), Maruzen, Tokyo, 1935 — 300.-

575. Po Ito, S., Songs of a Cowherd, translated by Sakanishi, S., Marshall Jones Co., Boston, 1936 — 1,000.-

797. La Ito, H., Prince, Commentaries On The Constitution Of The Empire Of Japan, Chu-O Daigaku, Tokyo, 1931 — 500.-

654. Rn Iwai, T., The Outline Of Tenrikyo, Tenrikyo Doyu-sha, Yamato, 1932 — 1,000.-

900. Jr Isvestiya Vosteenago Instituta, 6 vols., Russia, 1900-1901 — ~~6,000.-~~ 10,000.-

41. Lg Ed The Institute for Research in English Teaching - A commemorative volume - 10th annual conference of English teachers — 900.-

314. Bb Jackson, H., The Fear of Books, The Soncino Press, London, 1932 — 3,000.-

315. Bb Jackson, H., The Anatomy of Bibliomania, The Soncino Press, London, 1932 — 3,000.-

1078. Nv Jackson, J.H., Water Margin, 2 vols., The Commercial Press, Shanghai, 1937 — 5,000.-

66,800

305. Pri Jacobi, C.T., Some Notes on Books and Printing, Chiswick Press, London, 1892 2,000.—

1128. St Jacobs, W. W., Night Watches, Penguin Books, London, 1940 100.—

930. Lg James, A.L., Broadcast English, The British Broadcasting Corporation, London, 1935 100.—

506. Fl Jameson, R. D., Three Lectures on Chinese Folklore, North China Union Language School, Peiping, 1932 1,500.—

1002. Do Jones, J.I., etc., 6000 Chinese Characters With Japanese-Pronounciation And Japanese And English Renderings, Kyo Bun Kwan, Tokyo, 1915 1,200.—

667. Rn (D) Jann,P.A., Die Katholischen Mission in Indien, China und Japan, Druck und Verlag von Ferdinand Schoningh, Paderborn, 1915 1,000.—

1433. Jy (F) Japan Et Extreme-Orient, No. 1-12, Edmond Bernard, Editeur, Paris 5,000.—

148. Hy Japan het Verkeer met Europesche Natien, J. A. Beijerinck, Amsterdam, 1847 10,000.—

875. Sta The Japan Year Book, 4 vols., (1919-20, 1920-21, 1921-22, 1924-25) The Japan Year Book Co., Tokyo, 1919-1925 3,000.—

79. Bu Japanese Alphabetical Catalogue of Nanjio's Catalogue of the Buddhist Tripitaka ( ), Nanjio-Hakushi Kinen Kankokwai, Tokyo, 1930 4,000.—

69. At Japanese Art (Screen paintings, fan paintings, and lacquer covering a period of over 600 years), The Toledo Museum of Art, Toledo, Ohio. 1,500.—

74. At The Japanese Arts thru Lantern Slides, 5 vols., K.B.S., Tokyo, 1937-1940 1,500.— ~~4,000~~ ~~2,000~~

1082. Ta A Japanese Boy, (By Himself), E.B.Sheldon & Co., New Heaven,1889 800.—

215. Cu Japanese Cooking and Etiquette by the Graduating Class of Keisen Girls' School, K.B.K., Tokyo, 1940 400.—

1380. Dp The Japanese Government's Statement of Observations on Lytton Report, The Japan Advertiser, Tokyo, 1932 100.—

32,200

1244.	Pa	Japanese Painting, Lantern Slide Catalogue, K.B.S., Tokyo, 1938	400.—
824.	Cu	Japanese Women, McClurg & Co., Shicago, 1893	1,000.—
572.	Cal	Jensen, Dr. P.H., Geschichte der Schrift, Orient-Buchhandlung Heinz Lafaire, Hannover, 1925	3,500.—
868.	Zo (F)	Jeune, R., La Societe Des Insectes, Les Editions Des Portiques, Paris	300.—
253.	Sc	Johnson, S. A Study of Chinese Alchemy, The Commercial Press, Shanghai, 1928	1,500.—
1210.	Jr (F)	Journal Asiatique, Tome 229, La Societe Asiatique, Librairie Orientaliste Paul Geuthner, Paris, 1937	2,000.—
1436.	Jr (F)	Journal Asiatique, Paris, Vol. for 1922 in 4 parts	2,000.—
1386.	Jr	The Journal Of The Royal Asiatic Society Of Great Britain And Ireland, (2 copies) Published By The Society, London, 1921	2,000.—
1392.	Jr	The Journal Of The Royal Asiatic Society Of Great Britain And Ireland, Published By The Society, London, 1932	2,000.—
1353.	Jr	Journal Of The Royal Asiatic Society, 1929, Published By The Society, London, 1929	2,000.—
1201.	Jr	Journal Of The Shanghai, No. 1 June, 1858 Reprinted by Noronha & Sons, Shanghai, 1887	2,500.—
239.	Bo	Juel, H.O., Plantae Thunbergianae, Akademiska Bokhandeln, Uppsala, etc., 1918	3,000.—
1302.	Jy	John, H.C., The Wild Coast Of Nippon, David Douglas, Edinburgh, 1880	3,000.—
919.	Lg (F)	Julien, S., Syntaxe Nouvelle De La Langue Chinoise, 2 vols., bound together, Librairie De Maisonneuve, Paris, 1869-1870	6,000.—
1319.	Jr	Journal Of The Peking Oriental Society,12 parts Pei-T'ang Press, Peking, 1885-1895	20,000.—
76.	Ed	Japanese Department of Education - Japanese education, Philadelphia International Exhibition (1876).	500.—

- 65 -

49,000

60. Dr The Japan Year Book Office - The Japan Year book, (1926). 500.-

192. Bo (D) Japanische Bergkirschen, ihre Wildformen und Kulturrassen, Imperial University of Tokyo, 1916. (With illustrations). 1,200.-

203. Rp Rs The Japanese Sericultural Association - The sericultural industry in Japan, Tokyo, 1910. 500.-

53. Jr Pl Journal of American Oriental Society (J.A.O.S.) from 45 (4 vols), 1925 to 58 (1-4), 1938 & 59 (1), 1939, Total 57 vols. 55,000.-

30. Ps Gr Jesperson - Philosophy of grammar. 800.-

62. Lg Jespersen - Language, its nature, development and origin. 1,200.-

26. Gr Jachke - Tibetan grammar. 4,000.-

433. Hy Jy Kaempfer, E., The History of Japan, together with a Description of the Kingdom of Siam, 3 vols., M.D.James MacLehose & Sons, Glasgow, 1906 ~~[illegible]~~ 6,000.-

1110. Lg Kanazawa, S., The Common Origin Of The Japanese And Korean Languages,
Sanseido, Tokyom 1910 1,000.-

1463. Gy (D) Kanazawa, S., Untersuchungen uber Die Japanischen Und Koreanischen Ortsnamen In Alten Zeiten,
General Gouvernement, Shosen, 1912 1,000.-

1295. Dc Karlgren, B., Analytic Dictionary of Chinese and Sino-Japanese, 8,000.-

489. Lg Karlgren, B., Sound and Symbol in Chinese, O. U. P., London 300.-

622. Rn Kato, G., A Study Of Shinto,
The Meiji Japan Society, Tokyo, 1939 3,000.-

585. Na Kato, G. and Hoshino, H., Kogoshui, or Gleanings from Ancient Stories (A History of Japan), Zaidan Hojin Meiji Seitoku Kinen Gakkai, Tokyo, 1925 and 1926 (2 copies) 700.-

350. Mr Kato, G., The Meiji Japan Society 25th Anniversary Commemoration Volume, Zaidan Hojin Meiji Seitoku Kinen Gakkai, Tokyo, 1937 800.-

634. Rn Kato, G., Le Shinto,
Librairie Orientaliste Paul Geuthner, Paris, 1931 1,000.-

664. Pc Kawatake, S., Development Of The Japanese Theatre Art,
Kokusai Bunka Shinkokai, Tokyo, 1935 200.-

85,200

974. Fa Kaye, F.B., Mandeville : The Fable of the Bees, 2 vols., The Clarendon Press, Oxford, 1924 — 3,500.-

475. In Kennedy, M.D., The Changing Fabric of Japan, Constable & Co., London, 1930 — 900.-

790. Ed Kienleyside, H., History of Japanese Education & Present Educational System, The Hokuseido Press, 1937 — 1,000.-

787. Ed Kikuchi, D., Japanese Education, John Murray, London, 1909 — 1,000.-

609. Dm Pc Kincaid, Zoe, Kabuki: The Popular Stage Of Japan, Macmillan & Co., London, 1925 — 8,000.-

1081. At Kincaid, Z., Tokyo Vignettes, The Sanseido Co., Tokyo, 1933 — 500

587. Hy Kinoshita, I., Koziki (Aelteste Japanische Reichsgeschichte), Japanisch-Deutschen Kulturinstitut zu Tokyo und Japaninstitut zu Berlin, 1940 — 5,000.-

635. Jy Kirkwood,K. P., Renaissance In Japan, Meiji Press, Tokyo, 1938 — 3,000.-

1145. Po Kipling, R., Barrack-Room Ballads And Other Verses, Methuen & Co., London, 1929 — 600.-

1170. St Kipling, R., The Years Between, Methuen & Co., London, 1919 — 600.-

806. At Kishibe, S., The Origin Of The P'I P'A With Particular Reference To The Five- Stringed P'i P'a Preserved In The Shosoin, A modified version of the article , which appeared in the Vol. 22(1936) Nos.,10 and 12 (Reprinted from the Transaction of the Asiatic Society of Japan, Second Series Vol. 19), 1940 — 200.-

719. Te (D) Kitamura, S., Grundriss der Ju-Lehre, Maruzen Co., Tokyo, 1935 — 1,000.-

14. An Klaproth, M, J., Nippon-O-Dai-Itsi-Ran ou Annales des Empereurs du Japon, The Oriental Translation Fund of Gt. Britain and Ireland, Paris, 1834 — 8,000

721. Do (F) Klaproth, J., Sam Kokf Tsou Ran To Sets, John Murray, Paris, 1832 — 7,000

731. At Koehn, A., Japanese Tray Landscapes, Lotus Court Publications, Peking, 1937 — 1,500

- 67 -

41,800

344. Lg Klaproth, J., Chrestomathie Mandchou, ou Recueil de Textes Mandchou, par auterisation de Mgr le Garde des Sceaux a L'Imprimerie Royale, 1828 5,000.-

In one bundle (Klette, Dr. E. and Knapp, Dr. H., Archiv Fur Buchbinderei, (Wilhelm Knapp, Halle, 1934 (Archiv-Fur Buchbinderei Zeitschrift Fur Einbandkunst, 1935 3,000.-

1087. By Klien, H., The English Duden, Bibliographisches Institut Ag., Leipzig, 1937 1,500.-

1023. By Kobayashi, N., The Sketch Book Of The Lady Sei Shonagon, John Murry, London, 300.-

1024. Cu Kawanami, K. K., Japan And The Japanese, The Keiseisha, Tokyo, 1905 200.-

737. At Koehn, A., The Way of Japanese Flower Arrangement, Kyo Bun Kwan, Tokyo, 1937 1,000.-

626. Ms Kodokwanki, The Meiji Japan Society, Tokyo, 1937 500.-

206. Me Ko Hung on the Gold Medicine and on the Yellow and the White, translated from the Chinese by Lu-Ch'ing Wu, The American Academy of Arts and Sciences, 1935 1,500.-

1262. Rp Kokusai Bunka Shinkokai (Prospectus and Scheme) K.B.S., Tokyo 100.-

1263. Bb K.B.S. Bibliographical Register Of Important Works Written In Japanese On Japan And Far East, K.B.S., Tokyo, 1937 500.-

1264. Li Kikuchi, K., History And Trends Of Modern Japanese Literature, K.B.S., Tokyo, 1936 100.-

1265. Rp Kokusai Bunka Shinkokai (Prospectus And Scheme). K.B.S., Tokyo, 1939 100.-

1266. K.B.S. Quarterly, 4 Bands, K.B.S., Tokyo, 1935-1936 2,000.-

236. Ml Kollard, J. A., Early Medical Practice in Macao, Inspeccao Dos Servicos Economicos, Macao, 1935 1,000.-

1329. Rs The Korean Repository, 5 vols, The Trilingual Press, Seoul, Korea, 1894-1898 25,000.-

1410. Gr Koros, A. C., A Grammar Of The Tibetan Language, , Peking, 1834 1,500.-

43,300

88

No.	Class	Entry	Price
1005.	Lg (D)	Kerner, W., Methode Toussaint-Langenscheide (der Russischen Sprache), 41 copies under a cover, Langenscheidtsche Verlag, Berlin	3,000.–
1026.	Nv (D)	Kosaka, Y., Der Kappa : Akutagawa Ryunosuke, Shobundo, Tokyo, 1934	200.–
299.	Jy	Krauss, F. S., Der Japaner, Ethnologischer Verlag, Leipzig, 1911	500.–
136.	Cl	Krieger, C. C., The Infiltration of European Civilization in Japan during the 18th Century, E. J. Brill, Leiden, 1940	1,500.–
116.		Kuiper, Dr. J.F., Japan en de Buitenwereld in de Achttiende Eeuw, Martinus Nijhoff, 'S-Gravenhage, 1921	2,000.–
565.	Li	Kunitomo, T., Japanese Literature Since 1868, The Hokuseido Press, Tokyo, 1938	800.–
908.	Dc (D)	Kunze, R., Praktisches Zeichenlexikon (Chinesisch-Deutsch-Japanisch), Nagoya, 1938	2,000.–
450.	Pb	Kuo-Cheng Wu, Ancient Chinese Political Theories, The Commercial Press, Shanghai, 1933	1,500.–
60.	Es	Kuo Hsi, An Essay on Landscape Painting, Translated by Shio Sakanishi, John Murray, London, 1935	300.–
649.	Pt (D)	Kurth, J., Harunobu, R. Piper & Co., Munchen, 1923	1,500.–
662.	Pc	Kwannami, Sotoda Komachi, The Japan-British Society, Tokyo, 1940	200.–
1274.	Lg	Kwong Ki Chiu, The Fisst Conersation - Book, Wah Cheung, Shanghai, 1885	100.–
1275.	Lg	Kwong Ki Chiu, The Second Conversation-Book, Wah Cheung, Shanghai, 1885	100.–
1453.	Fi	Kyoto University Economic Reviw, Nos. 8-13 Kyoto Imperial University Department Of Economics, Kyoto, 1934	1,000.–
82.	Nv	Kenzo Kai - Sakura no Kaori (war novel), Kenkyusha, 1933.	100.–
88.	Rp Mr	Kyoto prefecture - Summary of the grand ceremonies of the Imperial Enthronement (Shows 3 y.)	100.–
~~186.~~	~~Mp~~	~~Kokusai Bunka Shinkokai - Map of Japan and Adjacent regions, Tokyo, 1937~~	
144.	Ar Bb	Kern Institute - Annual bibliography of Indian archaeology, Leiden, 1928	2,000.–

– 69 –

16,900

207. Jr Krasnij Biblioteker (Red Library), issued Sept., Oct., Nov., Dec. 1931. 4 vols. 1,000.—

954. Dm Mabbe, J., Translated from the Spanish, Celestina or The Tragi-Comedy Of Calisto And Melibea, George Routledge & Sons Ltd., London, 500.—

~~1341. Gr (H) Maatschappy, Grammatica Of Nederduitsche Spraakkunst, ( ), 1828~~

~~1342. Gr (H) Maatschappy, Syntaxis of Woordvoeging, 1810.~~ , ,

1022. Lg Macauley, C., An Introductory Course In Japanese, Kelly & Walsh, Yokohama, 1906 1,000.—

285. Sc La Main (Les Sciences Occultes en Chine), Morant, G. S. de. Librairie Orientaliste, Paris 800.—

32. Pa Maler-und Sammler-Stempel aus der Ming und Ch'ing zeit gesammelt und bearbeitel von Victoria contag und Wang Chi-Ch'uan ( ), The Commercial Press Ltd., Shanghai, 1940 10,000.—

602. Po The Manyoshu, published for the Nippon Gakujutsu Shinkokai by the Iwanami Shoten, Tokyo 1940 1,500.—

1020. Ta Marcus, M,C., The Pine-Tree, The Iris Publishing Co., London 200.—

932. Rn (F) Marnas, F., La Religion De Jesus Ressuscitee Au Japon, 2 vols., Delhomme Et Brignet, Editeurs, Paris, 1896 4,000.—

263. Pa March. B., Some Technical Terms of Chinese Painting, Waverly Press Inc., Baltimore, 1935 1,500.—

1232. Ms Marett, R.R., An Outline Of Modern Knowledge, Victor Gallancz, London, 1931 500.—

~~1326. Jr Journal Of The American Oriental Society, 99 parts Yale University Press, U.S.A., 1917-1940~~

426. Li Margoulies, G., Evolution de la Prose Artistique Chinoise, Encyclopadic Verlag, Munchen, 1929 3,500.—

428. Li Si Margoulies, G., Le Kou-Wen Chinois, Paul Geuthner, Paris, 1926 4,000.—

1109. Gr Marsden, W., Torii, A., A Grammar Of The Malayan Language, Kaigai Jijo Fukyukai, Tokyo, 1930 1,000.—

617. Rn (F) Martin, J.M., Le Shintoisme, Imprimerie de Nazareth, Hongkong, 1924 3,000.—

32,500

176. Cl Martin, W. A. P., The Lore of Cathay (or The Intellect of China), Oliphant, Anderson & Ferrier, Edinburgh, 1901 1,800.-

1444. Li Mason, I., Notes On Chinese Mohammedan Literature, , Peiping, 300.-

619. Rn Mi Mason, J.W.I., The Spirit Of Shinto Mythology, Fuzanbo Vo., Tokyo, 1939 1,000.-

140. Ps Masson-Oursel, P., Esquisse d'une Histoire de la Philosophie Indienne, Paul Geuthner, Paris, 1923 1,200.-

187. Me Materia Medica ( ), The Chinese Medical Association, Shanghai, 1933 2,000.-

1073. Po Matsuhara, I., Min-yo : Rork-Songs Of Japan, Shin-Sei Do, Tokyo, 1927 400.-

952. Lg Mathews, M.M., A Survey Of English Dictionaries, Oxford University Press, London, 1933 600.-

1052. Pc (F) Matsudaira, M., Resume du "No" Theatre, Published by the Author, Tokyo, 1,000.-

289. Na Matsudaira, M., Les Fetes Saisonnieres au Japon (Province de Mikawa), G.P. Maisonneuve, Paris, 1936 1,500.-

378. Rp Matsukata, Count M., Report on the Adoption of the Gold Standard in Japan, The Government Press, Tokyo, 1899 800.-

541. Gr Matsumiya, Y., A Grammar of Spoken Japanese, The School of Japanese Language & Culture, Tokyo, 1937 1,000.-

537. Lg Matsumoto, N., Austro-Asiatica (Le Japonais et les Langues Austroasiatiques),Paul Geuthner, Paris, 1928 1,500.-

1213. Sc Matsuo, I., The Japanese Journal of Gastraenterology, Vol. 6 No. 2, Gastraenterology Association of Japan, 1934 200.-

874. Rn Matsutani, M., The Ideals Of The Shinran Followers, Tokyo, 1920 1,000.-

1004. Lg Mayers, W.F., The Chinese Reader's Manual, The Presbyterian Mission Press, Shanghai, 1924 3,000.-

781. Lg McCune, G.M., etc., Romanization Of The Korean Language, (Reprint from The Transactions Of The Korea Branch Of The Royal Asiatic Society, Seoul, Korea) 300.-

994. Lg McCovern, W.M., Colloquial Japanese, Kegan Paul, Trench Trubner & Co., London, 1920 200.-

- 71 -

17,800

759. So McKenzie, F.A., Korea's Fight for Freedom, Simpking, Marshall & Co., London, 1920 1,000.-

1340. Gr McIlroy, J.G., ed., Chamberlain's Japanese Grammar, Kegan Paul, London, 1924 1,500.-

1115. Bb McKerrow, R.B., An Introduction To Bibliography, The Clarendon Press, Oxford, 1928 1,800.-

504. Pt Si Meadows, T.T., Desultory Notes on the Government and People of China, Wm, H. Allen & Co., London, 1847 2,000.-

~~1334. Tr (F) Medard, M., A Propos des Voyages Aventureux de Fernand Menday Pinto, 1 vol. in 1 shitsu, Imprimerie de la Polique de Pekin, Pekin, 1934~~

118. Tr Medard, M.M., A Propos des Voyages Aventureux de Fernand Mendez Pinto, 2 copies, pekin, 1935 2,000.-

921. Lg (F) Meillet, A., Introduction A L'Etude Comparative Des Langues Indo-Europiennes, Librairie Hachette, Paris, 1924 1,600.-

922. Gr (F) Meillet, A., Traite De Grammaire Comparee Des Langues Classiques, Librairie Ancienne Honore Champion, Paris, 1927 2,000.-

1249. Lg (D) Meisinger, O., Vergleichende Wortkunde, C.H. Beck'scke Verlagsbuch Handlung, Munchen, 1932 1,000.-

1290. Gr (D) Meissner, K., Lehrbuch Der Grammatik Der Japanischen Schriftsprache, Dentsche Gesellschaft Fur Natur-U. Volkerkunde Ostasiens, Tokyo, 1927 1,200.-

380. Na Meissner, K., Der Krieg der alten Dachsse, Kyobunkwan, Tokyo, 1932 600.-

470. Hy Meissner, K., Die "Heilige" Sutra und audere japanische Geschichten, Kyobunkwan, Tokyo, 1937 500.-

157. Meissner, K., Deutsche in Japan 1639-1930, Berlin, 1940 500.-

391. Ir Melanges;Japonais, 8 vols., Libraririe Sansaisha, Tokyo, 1904-1910 30,000.-

443. Rs Si Melanges sur la Chronologie Chinoise, Havret et Chambeau, Imprimerie de la Mission Catholique, Chang-Hai, 1920 4,000.-

1161. St Mellon, J.W., Intermediate Inorganic Chemistry, Longmans, Green & Co., London, 1930 200.-

49,900

資料22（タイプ目録・Merryweather, F.S.Biliomania）

1466. Gy (F) Memoires de L'Academie Imperial des Sciences de St. Petersbourge VIII Serie, Index De La Section Geographique De La Grande Encyclopedie Chinoise T'ou-shou-tsi-tcheng, C de Waeber, St. Petersbourg, 1907 3,500.- 7,000

1308. Mr Memoirs Of The Research Department Of The Toyo Bunko, Nos. 1-10, The Toyo Bunko, Tokyo, 1926-1938 ~~8,000.~~ 600.-

971. Rn Mencken, J.L., Treatise On The Gods, Alfred A. Knopf, New York, 1930

197. Bo Merrill, E. D., and Walker, E.H., A Bibliography of Eastern Asiatic Botany, The Arnold Arboretum of Harvard University, Mass., 1938 6,000

~~Annual Report on Administration of Chosen, 1932-1933, Compiles by G-General of Chosen, Keijo, 1933~~

~~Annuaire de la Societe des rtudes Japonaises 1884-2.~~

~~Chalfant, F.H., The Hophins Collection of Inscribed, Oracle Bone, New York, 1939~~

17,100

資料23（HW 自筆手書目録・Poppe,N.N.）

資料23（HW自筆手書目録・Poppe,N.N.）

①

55 (N.N.) Poppe: Materialy dlya issledovaniya
tungusskogo yazyka, Leningrad 1927, 60 pp., 8vo,
buckram.

56 Le Baron Vitale and Le Comte de Sercey: Grammaire
et vocabulaire de la langue mongole
(dialecte des Khalkhas), Peking 1897, 68 pp., 8vo,
cloth.

57 (H.) Whitaker,: Eastern Turki, Chaubattia, U.P.,
1909, 60 pp., 8vo, original cloth.

58 Schiefner, A.: Beiträge zur Kenntniss der
tungusischen Mundarten, St Petersburg 1859,
24 pp., ~~B~~ 8vo, boards.

59 Castagné, J.: Le Congres de Turkologie de
Bakou, Paris 1926, 75 pp., 8vo, newly
bound in buckram.

60 ~~Drevnyy~~
Drevnyaya Rossiiskaya Bibliofeka, Moscow
1788-1791, 20 voll., (complete) 8vo, contemporary calf.
A ~~l~~ very fine copy of this great ~~#~~ 18th-century
collection of materials for the history of
Russian Siberia, etc. Approximately 9,500 pp. ~~[illegible]~~ of great
rarity.

7. 61 Küke Debter, Istoriya Mongolov, ~~Mongols~~ (2)
Mongol'skii tekst, St Petersburg 1912, 49 pp., 8vo,
buckram.
62 Pozdneev, A.: Obrazcy narodnoi literatury
mongol'skix plemen, St Petersburg 1880, 347
pp., 8vo, cloth. With Mongol texts.
63 Poppe, N.N.: Dagurskoe narechie, Leningrad
1930, 176 pp., 8vo, newly bound in buckram
64 Zapiski i zamechaniya o Sibiri, Moscow
1837, pp. 156, 8vo, half morocco.
65 Dubrovin, N.: Georgii XII, poslednii tsar
Gruzii, St Petersburg 1867, pp. 247, 8vo, newly
bound in buckram.
66 Nalivkine, V.P.: Histoire du Khanat de
Khokand, Paris 1889, pp. 272, tall 8vo, map,
buckram.
67 Schmidt, P.: The language of the Oroches, Riga
1928, 44 pp., small 4to, newly bound in buckram.
68 Schmidt, P.: The language of the Samagirs, Riga
1928, 34 pp., small 4to, newly bound in buckram.

資料 23（HW 自筆手書目録・Poppe,N.N.）

3/ (3)

69 Henry, V: Esquisse d'une grammaire raisonnee de
la langue aléoute, Paris 1879, pp. 76, buckram

70 Bang, W.: Über die köktürkische
Inschrift auf der Südseite des Kül
Tägin-Denkmals, Leipzig 1896, pp. 20, tall 8vo,
newly bound in buckram.

71a Makas, H.: Kurdische Studien, Heidelberg
1900, pp. 56, 8vo.

71b Hartmann, M.: Chaghataisches. Die grammatik
ussi lisāni turkī, Heidelberg 1902, 104 pp., 8vo.
71a-71b, 2 voll. bound together in buckram
(Materialien zu einer geschichte der
Sprachen und Litteraturen des vorderen
Orients, I-II.)

72 Catalogue of the Manchu Library (of P.G.
von Möllendorff), Leipzig n.d., 16 pp., 8vo,
newly bound in cloth.

73 Ostroumov, I.: Tatarsko-russkii slovar,
Kazan 1892, 246 pp., 12mo, cloth.

4/

74 Kirgizsko-russkii slovar, Orenburg
1903, 2nd ed., 242 pp., small 8vo, cloth.

75 Mir-Ali-Shir, a collection of essays by
V.V. Bartold and others, Leningrad
1928, pp. 176, 8vo, original wrappers.

76 Pokotilov, D.: Istoriya vostochnyx
Mongolov v period dinastii
Min, St Petersburg 1893, pp. 230, 8vo, half
calf. A good copy of this extremely rare
history of the Mongols from Chinese sources.

77 Prince Ukhtomskii: Iz oblasti
Lamaizma, St Petersburg 1904, 130 pp.,
8vo, newly bound in buckram.

78 Chaniev, S.M.: Tatarsko-russkii slovar,
Baku 1904, 164 pp., 8vo, cloth.

79 Cybikov, G.C.: Buddist palomnik u
svyatyn' Tibeta, Petrograd 1919, 472 pp., 4to,
illustrated throughout, a magnificent copy in
half levant morocco of this sumptuous
publication of the Russian Geographical Society.

5/

80 Vambery, H.: Uigurische Sprachmonumente (5)
und das Kudatku Bilik, Innsbruck
1870, 270 pp., 4to, with facsimile of original
text, newly bound in buckram.

81 Pozdneev, A.: Mongol'skaya Chrestomatiya,
St Petersburg 1900, 434 pp, tall 8vo, buckram.
~~A fine~~ One of the best collections of Mongol
texts. Of great rarity.

82 Rukopisi Turkestanskoi Publichnoi
Biblioteki, Tashkent 1889, 80 pp., 8vo, newly
bound in buckram. Catalogue of Persian,
Arabic and Turkish MSS.

83 Kuun, Geza: Codex Cumanicus
Bibliothecae ad Templum Divi Marci
Venetiarum primum ex integro edidit...,
Budapest 1880, 530 pp., 8vo, buckram. one of the
most important Chaghatai-Turkish texts, in
Latin characters.

84 Vladimircov, ~~N.N~~ B.Y.: Grammatika
mongol'skogo pis'mennogo yazyka, Leningrad
1929, 448 pp., 8vo, newly bound in buckram.

b/ (6)

85 Schmidt, I. J.: Grammatik der mongolischen Sprache, St Petersburg 1831, pp. 179, 4to, ~~the rare~~ half leather, interleaved throughout. The rare original edition.

86 Körös, A. Csoma de: A grammar of the Tibetan Language, Calcutta 1834, pp. 216, 4to, with all the plates, newly bound in cloth. A fine copy of the rare original edition.

87 Brockelmann, C.: Mitteltürkischer Wortschatz nach Mahmud al-Kashgaris Divan Lughat at-Turk, Budapest 1928, pp. 260, 4to, buckram, interleaved throughout.

88 Bentkovskii, I.: Kalmyckii Kalendar' na 1875 god, Stavropol 1875, 64 pp., tall 8vo, newly bound in buckram. A valuable source for the study of Kalmuk ethnography.

89 Torah im Perush ha-Milloth bi-Leshon Ishmael. The Pentateuch, Hebrew text with Tartar translation in Hebrew characters. Large 8vo, quarter vellum. Constantinople, 1833. Pp. 725. A magnificent copy of [illegible] one of the rarest of

1/ Tartar texts. (Not more than three or four ~~Very few~~) copies are apparently recorded. (7)

90a Feer, L.: Prajna-paramita-hridaya-sutra en thibétain, sanskrit, mongol, Paris 1866, 8 pp., folio.

90b Feer, L.: Tableau de la grammaire mongole, Paris 1866, 8 pp., folio.
90a-90b, 2 voll. bound in 1, cloth.

91 Radloff, W.: Das Kudatku Bilik, 2 voll. bound in 1, St Petersburg 1891-1910, approx. 936 pp., tall 4to. A magnificent copy, newly bound in half green Levant morocco, of this most important work on ~~Turki~~ Uighur, now rarely found complete. Plates mounted on linen.)

92 Pavet de Courteille: Miradj-nameh, publie pour la premiere fois d'apres le manuscrit ouigour de la Bibliotheque nationale, Paris 1882, pp. 104, 8vo, plus Uighur text, coloured plate, buckram.

93 Mme de Bagreeff-Speranski: Une famille toungouse, Bruxelles 1857, 324 pp., 12mo, quarter leather.

8/ 94 Langlès, L.: Alphabet Mantchou, troisième edition, (8)
Paris 1807, 224 pp., 8vo, newly bound in buckram,
original wrappers preserved.

95 Jülg, B.: Die Märchen des Siddhi-Kür,
Kalmükischer Text mit deutscher
Übersetzung, Leipzig 1866, 240 pp., 8vo, quarter
calf.

96 Kryczynski, L.N.M.: Bibljografja do
historji Tatarow Polskich, Zamosc
1935, 90 pp., 8vo, newly bound in buckram.

97 Jaeschke, H.A.: Romanized Tibetan and
English Dictionary, Kyelang in British
Lahoul 1866, 160 pp., 8vo, lithographed, newly
bound in buckram

98 Gomboev, G.: Altan-Tobchi, St Petersburg
1858, 242 pp., 8vo, buckram. ~~with~~ with the
Mongol ~~text~~ text. (Complete) of great rarity.

99 Poppe, N.N.: Xalxa-mongol'skii heroicheskii
epos, Moscow 1937, 128 pp., 8vo, original cloth.

9

100. (9)

Erdmann, F.v.: Muhammed's Geburt und
Abrahah's Untergang, Kazan 1843, pp. 48,
8vo, newly bound in buckram.

101 Olufsen, O.: A Vocabulary of the Dialect of
Bokhara, Copenhagen 1905, 60 pp., 8vo, cloth.

Pozdneev, A.: Skazanie o xojdenii v
102 Tibetskuyu stranu malo-börbötskago
~~baza-baksht~~ baza-bakshi, St
Petersburg 1897, pp. 280, 8vo, with the
Kalmuck text, newly bound in buckram.

103 Rybushkin, M.: Zapiski ob Astrakhani,
Moscow 1841, pp. 232, 8vo, half calf. Title-
page repaired. With some pamphlets on the
history of Astrakhan, of the same year, bound in at the end.

Kratkii vzglyad na severnyi i
104 srednii Dagestan, St Petersburg 1847, pp.
170, 8vo, quarter calf.

105 Veniaminov, I.: Opyt grammatiki aleutsko-
lis'evskago yazyka, St Petersburg 1846, approx 300 pp., 8vo,
half calf. Complete with all the grammatical tables.

10/

106 Bogoras, W.: Koryak Texts, Leiden 1917, (10)
~~8vo~~ pp. 153, 8vo, original cloth.

107 Ibn al-Muhanna: Arabic-Mongol-Turkish
glossary, 240 pp., 8vo, Constantinople
lithographed edition, buckram.

108 Radloff, W.: Vorläufiger Bericht über
.... die Expedition zur archäologischen
Erfoschung des Orchon-Beckens, St
Petersburg 1892, 46 pp., tall 8vo, newly
bound in buckram.

109 Lehtisalo, T.: Über den vokalismus
der ersten silbe im juraksamojedischen,
Helsinki 1927, 123 pp., 8vo, buckram

~~110 Ross, E. Denison: A Polyglot List of~~

110 Ditmar, K. von: Reisen und Aufenthalt
in Kamschatka in den Jahren
1851-1855, 2 voll. (all published), St
Petersburg 1890-1900, pp. 867 and pp. 273,
complete with all maps, etc., half vellum.

資料 23（HW 自筆手書目録・Poppe,N.N.）

11/ (11)

111 Rudnev, A.D.: Xori-buryatskii
govor, St Petersburg 1913-1914, 3 voll.,
complete, 390 pp., tall 8vo, buckram.

112 Rudnev, A.D.: Materialy po
govoram votochnoi Mongolii, St
Petersburg 1911, 288 pp., tall 8vo, buckram.

113a Gabelentz, G. von der: Thai-kih-
thu, Tafel des Urprinzipes, chinesisch
mit mandschuischer und deutsher
Übersetzung, Dresden 1876, 90 pp., 8vo,
~~buckram~~

113b. ~~Gu~~ Huth, G.: Die tibetische
Version der Naihsargikaprāyaccitti-
kadharmas, Strassburg 1891, pp. 51, 8vo.
113a–113b bound in 1 vol., buckram

114 Bibliographie analytique des ouvrages de
Monsieur Marie-Felicite Brosset (the great
Caucasian scholar), St Petersburg 1887, ~~704 columns~~ 352 pp.,
8vo, newly bound in buckram

12/ (12)

115 Izvestiya Vostochnago Otd. Imp. Arkheologiceskago Obshchestva, St Petersburg 1858-1860, 5 parts bound in 2 voll., buckram. Apparently all that was published of the *Izvestiya* of the Oriental Section of the Russian Archaeological Society. Of great rarity.

116 Smedt, A. de and Mostaert, A.: *Dictionnaire* monguor-français, Peiping 1933, 535 pp., large 8vo, newly bound in cloth.

117 Beveridge, A.S.: The Babar Nama (Chaghatay Text), London 1905 (E.J.W. Gibb Memorial, vol. I), pp. xx plus 107 plus ff. 1-382, 8vo, original buckram.

118 Fraehn, M.: Über die mongolische Stadt Ukek, St Petersburg 1835, pp. 20, 4to, newly bound in buckram.

119 Schmidt, I.J.: Geschichte der Ost-Mongolen und ihres Fürstenhauses, St Petersburg 1829, pp. 533, 4to, quarter calf. The rare original edition.

資料 23（HW 自筆手書目録・Poppe,N.N.）

13 (13)

120 Atkinson, T.W.: Oriental & Western
Siberia, London 1858, 8vo, with map and
plates, calf (joints cracking).

121 Riasanovsky, V.A.: Fundamental
Principles of Mongol Law, Tientsin 1937, pp. 338,
8vo, original wrappers.

~~122 Renaudot, E.: Ancient Accounts of India~~
~~and China by two Mohammedan Travellers,~~
~~London Sam. Harding 1733, , 8vo,~~

122 Cahun, L.: Introduction a l'histoire
de l'Asie, Turcs et Mongols, Paris
1896, pp. 519, 8vo, original wrappers.

123 Huth, G.: Die Inschriften von
Tsaghan Baisin, Tibetisch-
mongolischer Text, Leipzig 1894, pp. 54, 8vo,
Plates mounted on linen.
cloth.

124 Bang, W. and Marquart, J.:
Osttürkische Dialektstudien, 10 plates,
Berlin 1914, pp. 276, 4to, buckram. (Include

14/ Marquart's Über das Volkstum der (14)
Komanen.
125 Gronbech, V.: Forstudier til
tyrkisk lydhistorie, Copenhagen
1902, pp. 121, 8vo, buckram.
126 Ilminskii, N.: Baber-Name ili
zapiski Sultana Babera, Kazan 1857,
500 pp., 8vo, newly bound in
buckram. The very rare Kazan edition of a
Chaghatay text.
127 Ross, E. Denison and Wingate, R.:
Dialogues in the Eastern Turki.
Dialect, London 1933, original boards.
128 Opyt slovarya narodno-tatarskago
yazyka ... Kazanskoi gubernii,
Kazan 1876, pp. 145, 8vo, cloth.
129 Miansarov, M.: Bibliographia Caucasica et
Transcaucasica, St Petersburg 1874–1876,

15/ pp. 846, 8vo, cloth. (15)

130 Julien, Stanislas: Documents historiques
sur les Tou-Kioue (Turcs), Paris
1877, pp. 207, 8vo, newly bound in
buckram

131 Kozlov, P.K.: Comptes rendus des
expeditions pour l'exploration du
nord de la Mongolie, Leningrad
1925, pp. 58, 8vo, numerous plates, buckram.

132 Kowalewskii, O.: Mongol'skaya
Chrestomatiya, 2 voll., Kazan 1836-
1837, pp. 591 and pp. 595, tables, etc.,
half cloth. A fine copy of this excessively
rare collection of Mongol texts.

~~133 The Nosu Tribes of West Szec~~

133 Novikov, N.: Skifskaya Istoriya,
izdanie vtoroe, Moscow 1787, 3 voll. in
1, approx. 600 pp., 8vo, half morocco. The
well known history of the Scythians.

16/ 134 Zhamcarano, C. Zh.: Mongol'skie (16)
letopisi XVII veka, Moscow 1936, pp. 122,
8vo, original cloth.

135 Gabelentz, H.C. v. d.: a collection of
essays on Mongolian and Manchu, approx.
150 pp., bound in 1 vol., buckram. Includes
essays on "Mongolische Poesie," "Mandschu-
mongolische Grammatik aus dem
San-ho-pian-lan," etc.

136 Popke, N.N.: Buryat-mongol'skii
folklornyi i dialektologicheskii
sbornik, Leningrad 1936, 168 pp., 8vo,
newly bound in buckram.

137 Thomsen, V.: Inscriptions de l'Orkhon
(a volume so lettered): includes ~~the~~
Thomsen's earliest paper~~s~~ on the subject,
~~such as~~ the famous "Dechiffrement
des Inscriptions de l'Orkhon," Copenhague
1894, his later ~~papers~~ work, and several autograph.

資料 23（HW 自筆手書目録・Poppe,N.N.）

17 letters, and photograph. Half calf. From the library of (17)
E. Drouin, with his manuscript
annotations; ~~1894~~ also reviews bound in.

138 Hunter, G.W.: Turki Texts, lithographed at
the mission at Sihwafu Sin (North West
China) 1918, approx. 100 pp., newly bound in
buckram.

139 Hunter, G.W.: Mohammedan "Narratives of
the Prophets", Turki text with English
translation, lithographed at the mission at
Sihwafu Sin (N.W. China), 1916, 65 pp.,
newly bound in buckram.

140 Weil, G.: Tatarische Texte, Berlin
1930, 185 pp, 8vo, original wrappers.

141 Kazem-beg, Mirza A.: Derbend-
Nameh, translated from a select Turkish
version, St Petersburg 1851, 275 pp., 4to,
cloth.

18/

142 Amyot, M.: Dictionnaire tartare- (18)
mantchou, francois, Paris 1789-1790,
3 voll. bound in 1, pp. 591 and pp. 575
and pp. 240, etc., 4to, half calf, a fine,
extremely fresh copy of this celebrated
dictionary.

143 Vladimircov, B. Ya.: Mongolo-oiratskii
heroicheskii epos, Moscow 1923, pp.
254, 8vo, original wrappers.

144 Marquart, J.: Osteuropäische und
Ostasiatische Streifzüge, Leipzig 1903,
pp. 50 plus 557, 8vo, buckram.

145 Imprimerie des Lazaristes, Peiping:
Grammaire mongole de Schmidt,
2 voll., Peiping 1935, 120 pp., 8vo, newly
bound in cloth.

146 Wickersham, J.: A Bibliography of Alaskan
Literature 1724-1924, Cordova 1927, 635 pp.,
8vo, original cloth.

19/

147 Emelyanov, A. I.: Grammatika (19)
votyackogo yazyka, Leningrad 1927. 160
pp., 8vo, half cloth.

148a Sternberg, L.: Materialy po izucheniyu
~~Gilyat~~ Gilyatskaga yazyka i
folklora, vol. I (all published), St Petersburg
1908, 232 pp., 4to.

148b Jochelson, V.: Materialy po ~~izucen~~
izucheniyu aleutskogo yazyka i
folklora, ~~SD~~ Petrograd 1923, ~~1 vol~~ vol.
I (all published), 28 pp., 4to.
148a - 148b bound in 1 vol., buckram.

149 Pozdneev, A.: Opyt' sobraniya
~~sbo ob~~ obrazcov manjurskoi
literatury, vol. I (all published),
Vladivostok 1904, 360 pp., 8vo, newly
bound in buckram.

20/ (20)

150 Kotvich, V.: Kalmyckiya
zagadki i poslovicy, St Petersburg
1905, 120 pp., tall 8vo, buckram. With
Kalmuck text.

151 Sbornik trudov Orxonskoi
ekspedicii, voll. I–V, bound in 3
voll., tall 8vo, St Petersburg 1892–1901, new
buckram, maps and plates mounted
on linen. An extremely rare
series on the old Turkish inscriptions
of Central Asia published by the
Russian Academy of Sciences.

152 Radloff, W.: Uigurische
Sprachdenkmäler, Leningrad 1928,
315 pp., large 8vo, tables, newly
bound in buckram.

153 Pavet de Courteille: Memoires de
Baber traduits sur le texte

資料 23（HW 自筆手書目録・Poppe,N.N.）

21/ (21)

djagataï, Paris 1871, 2 voll. bound
in 1, 8vo, approx. 950 pp., ~~magnificent~~ new binding of
half red Levant morocco.

154 Abel-Remusat: Recherches sur les
langues tartares, Tome I (all
published), Paris 1820, 400 pp., 4to, half
~~hal~~ calf, from the ~~libr~~ Bibliotheca
Lindesiana. A fine copy of this famous
book.

155 Castren, A.: Versuch einer ostjakischen
Sprachlehre, second, revised edition, St Petersburg
1858, 126 pp., 8vo, cloth.

156 Anadyrskii Krai (Amur province),
Vladivostok 1893, pp. 158, 8vo, plate,
half leather (cracked). An important ethnographical
study.

157 Bartold, V.V.: Istoriya kulturnoi
zhizni Turkestana, Leningrad 1927, 260
pp., large 8vo, newly bound in buckram.

22/ 22

158 Atkinson, T. W.: Travels in the regions of the
Upper and Lower Amoor, London 1860, 8vo,
plates, half leather.

159 Pamyati M. A. Castrena, Leningrad
Academy of Sciences 1927, 141 pp., small 8vo,
newly bound in buckram. A series of
essays on the linguistic work of the
great Central Asian scholar Castren.
Portraits.

160 Thomsen, Vilh.: Samlede Afhandlinger,
3 voll., 8vo, Copenhagen 1919-1922, approx.
1,300 pp. The collected works of the great
Turcologist. Bound in buckram. Portrait.

161 Catalogue de la Section des Russica,
ou ecrits sur la Russie en langues
etrangeres, 2 voll., 8vo, St Petersburg, Bibliotheque
Imperiale, 1873, pp. 845 and pp. 771, newly
bound in half Levant morocco. An
extremely fine copy of this great bibliography.

23/ (23)

162 D'Ohsson, C.: Des peuples du Caucase....ou Voyage ~~de~~ d'Abou-el-Cassim, Paris 1828, pp. 285, 8vo, half morocco.

163 Rodde, J.: Versuch einer Historie von Kasan alter und mittler Zeiten, Riga 1772, 158 pp., 8vo, boards.

164 Grube, W.: Die Sprache und Schrift der Jucen, Leipzig 1896, pp. 147, 8vo, buckram.

165 Ostrovskii, D.: Votyaki Kazanskoi gubernii, Kazan 1873, approx 180 pp., 4to, ~~large~~ many coloured plates on ethnographical subjects.

166 Diwan Lughat at-Turk (the great Turki dictionary), Constantinople lithographed edition, 3 voll., large 8vo, native half leather.

24/. (24)

167 Shirokorogoff, S. M.: Ethnological and Linguistical Aspects of the Ural-Altaic Hyopethesis, Shanghai 1931, 198 pp., large 8vo, newly bound in buckram.

168. Semenov, A.: Materialy dlya izucheniya narechiya gornyx Tadzhikov Central'noi Azii, 2 voll. in 1, 4to, Moscow 1900-1901, numerous plates, buckram. Tadjik glossary of 74 pp. as appendix.

169 Festschrift Prof. Dr. Iwane ~~D~~ Dschawachischwili, Tiflis 1925, pp. 231, 8vo, newly bound in buckram. Essays on Caucasian linguistics and art.

170 Aziatskaya Rossiya, St Petersburg 1914, 3 voll. of text, 4to, and 1 vol. of maps, elephant folio. A complete copy of the greatest work on Siberia, ~~the export of which~~ few copies of which left ~~from~~ Russia ~~was prohibited~~ even before the Revolution. Approx. 1,500 pp. of text. In addition to the atlas (71 maps of Siberia (with gazetteer)) there are some hundreds of plates and

(the most important ~~working~~ Siberian geography, geology, and ethnography. 15 extremely detailed on)

25/ text illustrations. Original quarter morocco. (25)

171 Houtsma, M. Th.: Ein türkisch-
arabisches glossar, Leiden 1894, 114 pp., [illegible]
plus original text, 8vo, buckram.

172 Kunos, I.: Sheik Sulejman Efendi's
Chagataj-Osmanisches Wörterbuch,
Budapest 1902, 201 pp., 8vo, cloth.

173 Schefer, Ch.: Histoire de l'Asie
centrale (Afghanistan, Boukhara,
Khiva, Khoqand), texte persan, Paris
1876, 112 pp., small folio, buckram.

174 Obruchev, V.A.: Centralnaya Aziya,
Severnyi Kitai i Nan-shan, 2
voll., 4to, St Petersburg 1900-1901, approx.
1,350 pp. Of the great number of plates
contained in these 2 voll., some 3-4 appear to
be lacking. Report of the explorations of
1892-1894. Half leather.

175 Castren, M.A.: Versuch einer burjätischen

26/ (26)

Sprachlehre, St Petersburg 1857, pp. 244, 8vo, cloth.

176 Gabelentz, H.C. von der: Geschichte der grossen Liao aus dem Mandschu übersetzt, St Petersburg 1877, pp. 225, newly bound in buckram.

177 Marquart, J.: Eransahr nach der Geographie des Ps. Moses Xorenac'i, Berlin 1901, pp. 358, 4to, cloth.

178 Langles, L.: Alphabet Tartare-Mantchou, first edition, Paris 1787, pp. 23, 4to, original wrappers preserved, newly bound in buckram.

179 Budenz, J.: Az ugor nyelvek összehasonlito alaktana, Budapest 1884-1894, 391 pp., 8vo, buckram.

180 Beridze, Ch.: La vie et l'oeuvre de M. F. Brosset, Paris 1932, pp. 11, large 8vo, newly bound in buckram.

v7/ (21)

181 Conrady, A.: Eine indochinesische Causativ-Denominativ-Bildung. Leipzig 1896, pp. 208, 8vo, buckram.

182 Radlov, W.: Zur Darstellung der Morphologie der Türksprachen, St Petersburg 1906, pp. 35, tall 8vo, newly bound in buckram.

183 Potseluevskii, A.P.: Rukovodstvo dlya izucheniya turkmenskogo yazyka, Ashkhabad 1929, pp. 379, 8vo, original boards.

184 Velyaminov-Zernov, V.V.: Slovar' djagataïsko-tureckii, St Petersburg 1868, pp. 32 plus pp. 319, 8vo, newly bound in three quarter calf.

185 Pozdneev, A.: Kalmyckaya Chrestomatiya, 2nd edition, St Petersburg 1907, 95 pp., tall 8vo, buckram.

28/ 28

186 Lipkin, S. (translator): Djangar,
Kalmyckaya narodnyi epos, Moscow
1940, pp. 356, numerous woodcuts, original
cloth. A Russian de luxe edition.

187 Epic of Bogdo-Khan Janggar.
Lithographed Kalmuk text, St Petersburg
1910, pp. 327, 8vo, buckram.

188 Haenisch, E.: Untersuchungen
über das Yuan-ch'ao pi-shi, die
geheime Geschichte der Mongolen,
Leipzig 1931, pp. 98, large 8vo, newly
bound in buckram.

189 Ross, E. Denison: Three Turki
Manuscripts from Kashghar, Lahore n.d.,
74 pp., 4to, original cloth.

190 Travaux de la Commission Bibliographique
organisee par la Republique S.S. du
Turkestan, voll. I-III, bound in 1 vol., Tashkent
1925-1926, large 8vo, buckram.
Contents: (1) Index bibliographique des
tapisseries de l'Asie.

資料23（HW自筆手書目録・Poppe,N.N.）

29/ 29

(2) Catalogue des manuscrits historiques
de la Bibliotheque centrale de
Boukhara.

(3) Catalogue raisonne de la
litterature persane sur l'histoire des
Ouzbeks dans l'Asie centrale.

191 Zybikow, G.Z.: Lam-rim chen-po,
(Die ~~sta~~ Stufen des Pfades
zum Heil), Mongol text (all
published), Vladivostok 1910, 312 pp., 8vo,
newly bound in buckram.

192 Bartold, V.V.: Istoriya Turkestana,
Tashkent 1922, pp. 52, 8vo, newly
bound in cloth.

193 Leyden, J. + Erskine, W.: Memoirs of
Zehir-ed-din Muhammed Baber, written
by himself in Jaghatai Turki, London
1826, 432 pp., 4to, polished calf. Map.

30/ 30

194 Singh, S. H.: History of Khokand, Lahore 1878, approx. 200 pp., 8vo, original boards.

195 Gabelentz, H.C. de la: Elemens de la grammaire mandchoue, Altenbourg 1832, pp. 156, 8vo, plates, half calf.

196 Milloue, L. de: Bod-Youl ou Tibet (Le paradis des moines), Paris 1906 (Annales du Musee Guimet, vol. 12), pp. 304, 8vo, numerous plates, half morocco.

197 Zwick, H. A.: Grammatik des West-Mongolischen, das ist Oirad oder Kalmükischen Sprache, (Königsstadt 1851), pp. 147, small 4to, cloth

198 ~~Samoilovich, A.N.~~ Pekarskii, E.K.: Kratkii Russko-Yakutskii slovar, Petrograd 1916, pp. 242, small 8vo, newly bound

31 / cloth. 31

199 Ministry of External Affairs, St Petersburg: Sbornik dogovorov Rossii s Kitaem, St Petersburg 1889, pp. 272, 4to, newly bound in buckram. A very fine copy of this exceedingly rare work on Russian-Chinese relations.

200 Pozdneev, A.: Mongoliya i Mongoly, St Petersburg 1896-1898, 2 voll., approx. 1,200 pp., tall 8vo. The standard work on Mongolia. Half cloth.

a 32

201 Grube, W.: Goldisch-deutsches Wörterbuch, St Petersburg 1900, pp. 149, 4to, half leather.

202 Schrenck, Leopold v.: Die Völker des Amurlandes, St Petersburg 1881–1892, approx. 950 pp., 4to, numerous plates. Magnificently bound in half red Levant morocco. Includes W. Grube's Gilyak grammar and glossary. This, together with 201, comprises all the ethnographical and linguistic section of Dr Schrenck's report on the Amur explorations.

203 Ishida, K.: Mongol'sko-russko-yaponskii slovar, Tokyo 1941, 830 pp., large 8vo, original cloth.

204 Stein, M. A.: Memoir on Maps illustrating the ancient Geography of Kashmir, Calcutta 1899, 223 pp., 8vo, original cloth, map in pocket.

205 Brosset, M. F.: Histoire chronologique par ~~MP~~ Mkhithar d'Airivank, XIIIe siecle, St Petersburg 1869, 126 pp., 4to, newly bound in buckram.

206 Bang, W.: Das buddhistische Sutra Säkiz Yükmäk, Berlin 1934, 102 pp., 8vo, plate, original wrappers.

資料 23（HW 自筆手書目録・Poppe,N.N.）

6/ 33

207 Hattori, Sh.: Mōkojinyūmon (Introduction to
the study of Mongolian writing), Tokyo 1946, pp. 48,
8vo, original wrappers.

208 Hattori, Sh.: Mōkobunshō (Mongolian
chrestomathy), Tokyo 1939, pp. 82, 8vo, original
wrappers.

209 Schmidt, I.J.: Über eine mongolische
Quadratinschrift aus der Regierungszeit der
mongolischen Dynastie Juan, St Petersburg
1847, pp. 17, plate, original wrappers.

210 Hattori, Sh.: Genchōhishi no mōkogo o
arawasu kanji no kenkyu (Research on the
Chinese characters used to render the Mongolian
words in the secret history of the Juan dynasty),
Tokyo 1946, 146 pp., 8vo, original wrappers.

211 Gauthiot, R.: Essai sur le vocalisme du
sogdien, Paris 1913, 130 pp., 8vo, original
wrappers. These de doctorat.

212 Bacot, J.: L'ecriture cursive tibétaine, Paris
1912, pp. 78, 8vo, original wrappers.

213 The Gospel of St. Mark in Classical
Mongolian, Shanghai 1925, 48 pp., 8vo, original wrappers.

34

4/214 Langles, L.: Notice des livres Tatars-Mantchoux de la Bibliotheque nationale, Paris 1800, 26 pp., 4to, cloth.

215 Shiratori, K.: Onyaku mōbun genchō hishi, A Romanized Representation of the Yuan-ch'ao-pi-shih (Secret History of the Mongols) in its original Mongolian Sounds, Tokyo 1942, approx. 920 pp., large 8vo, original wrappers.

216 Vostochnyya zametki, St Petersburg 1895, 406 pp., small folio, numerous plates, ~~may~~ finely ~~beautifully~~ bound in half blue Levant morocco. Contains some of the most important Russian contributions to the study of Mongolian and Tibetan, by scholars like Vasilev, Melioranskii, Pozdneev, Oldenburg. Of the greatest rarity; only 322 copies (printed and not offered for sale.) this magnificent folio is one of the finest typographical productions of Russia; issued by the Faculty of Oriental Languages, St Petersburg University.

~~217 Pumpelly, R: Geological Researches in China,~~

d/ 35

217 xesei toktobuxa monggo gisun i isabuxa bitxe, Peking 1891, 17 voll. A magnificent copy, on white paper, of this great Mongolian-Manchu-Chinese Dictionary (Palace edition). In immaculate condition, with all the original wrappers and labels. Each volume bound in heavy silk; ~~and~~ enclosed in ~~four~~ 4 silk cases. Peking Catalogue, 623-2.

218 Darmesteter, J.: Le Zend-Avesta, Traduction nouvelle avec commentaire historique et philologique, Paris 1892-1893, 3 voll., 4to, approx. 1,500 pp. Buckram. A fine copy of this rare work (Annales du Musee Guimet 21, 22, 24).

219 Shirokorogoff, S.M.: A Tungus Dictionary, Tokyo 1944, 260 pp., folio, original cloth.

220 Kozlov, P.K.: Tibet i Dalailama, Peterburg 1920, 100 pp., 4to, numerous plates, newly bound in buckram.

221 Laufer, B.: Aus den Geschichten und Liedern des Milaraopa, Wien 1902, 62 pp., 4to, newly bound in cloth.

222 Grünwedel, A.: Bericht über archäologische Arbeiten in Idikutschari und Umgebung,

e/ 36

München 1906, 196 pp., 4to, 31 plates, newly
bound in buckram.

223 Vambery, H.: Chagataische Sprachstudien,
Leipzig 1867, 360 pp., Tall 8vo, wrappers.

224 Watanabe, K.: Erklärungen der Eigennamen in
der Kin-geschichte (in Japanese), Osaka
1931, 250 pp., 8vo, newly bound in cloth.

225 Riggs, E.: Outline of a grammar of the Turkish
Language as written in the Armenian Character,
Constantinople 1856, pp. 56, 12mo, half morocco.

Kawaguchi-Ekai: Chibetto hin zuroku
226 (Illustrated Catalogue of articles brought from Tibet by
Rev. E. Kawaguchi), Tokyo 1904, oblong folio,
~~with~~ 56 plates. Newly bound in buckram.

Pavet de Courteille: Tezkerehi-Evlia,
227 Le memorial des saints, translation and
Uighur text, Paris 1889-1890, 2 voll., small
folio, approx. 630 pp., original boards.

Pavet de Courteille: Dictionnaire turk-
228 oriental, Paris 1870, pp. 562, tall 8vo, half
leather.

229 Semenov, A.A.: Kattagan i Badakhshan,
Tashkent 1926, pp. 248, 8vo, 34 maps, ~~buckram~~, a
fine copy of this rare work on Central Asian geography.

f/ 37

230 Schmidt, I. J.: Bogda Gesser Khan,
Mongol text, St Petersburg 1836, ~~191 pp., 4to,~~
191 pp., 4to, buckram. One of the rarest of I. J.
Schmidt's ~~[illegible]~~ works, none of which is easy to find.

231 Das, Sarat Chandra: Introduction to the
Grammar of the Tibetan Language, Darjeeling
~~1914~~ 1915, 4to, original cloth.

232 Dulaurier, E.: Les Mongols d'apres les
historiens armeniens, 4 parts in 1 vol., Paris 1858-
1860, approx. 160 pp., 8vo, cloth.

~~231~~ 233 Foucher, A.: L'art gréco-bouddhique du
~~[illegible]~~ Gandhâra, Paris 1905–1922, 3 vols., numerous illustrations,
approx. 1,460 pp., tall 8vo. A superb copy of
this ~~[illegible]~~ ~~[illegible]~~ authoritative work, ~~bound~~ newly bound in
half red Levant morocco, original wrappers
preserved, t.e.g.

~~232 Kowalewski,~~

~~232~~ 234 Beveridge, A. S.: The Babur-nāma in
English, translated from the original Turki text,
2 vols., 8vo, London 1922, buckram.

8/ ~~233~~ 235 Zwick, H. A.: Handbuch der westmongolischen 38.
Sprache, ~~[illegible]~~ Villingen n.d., pp. 482, 4to, half
morocco.

~~234~~ 236 Grammatika altaiskago yazyka ~~sostavlena~~
sostavlena chlenami Altaiskoi Missii, Kazan
1869, 600 pp., 8vo, half leather (rubbed).

~~235~~ 237 Pozdneev, A.: New Testament in Kalmuk, vol.
I (all published), Kazan 1887, pp. 587, 8vo,
original cloth.

~~236~~ 238 Cahen, G.: Le livre de comptes de la
caravane russe a Pekin, Paris 1911, 144
pp., 8vo, newly bound in buckram.

~~237~~ 239 Cahen, G.: Histoire des relations de la
Russie avec la Chine, Paris 1912, [illegible] 500 pp.,
8vo, newly bound in buckram.

~~238~~ 240 Abel-Remusat: Miroir des langues
mandchoue et mongole, Paris 1838, 125
pp., 4to, cloth.

~~239~~ 241 Wylie, A.: Lithograph of a Mongolian
inscription, Shanghai n.d. (the inscription
referred to in item 209 above), with transliteration

h/ 39

into modern Mongolian and a Chinese translation.
1 large folding leaf, mounted on linen, in a
cloth case. Of great rarity.

242 Research Review of the Osaka Asiatic Society (in
Japanese), I – X bound in 1 vol. 8vo, Osaka
1924 – 1932, cloth. Approximately 600 pp., plates.
~~The contents deal~~ Almost entirely Mongol and
Manchu researches; includes grammars of Orokko and
Gilyak.

243 Mongolica (Journal for Mongolian studies), voll. I – III, Tokyo 1937–
1938 (? all published), 8vo, approx. 600 pp. in
Japanese with tables of contents in French. Contains
contributions by all outstanding Japanese Mongolists.
Original wrappers.

244

/ 40

244 Olearius, A.: Voyages faits en Moscovie, Tartarie,
et Perse, Leiden 1717, 2 voll. in 1, folio, approx.
1,140 pp., a fine fresh copy in the original calf, ~~large~~
complete with all the plates and maps.

245 Das, Sarat Chandra: Tibetan—English Dictionary,
Calcutta 1902, 1,353 pp, 4to, original cloth.

246 Forsyth, Sir T.D.: Report of a Mission to
Yarkund in 1873, Calcutta 1875, 573 pp., 4to,
cloth, complete with all the plates, maps, and
vocabularies.

247 Pallas, P.S.: Voyages en differentes parties de
l'empire de Russie et dans l'Asie septentrionale,
Paris 1788, 6 voll., 4to, strongly bound in calf.
Some of the captions to the plates slightly cut into, but
otherwise a fine, fresh copy. Approx. 3,000 pp.

248a Festgruss an Otto von Böhtlingk, Stuttgart
1888, 121 pp., tall 8vo. Mostly essays on Indian
subjects

248b Festgruss an Rudolf von Roth, Stuttgart 1893,
223 pp., tall 8vo. Mostly essays on Indian subjects.
248a-248b bound in 1 vol., buckram.

資料 23（HW 自筆手書目録・Poppe,N.N.）

2)
249 Czaplicka, M. A.: The Turks of Central Asia, Oxford 41
1918, original buckram, unopened.
pitton de Tournefort: Relation d'un Voyage du
250 Levant, Paris 1717, 2 voll., 4to, approx. 1,000
pp., a fine copy in sound contemporary calf,
complete with all the plates.
Trudy of the Troitzkossawsk-Kiakhta ~~Section~~
251 Subsection of the Amur Section of the Russian
Geographical ~~Section~~ Society, voll. I – XV 1898–1929, (lacking the
unimportant vol. III, part 1), bound in 3 large voll.,
buckram. Valuable for ~~the~~ its original researches on the
geography of the Amur region and for articles on
Old Turkish inscriptions of Siberia. Complete with
all plates and maps. Of great rarity. Added is
1 vol. of Protokoly of the same society, making 4 voll. in all.
252 Patkanov, K.P.: Cygany, St Petersburg 1887, 146 pp.,
8vo, half calf. Patkanov's famous work on the
gypsies with grammar and vocabulary of the language of
the Transcaucasian Gypsies.
253 Staunton, Sir George Thomas: Narrative of the Chinese
Embassy to the Khan of the Tourgouth Tartars in
1712–1715, London 1821, 330 pp., 8vo, map, a fine copy in
the original boards (joints cracking).

3 ~~254~~ 42

254 Imperatorskoe Russkoe Istoricheskoe Obshchastvo ~~1916~~ 1866-1916, Petrograd 1916, 193 pp., 4to, numerous plates, original wrappers. With a full bibliography of the Russian Historical Society's publications.

255 Baddley, John F.: Russia, Mongolia, China, being some Record of the Relations between them from the beginning of the XVIIth century to the death of Tsar Alexei Mikhailovich..., London 1919, 2 vols., folio, boards, linen back, as issued. A ~~n immaculate~~ very fine copy of this great work, of which only 250 copies were printed on English handmade paper. Complete with all the plates and maps.

256 Muller, S.: Voyages from Asia to America for completing ~~the~~ the discoveries of the North West Coast of America... with a summary of the voyages made by the Russians on the Frozen Sea in search of a North East Passage, London 1761, 4to, a very slight repair to title, ~~newly bound in~~ half Levant morocco. A very fine copy of this rare and important ~~work~~ work. Complete with all the maps.

~~257 Coxe, W.: Account of the Russian Discoveries between Asia and America, London 1780,~~ 43

257 Andrievich, V.K.: Istoriya Sibiri, 2 voll., St Petersburg 1889, 700 pp., 8vo, half cloth.

258 Materialy ~~po~~ dlya istorii Voïska Donskago, Gramoty, Novcherkask 1864, 332 pp., 8vo, cloth. A fine copy of this rare book.

259 Opisanie Korei (Description of Korea), Izdanie Ministerstva Finansov, 3 voll. bound in 2, St Petersburg 1900, approx. 1,300 pp., together with the large folding map, which is nearly always missing. Half calf. A fine copy of the most important Russian work on Korea. ~~Added is an extra copy of vol. III.~~

260a Deveria, M.: L'ecriture du Royaume de Si-hia ou Tangout, Paris 1898, 31 pp., 4to, plates.

260b Morisse, G.: Contribution a l'etude de l'ecriture et de la langue Si-hia, Paris 1904, 67 pp., 4to, plates.

260a – 260b ~~bound~~ newly bound in 1 vol., buckram.

5/ 261 Witsen, N.: Noord en Oost 44
Tartaryen, 2 voll., folio, ~~Amerst~~
Amsterdam 1785, approx. 968 pp. in double
columns, a very fine copy in its original
state, uncut edges, quarter calf, as issued, of this
great work on Siberia and Central Asia.
All maps and plates present.

262 Adami, M.: Ausführliche und neuerläuterte
Ungarische Sprachkunst, Wien 1760,
pp. 224, small 8vo, original calf.

263 Deny, J.: Grammaire de la langue
turque (dialecte osmanli), Paris 1921,
pp. 1,218, 8vo, buckram.

264 Bartold, W.: Turkestan down to the
Mongol Invasion, London 1928, 513 pp.,
8vo, original buckram.

265 Manshurekishichiri (History and Geography of
Manchuria, in Japanese), 2 voll., 8vo, approx.
1,200 pp., Tokyo 1940, original cloth.

6) 45

266 The gospel of St Matthew in Mongolian, revised edition, Shanghai 1933, 78 pp., 8vo, original wrappers.

267 Radlov, W.: Versuch eines Wörterbuches der Türkdialecte, complete set bound in 4 voll., large 8vo, St Petersburg 1893–1911, approx. 4,000 pp. A superb copy in half levant morocco, ~~flexible~~ of this great dictionary.

268 Pumpelly, R.: Explorations in Turkestan, Expedition of 1904, Washington 1908, 2 voll., 4to, original cloth.

269 Bartold, V.: Istoriya izucheniya vostoka v Evrope i Rossii, Leningrad 1925, pp. 317, 8vo, half cloth.

270 Pypin, A.N.: Istoriya russkoi etnografii, St Petersburg 1890-1892, 4 voll., 8vo, approx. 1,700 pp., half calf.

7/ Hb

271 Mezhov, V. I.: Sibirskaya ~~bibliography.~~
bibliografiya, complete in 3 vols., St
Petersburg 1903, approx. 1,500 pp., buckram. A
fine copy of the great Siberian bibliography.

272 Jülg, B.: Mongolische Märchen, die
neun Nachtrags-Erzählungen des
Siddhi-Kür, Innsbruck 1868, 132 pp.,
8vo, newly bound in buckram.

273 Jülg, B.: Mongolische Märchen,
Erzählung aus der Sammlung
Ardschi Bordschi, with Mongol
text, Innsbruck 1867, pp. 37, 8vo,
newly bound in buckram.

274 Semenov, A. A.: Grammaticheskii
ocherk tadjikskogo yazyka, Tashkent
1927, pp. 60, 8vo, newly bound in buckram.

資料 23（HW 自筆手書目録・Poppe,N.N.）

8/ 47

275 Grammatika tatarskago yazyka, St Petersburg, Imperial Academy of Sciences, 1801, pp. 187 plus pp. 74, 4to, quarter calf. Dialect of Tobolsk. A very rare work. In Tartar and Russian transcription.

276 Grube, W.: Ein Beitrag zur Kenntnis der chinesischen Philosophie, T'ung-shu des Cheu-tsi, Leipzig 1932, 175 pp., 8vo, original cloth. With Manchu text in transcription.

277 Brosset, M.F.: Perepiska Gruzinskix tsarei s Rossiiskimi gosudaryami, 1639-1770, St Petersburg 1861, 323 pp., large 4to, newly bound in buckram

278 Documents in Russian preserved in the National Palace Museum of Peiping,

9/ 48

Kanghsi-Chienlung period, Peking
1936, 312 pp., 4to, original cloth.

279 Radloff, W.: Kudatku Bilik, Facsimile
der Uigurischen Handschrift, St
Petersburg 1890, 216 pp., folio, ~~a slightly~~
slightly damaged (at edges of a few leaves) but ~~very~~ carefully repaired ~~copy of~~
~~this rare work~~ Of great rarity. Newly
bound in buckram.

280 Abulghasi Bahadur Chani
Historia Mongolorum et Tatarorum
nunc primum tatarice edita,
Kazan 1825, folio, half calf. An
extremely rare work in Tartar.

281 Nachrichten über die ... im Jahre
1898 ausgerüstete Expedition
nach Turfan, 2 parts in 1 vol. 4to, St
Petersburg 1899, 80 pp. Includes Radlov's
"Altuigurische Sprachproben aus Turfan." Cloth.

資料 23（HW 自筆手書目録・Poppe,N.N.）

90/ 282 Ivanovskii, A.O.: Mandjurica, 49
Obrazcy solonskago i dakhurskago
yazykov, St Petersburg 1894, pp. 79, tall
8vo, newly bound in buckram.

283 Sibirskiya letopisi, edited by the Russian
Archeographical Commission, St Petersburg
1907, pp. 417, tall 8vo, newly bound in
buckram.

284 Kowalewskii, O.: Dictionnaire
mongol-russe-français, 3 voll. bound in 2,
Kazan 1844-1849, 4to, pp. 2,690. A
superb copy of the original edition of this
great Mongolian dictionary. Bound in
half citron morocco.

285 Inscriptions de l'Orkhon recueillies
par l'expedition finnoise 1890, Helsingfors
1892, 96 pp., folio, 66 plates, map, buckram.

✓/ 50

286 Böhtlingk, O.: Über die Sprache der Jakuten, approx. 650 pp., 4to, St Petersburg 1851, half leather. An extremely rare book – the standard work on the Yakut language.

287 Mōkogo daijiten (Mongolian Dictionary), 3 voll., approx. 2,600 pp., tall 4to, Tokyo 1933. The great Mongolian-Japanese, Japanese-Mongolian dictionary ~~of the~~ published by the Japanese War Department and ~~treated~~ as a restricted document. Today it is of great rarity ~~today~~. Half leather as issued, boxed. In Mongolian writing and romanized transcription throughout.

288 A Tibetan-Chinese dictionary published by the Research Institute of Kokonor, Mongolia, Tibetan circa 1932. Approx. 320 double leaves. 2 voll., enclosed in a red silk case.

~~289~~ 290 Veniaminov, I: Opyt grammatiki aleutsko-liserskago yazyka, St Petersburg 1846, newly bound in buckram, original wrappers preserved.

資料 23（HW 自筆手書目録・Poppe,N.N.）

12/ ~~290~~ 51
289 Another Tibetan-Chinese dictionary published by the Tibetan Research Institute of Kokonor, Mongolia (an entirely different work from item 288), ~~undated~~ 1932. Approx. 440 double leaves. 4 vols., enclosed in a cloth case.

291 Franke, O.: Eine chinesische Tempelinscrift aus Idikutschahri bei Turfan, Berlin 1907, 92 pp., 4to, plate, original boards.

292 Inostrancev, K.: Xunnu i Hunny, Leningrad 1926, 152 pp., 8vo, half cloth

293 Zhamcarano, C. Zh.: Proizvedeniya narodnoi slovestnosti Buryat, Petrograd 1913-1918, 648 pp., 8vo, buckram. An very rare collection of Buryat texts.

294 Mōwa jiten (Mongolian-Japanese dictionary), Osaka 1928, 900 pp., 8vo, original cloth. A handy Mongolian dictionary.

5.2

13/

294 Wang Jingru: Shishiah Studies, (in Chinese), Peiping
1932-1933, 3 voll., 8vo, approx. 1,000 pp.,
bound in buckram. The standard work on the
Si-hsia language.

296 Mōko minzoku no kanshūhō (The
customs of the Mongolian people), Kōan
(Manchuria) 1937, 336 pp., original wrappers. A
valuable and to-day scarce study of Mongolian
customs. Prepared by the Kōan Research
Institute.

297 Jirkoff, L.: Grammaire de la
langue darkwa (dargwa),
Moscow 1926, 103 pp., 8vo, original
wrappers.

1/. 353

~~297 Kracheninnikov, M.:~~

298 Chappe d'Auteroche: Voyage en Siberie, fait par ~~ordre~~
ordre du roi en 1761 .... contenant la description de
Kamtchatka, Paris 1768, 3 voll., large 4to, approx.
1,400 pp., large number of plates and maps. Half
calf (worn), one volume a little waterstained and requiring to be
~~cleaned and rebound.~~ repaired. ~~All the Numerous~~ maps and plates.

299 Watanabe, D.S.: Memorials to the Throne of
Ming from Nüchen, Osaka 1933, (in Juchen and
Japanese), approx. 120 double leaves, original wrappers
(Research Review of the Osaka Asiatic Society, vol. XI).

300 Watanabe, D.S.: A ~~Stu~~ New Study of the
Nüchen Language, Osaka 1935, approx. 80 double
leaves, original wrappers (Research Review of the Osaka
Asiatic Society, vol. XII).

301 Fujioka, K.: Mōkogenryū (Origin of the Mongolian
people), Mongol text in transcription with Japanese
translation, Tokyo 1940, approx. 170 pp., 8vo,
original wrappers.

302 Belfour, F.C.: Travels of Macarius ... in
Muscovy, 2 voll., 4to, London 1829, approx. 900
pp., a fine copy of this rare translation from the
Arabic. Old cloth, paper labels.

2/ 303 Manshūgakuhō, voll. I-V (all published), 54
bound in 1 vol., half levant morocco,
Dairen 1932-1937, approx. 700 pp., ~~xxxx~~ large
8vo, numerous plates. These "Memoirs of the
Society for Research on Manchuria" contain
much of the best Japanese work on the history
and archaeology of Manchuria, and are today of
great rarity. Even before the War they were almost
unobtainable.

304 Bonaparte, Prince Roland: Documents de
l'époque mongole, ~~Paris~~ des XIIIe et
XIVe siecles, Paris 1895, folio, original
cloth. 15 ~~plates inclu~~ magnificent plates,
including reproductions of the Mongol letters in
Uighur writing addressed to Philippe le Bel in
1289 and 1305. Privately distributed by
Prince Bonaparte to his friends.

305. Chwolson, D.: Syrisch-nestorianische
Grabinschriften, St Petersburg 1886- ~~1890~~, 1897, a
complete set of this very important publication,

3/ plates mounted on linen, cloth. Includes Radloff's
analysis of the "türkisches Sprachmaterial
dieser Grabinschriften." A fine copy.

55

306 Müller, F.W.K.: Soghdische Texte, I,
Berlin 1913, pp. 111, 4to, plates, original boards.

307 Gibert, L.: Dictionnaire historique et
geographique de la Mandchourie, Hongkong
1934, 1,040 pp., 8vo, numerous plates and maps,
original wrappers (back wrapper torn).

308 Katanov, N. and Pokrovskii, I.M.:
Otryvok iz odnoi tatarskoi letopisi
o Kazani i Kazanskom Khanstve,
Kazan 1905, pp. 46, 8vo, original wrappers.

309 Manshū chi no ryakuenkakuki (Outline
of the geography of Manchuria), 2 voll. in a cloth
case, Tokyo 1932, approx. 200 double leaves,
text in Japanese and Manchu translation. A
rare work.

56

4/310 Radloff, W.: Arbeiten der Orchon—
Expedition. Atlas der Altertümer
der Mongolei, St Petersburg 1892, folio,
70 plates, a magnificent copy in half
green levant morocco of this great
work on the antiquities of Mongolia.

【著者紹介】

横山　學（よこやま・まなぶ）
1948年、岡山市生まれ。1983年、筑波大学大学院歴史・人類学研究科史学日本史専攻博士課程修了。現在、ノートルダム清心女子大学名誉教授、早稲田大学招聘研究員。文学博士。
（主要著書）
『琉球国使節渡来の研究』（吉川弘文館、1987年）『書物に魅せられた英国人　フランク・ホーレーと日本文化』（吉川弘文館、2003年）『江戸期琉球物資料集覧』（本邦書籍、1981年）『琉球所属問題関係資料』〈編著〉（本邦書籍、1980年）『神戸貿易新聞』〈編著〉（本邦書籍、1980年）『文化のダイナミズム』〈共著〉「フランク・ホーレー探検　人物研究の面白さ」（大学教育出版、1999年）『描かれた行列—武士・異国・祭礼』〈共著〉「琉球国使節登城行列絵巻を読む」（東京大学出版会、2015年）『生活文化研究所年報』〈編著〉（ノートルダム清心女子大学生活文化研究所、１輯1987年～30輯2016年）"Journalist and Scholar Frank Hawley", British & Japan Vol.5, Edited by Hugh Cortazzi, 2004.　"Frank Hawley and his Ryukyuan Studies", British Library Occasional Papers 11, Japan Studies, 1990.

書誌書目シリーズ110
フランク・ホーレー旧蔵「宝玲文庫」資料集成
第4巻

二〇一七年三月十日　印刷
二〇一七年三月二十四日　発行

編著　横山《よこやま》　學《まなぶ》
解題　横山　學
発行者　荒井秀夫
発行所　株式会社ゆまに書房
〒一〇一―〇〇四七
東京都千代田区内神田二―七―六
電話〇三（五二九六）〇四九一（代表）
印刷　株式会社平河工業社
製本　東和製本株式会社
組版　有限会社ぷりんてぃあ第二

◆落丁・乱丁本はお取替致します。

定価：本体21,000円＋税

ISBN 978-4-8433-5134-5 C3300